Die Sehnsucht nach dem Ursprung

Mircea Eliade

Die Sehnsucht nach dem Ursprung

Von den Quellen der Humanität

Europaverlag

Titel des englischen Originals: *The Quest*
Licensed by The University of Chicago, Chicago, Illinois, USA
Ins Deutsche übertragen von Hella Bronold

Umschlag und Einband von Georg Schmid

Printed in Austria
Druck Elbemühl Wien
ISBN 3-203-50460-X

Inhalt

Vorwort

Es ist schade, daß wir kein präziseres Wort als Religion haben, um das Erlebnis des Heiligen zu bezeichnen. Dieses Wort ist mit einer langen, kulturell eher eingeschränkten Geschichte belastet, und man überlegt, wie es ohne Unterschied auf den Alten Orient, das Christentum und den Islam oder auf Hinduismus, Buddhismus und Konfuzianismus sowie auf die sogenannten Primitiven angewendet werden kann. Vielleicht ist es aber zu spät, um einen neuen Ausdruck zu suchen, und das Wort »Religion« kann doch noch mit Nutzen angewandt werden, wenn wir uns vor Augen halten, daß es nicht unbedingt einen Glauben an Gott, Götter oder Geister voraussetzt, sondern sich auf das Erlebnis des Heiligen bezieht und daher den Ideen von Sein, Sinn und Wahrheit verwandt ist.

Es ist tatsächlich schwierig, sich vorzustellen, wie der menschliche Geist ohne die Überzeugung funktionieren könnte, daß es eine unauflösliche Wirklichkeit in der Welt gibt, und es ist unmöglich, sich vorzustellen, wie Bewußtsein entstehen konnte, ohne daß man dem Streben und den Erlebnissen des Menschen einen Sinn zugeschrieben hätte. Die Erkenntnis einer wirklichen und sinnvollen Welt ist aufs innigste mit der Entdeckung des Heiligen verbunden, und durch das Erlebnis des Heiligen hat der menschliche Geist den Unterschied zwischen dem erkannt, was sich als wirklich mächtig, reich und sinnvoll enthüllt, und dessen Gegenteil – dem chaotischen und gefahrvollen Fluß der Dinge, ihrem zufälligen und sinnlosen Auftauchen und Verschwinden.

Ich habe die innere Wahrheit und die Erscheinungsgeschichte des Heiligen in früheren Veröffentlichungen behandelt und brauche nicht wieder darauf zurückkommen. Es genügt zu sagen, daß das »Heilige« ein Element in der Struktur des Bewußtseins ist und keine Stufe in der Geschichte des Bewußtseins. Eine sinnvolle Welt – und der Mensch kann nicht im »Chaos« leben – ist das Resultat eines dialektischen Prozesses, den man die Manifestation des Heiligen nennen kann. Das menschliche Leben wird sinnvoll, indem es die paradigmatischen Modelle, wie sie von übernatürlichen Wesen dargestellt werden, nachahmt. Die Nachahmung übermenschlicher Beispiele stellt eines der Hauptcharakteristika des »religiösen« Lebens dar, ein strukturelles Charakteristikum, das unabhängig von Kultur und Sprache ist. Von den ältesten religiösen Dokumenten, die uns zugänglich sind, bis zu Christentum und Islam war die *imitatio dei* als Norm und Leitlinie der menschlichen Existenz niemals unterbrochen. Als ein menschliches Wesen zu leben, war an sich in den urältesten Kulturen schon ein religiöser Akt, denn Nahrung, Sexualität und Arbeit hatten einen sakramentalen Wert. Mit anderen Worten, ein Mensch sein – oder, besser, werden–, heißt »religiös« sein.

Die philosophische Betrachtung sah sich daher von Anfang an einer Welt des Sinns gegenüber, die sowohl genetisch als strukturell »religiös« war – und das ist allgemein zutreffend, nicht nur in bezug auf die »Primitiven«, die Orientalen und die Vor-Sokratiker. Die Erfassung der Wahrheit des Heiligen war das Urmodell und ging jeder Wahrheitsforschung voraus, die der menschliche Geist später betrieb. Das Erlebnis des Heiligen, das Sein, Sinn und Wahrheit in einer unbekannten, chaotischen und furchtbaren Welt enthüllte, bereitete den Weg für das systematische Denken.

Dies mag hinreichen, um das Interesse der Philosophen an den Werken der Religionswissenschaftler zu erregen, es gibt aber andere Aspekte der religiösen Erfahrung, die nicht weniger interessant sind. Die Hierophanien – die Manifestationen des Heiligen, wie sie sich in Symbolen, Mythen, übermenschlichen Wesen und dergleichen ausdrücken – werden als Strukturen erfaßt und stellen eine vorreflexive Sprache dar, die einer speziellen Hermeneutik bedarf. Seit mehr als einem Vierteljahrhundert haben Religionswissenschaftler und Phänomenologen versucht, eine solche Hermeneutik zu entwickeln. Diese Arbeit gleicht nicht den Versuchen der Altertumswissenschaftler, obwohl sie Dokumente lang vergangener Kulturen und von räumlich weit entfernten Völkern verwenden mag. Mit Hilfe einer inspirierten Interpretation hört die Geschichte der Religionen auf, ein Museum von Fossilien, Ruinen und überholten *mirabilia* zu sein, und wird, was sie von Anfang an für einen Forscher sein sollte: eine Reihe von »Botschaften«, die darauf warten, entziffert und verstanden zu werden.

Das Interesse an solchen Botschaften ist nicht ausschließlich historisch, denn sie sprechen zu uns nicht nur von einer lang abgestorbenen Vergangenheit, sondern enthüllen grundlegende existentielle Situationen, die von unmittelbarer Bedeutung auch für den modernen Menschen sind. Wie ich in einem der Kapitel dieses Buches zeige, entsteht eine beträchtliche Bereicherung des Bewußtseins aus der interpretativen Anstrengung, den Sinn von Mythen, Symbolen und anderen traditionellen religiösen Strukturen zu entziffern. In einem gewissen Sinn kann man sogar von einer inneren Wandlung des Forschers und, hoffentlich, des willigen Lesers sprechen. Was man die Phänomenologie und Geschichte der Religionen nennt, kann man unter jene sehr wenigen humanistischen Disziplinen rechnen, die zugleich propädeutische und spirituelle Techniken sind.

In einer immer mehr säkularisierten Gesellschaft wird diese Art von Studien vermutlich immer größere Bedeutung erlangen. Von der judäo-christlichen Perspektive aus gesehen, kann diese Säkularisation zwar zumindest teilweise mißverstanden werden, sie kann zum Beispiel als eine Fortsetzung des Prozesses der Entmythologisierung betrachtet werden, der als solcher eine späte Verlängerung des Kampfes der Propheten ist, den Kosmos und das kosmische Leben des Heiligen zu entleeren. Das ist jedoch nicht die ganze Wahrheit. In den am radikalsten säkularisierten Gesellschaften und in den am stärksten ikonoklastisch erscheinenden zeitgenössischen Jugendbewegungen – wie zum Beispiel den Hippies – gibt es eine Anzahl von anscheinend nicht-religiösen Phänomenen, die man als neue und originale Wiederentdeckung des Heiligen beschreiben könnte – obwohl sie, zugegebenermaßen, von einem judäo-christlichen Standpunkt aus als solche nicht erkennbar sind. Ich meine hier nicht jene »Religiosität«, die sich in so vielen sozialen und politischen Bewegungen, wie Bürgerrechtskämpfen, Antikriegsdemonstrationen und ähnlichem, zeigt. Bedeutsamer sind die religiösen Strukturen und (einstweilen unbewußten) religiösen Werte der modernen Kunst, einiger wichtiger und ungemein populärer Filme, einer Anzahl Phänomene, die mit den Jugendkulten verbunden sind, besonders die Wiedererlangung der religiösen Dimensionen einer asketischen und sinnvollen »menschlichen Existenz im Kosmos«, der Nachdruck auf dem »Leben in der Gegenwart« und das Freisein von gesellschaftlichen »Aufgaben« und ehrgeizigen Bestrebungen.

Die meisten dieser Wiederentdeckungen des Heiligen deuten auf einen Typ einer kosmischen Religion, der nach dem Triumph des Christentums verschwunden war und nur unter den Bauern in Europa weiterlebte. Die Wiederentdekkung der Heiligkeit des Lebens und der Natur bedeutet nicht notwendigerweise eine Rückkehr zu »Heidentum« oder »Götzenverehrung«. Obwohl in den Augen eines Puritaners die kosmische Religion der Bauern Südeuropas als eine Form des Heidentums betrachtet werden könnte, so war sie dennoch eine »kosmische Liturgie«. Ein ähnlicher Prozeß begab sich im mittelalterlichen Judentum. Dank der vor allem in der Kabbala verkörperten Tradition konnte eine »kosmische Heiligkeit« erfolgreich wiederbelebt werden, die nach der rabbinischen Reformation unwiederbringlich verloren schien.

Diese Bemerkungen sollen nicht als Argument für ein Kryptochristentum einiger neueren Manifestationen der »Jugendkultur« dienen. Ich meine, daß man in einer Periode der religiösen Krise die schöpferischen Antworten darauf, die als solche vermutlich nicht erkennbar sind, nicht vorwegnehmen kann. Darüber hinaus kann man auch nicht die Form voraussagen, die ein potentiell neues Erlebnis des Heiligen finden wird. Der »ganze Mensch« ist niemals vollkommen entheiligt, und es ist zweifelhaft, ob dies überhaupt möglich wäre. Die Säkularisation ist äußerst erfolgreich auf dem Niveau des bewußten Lebens: alte theologische Ideen,

Dogmen, Glaubenssätze, Riten und Institutionen werden immer mehr des Sinns entleert. Man kann aber keinen lebenden normalen Menschen nur auf seine bewußte rationale Tätigkeit reduzieren, denn auch der moderne Mensch träumt, verliebt sich, hört Musik, geht ins Theater, sieht Filme, liest Bücher – kurz, lebt nicht nur in einer geschichtlichen und natürlichen Welt, sondern auch in einer existentiellen, privaten Welt und in einem imaginären Universum. Der Religionswissenschaftler und Phänomenologe ist vor allem dazu fähig, die »religiösen« Strukturen und den Sinn dieser privaten Welten und imaginären Kosmen zu erkennen und zu entziffern. Es hätte keinen Zweck, die Argumente, die in diesem Buch entwickelt werden, hier zu wiederholen. Kurz gesagt, das Interesse am Analysieren archaischer und exotischer Religionen beschränkt sich nicht auf ihre historische Bedeutung. Der Philosoph, der Theologe und der Literaturwissenschaftler können gleicherweise durch die Entdeckung dieser vergessenen, entstellten oder vernachlässigten Sinnwelten profitieren. Aus diesem Grunde habe ich versucht, Dokumente weniger bekannter Religionen darzustellen und zu interpretieren. Im Verstehen der drei monotheistischen Religionen, des Buddhismus und auch der religiösen Philosophien Indiens sind in der letzten Zeit große Fortschritte gemacht worden, und viele bekannte Werke über diese Themen sind für den interessierten Leser leicht zugänglich.

Die in diesem Buch gesammelten Essays wurden nicht sosehr für Spezialisten geschrieben als für aufgeschlossene Menschen und intelligente Leser. Ich habe daher nicht gezögert, Beispiele zu zitieren, die Religionswissenschaftlern, Anthropologen und Orientalisten bekannt oder wenigstens leicht zugänglich sind, die aber der nicht spezialisierte Leser vermutlich nicht kennt. Ich hoffe nämlich, daß so etwas wie ein »neuer Humanismus« durch die Konfrontation des modernen Menschen im Westen mit unbekannten oder unvertrauten Sinnwelten entstehen wird. Diese Essays sollen, ebenso wie meine früheren Veröffentlichungen, die kulturelle Rolle unterstreichen, die die Religionswissenschaft in einer entheiligten Gesellschaft spielen könnte, und ebenso eine systematische Hermeneutik des Heiligen und seiner geschichtlichen Manifestationen entwickeln.

Die meisten der Essays in diesem Buch sind bereits in anderen Publikationen erschienen, ich habe sie aber neu durchgesehen und erweitert. Ich möchte dreien meiner früheren Schüler für ihre Hilfe danken: Harry Partin, Alfred Hiltebeil und Norman Girardot.

Mircea Eliade

Ein neuer Humanismus

Trotz aller Handbücher, Zeitschriften und Bibliographien, die dem Wissenschaftler heute zur Verfügung stehen, wird es immer schwieriger, mit den Fortschritten, die auf allen Gebieten der Religionswissenschaft gemacht werden, Schritt zu halten, wird es daher auch immer schwieriger, Religionswissenschaftler zu werden. Der Forscher entwickelt sich zu seinem Bedauern immer mehr zu einem Spezialisten für eine Religion oder sogar nur für eine bestimmte Periode oder einen einzigen Aspekt.

Die Hermeneutik ist von größtem Interesse für uns, weil sie notwendigerweise der am wenigsten entwickelte Zweig unserer Wissenschaft ist. Durch ihre zugegebenermaßen dringende und unersetzliche Tätigkeit des Sammelns, Veröffentlichens und Analysierens religiöser Fakten sind die Forscher so stark und so ausschließlich beschäftigt, daß sie nicht dazu kommen, die Bedeutung der Fakten zu untersuchen. Diese Fakten sind der Ausdruck verschiedener religiöser Erfahrungen, letzten Endes jener Positionen und Situationen, die Menschen im Lauf der Geschichte eingenommen haben. Ob es dem Forscher nun recht ist oder nicht, er hat seine Arbeit nicht abgeschlossen, wenn er die Geschichte einer Religionsform rekonstruiert oder ihre soziologischen, wirtschaftlichen oder politischen Zusammenhänge herausgearbeitet hat. Er muß zusätzlich ihren Sinn verstehen, das heißt, jene Positionen und Situationen identifizieren und klären, die ihr Entstehen oder ihren Höhepunkt zu einem bestimmten geschichtlichen Augenblick herbeigeführt oder möglich gemacht haben.

Die Religionswissenschaft wird ihre wahre kulturelle Funktion nur dann erfüllen, wenn sie diese Aufgabe auf sich nimmt, und zwar vor allem dadurch, daß sie den Sinn religiöser Dokumente dem Geist des modernen Menschen verständlich macht. Was immer sie in der Vergangenheit für eine Rolle gespielt hat – in naher Zukunft wird der vergleichenden Religionswissenschaft größte Bedeutung zukommen. Wie schon mehrmals erwähnt, zwingt uns unser historischer Augenblick zu Konfrontationen, die man sich vor fünfzig Jahren noch nicht einmal hätte vorstellen können. Einerseits sind die Völker Asiens aufs neue in die Geschichte eingetreten, anderseits bereiten sogenannte Primitive ihren Eintritt in die Weltgeschichte vor (sie streben danach, aktive Subjekte anstatt wie bisher passive Objekte der Geschichte zu sein). Wenn aber die Völker des Westens nicht länger die einzigen sind, die Geschichte »machen«, dann werden auch ihre geistigen und kulturellen Werte nicht länger privilegiert bleiben, gar nicht zu sprechen von der unbezweifelten Autorität, derer sie sich noch vor einigen Generationen erfreuten. Diese Werte werden jetzt von den nichtwestlichen Völkern analysiert, verglichen und beurteilt. Die Menschen aus dem Westen dagegen werden immer mehr dazu veranlaßt, die Geistigkeit Asiens und der archaischen Welt zu studieren, zu überdenken und zu verstehen. Diese Entdeckungen und Kontakte müssen durch einen Dialog erweitert werden, der jedoch, um gut und fruchtbringend zu sein, nicht auf die Sprache der Empirie und der Nützlichkeit beschränkt bleiben darf. Ein solcher Dialog muß sich mit den immanenten Werten der Kultur jedes Teilnehmers befassen, und um diese Werte recht zu verstehen, muß man notwendigerweise ihre religiösen Ursprünge kennen. Die nichteuropäischen Kulturen, sowohl die östlichen als auch die primitiven, wurzeln ja bekanntlich immer noch in einem religiösen Nährboden.

Ich glaube deshalb, daß der Religionswissenschaft eine bedeutende Rolle im heutigen kulturellen Leben zukommt, und zwar nicht nur, weil das Verständnis exotisch-archaischer Religionen im Dialog mit den Vertretern dieser Religionen eine große Hilfe sein wird, sondern weil, was noch wichtiger ist, der Versuch, die existentielle Situation zu verstehen, die sich in dem Material offenbart, das dem Religionswissenschaftler zur Verfügung steht, unweigerlich zu einem vertieften Wissen vom Menschen führt. Auf der Basis solchen Wissens könnte sich ein neuer weltweiter Humanismus entwickeln, ja, man darf sogar vermuten, daß die Religionswissenschaft einen Beitrag von grundlegender Bedeutung liefern könnte. Denn während einerseits die vergleichende Religionswissenschaft alle bis jetzt bekannten Kulturformen umfaßt, und zwar sowohl die ethnologischen Kulturen als auch alle geschichtlich bedeutenden, dringt der Forscher anderseits mit dem Studium des religiösen Ausdrucks in das Innerste einer Kultur ein, statt sich nur mit ihren soziologischen, wirtschaftlichen und politischen Zusammenhängen zu befassen.

Der Religionswissenschaftler ist letzten Endes dazu bestimmt, sehr viele Situationen zu erhellen, die den Menschen im Westen nicht vertraut sind, und mit dem Verstehen solcher unvertrauten, »exotischen« Situationen wird der kulturelle Provinzialismus überwunden.

Es geht jedoch um mehr als um eine Erweiterung des Horizonts, um eine qualitative, statische Zunahme unseres »Wissens vom Menschen«. Es ist die Begegnung mit den »anderen« – mit menschlichen Wesen, die unterschiedlichen archaischen und exotischen Gesellschaften angehören –, die kulturell stimulierend und fruchtbringend wirkt. Das persönliche Erlebnis dieses einzigartigen Deutungsprozesses ist kreativ wirkungsvoll. Es ist nicht ausgeschlossen, daß die Entdeckungen und »Begegnungen«, die infolge des Fortschritts der Religionswissenschaft ermöglicht worden sind, Auswirkungen vergleichbar jenen der großen Entdeckungen in der westlichen Kulturgeschichte finden werden. Wir denken da etwa an die Entdeckung der exotischen und primitiven Kunst, die die moderne Ästhetik wiederbelebt hat, vor allem aber an die Entdeckung des Unbewußten durch die Psychoanalyse, die neue Perspektiven zum Verständnis des Menschen eröffnet hat. In beiden Fällen gab es eine Begegnung mit dem »Fremden«, dem »Unbekannten«, das nicht auf wohlbekannte Kategorien reduziert werden kann – kurz gesagt, mit dem »ganz anderen[1]«. Dieser Kontakt mit dem »anderen« ist natürlich nicht ohne Gefahr: Der anfängliche Widerstand gegen die modernen künstlerischen Experimente und gegen die Tiefenpsychologie sind Beispiele dafür, da letzten Endes die Anerkennung der Existenz des

»anderen« unweigerlich eine Relativierung, ja sogar eine Zerstörung der offiziell anerkannten kulturellen Welt mit sich bringt. Seit der Annahme und der Assimilation der künstlerischen Schöpfungen des Kubismus und des Surrealismus ist das ästhetische Universum des Westens nicht mehr dasselbe. Die »Welt«, in der der präanalytische Mensch lebte, wurde nach den Entdeckungen Freuds als antiquiert empfunden. Diese »Zerstörungen« haben jedoch dem westlichen schöpferischen Geist neue Ausblicke eröffnet.

Alles dies kann die grenzenlosen Möglichkeiten nur andeuten, die sich dem Religionswissenschaftler eröffnen, die »Begegnungen«, denen er sich aussetzt, um menschliche Situationen zu verstehen, die anders als die ihm vertrauten sind. Es fällt schwer zu glauben, daß selbst so »fremdartige« Erfahrungen wie die eines paläolithischen Jägers oder eines buddhistischen Mönchs keinerlei Einfluß auf das moderne kulturelle Leben haben sollten, jedoch werden solche »Begegnungen« sich nur dann kulturell schöpferisch auswirken, wenn der Forscher das Stadium einer bloßen Gelehrsamkeit überschreitet – mit anderen Worten, wenn er, nachdem er sein Material gesammelt, beschrieben und klassifiziert hat, auch die Anstrengung macht, es in den ihm eigenen Gegebenheiten zu verstehen. Das soll keine Herabsetzung der Wissenschaft bedeuten, aber sie allein macht nicht den Aufgabenbereich des Religionswissenschaftlers aus, ebenso wie die Kenntnis des im 13. Jahrhundert gesprochenen Italienisch, der florentinischen Kultur dieser Periode, das Studium der mittelalterlichen Theologie und Philosophie, sowie die Vertrautheit mit dem Leben Dantes nicht hinreichen, den künstlerischen Wert der *Göttlichen Komödie* zu entschleiern. Man zögert fast, solche Binsenwahrheiten zu wiederholen, aber es kann gar nicht oft genug gesagt werden, daß die Aufgabe des Religionswissenschaftlers nicht vollständig erfüllt ist, wenn es ihm gelingt, den chronologischen Ablauf einer Religion zu rekonstruieren oder ihre soziologischen, wirtschaftlichen und politischen Zusammenhänge darzulegen. Wie jedes andere menschliche Phänomen ist auch das religiöse äußerst komplex, und um alle seine Bedeutungsschattierungen zu erfassen, muß man sich ihm von mehreren Standpunkten aus nähern.

Es ist schade, daß die Religionswissenschaftler noch nicht hinreichend von den Erfahrungen der Literaturwissenschaftler oder Literaturkritiker profitiert haben. Der Fortschritt, der in diesen Disziplinen gemacht wurde, hätte es ihnen ermöglicht, bedauerliche Mißverständnisse zu vermeiden. Man ist heute allgemein der Ansicht, daß es eine Kontinuität und Einheit zwischen der Arbeit des Literaturhistorikers, des Literatursoziologen, des Kritikers und des Kunsttheoretikers gibt. Um nur ein Beispiel zu nennen: Wenn man auch das Werk Balzacs ohne Kenntnis der französischen Gesellschaft und Geschichte im 19. Jahrhundert (und zwar im weitesten Sinn – politische, wirtschaftliche, soziologische, Kultur- und Religionsgeschichte) kaum verstehen kann, so darf man dennoch die *Menschliche Komödie* nicht schlicht und einfach auf den Wert eines historischen Dokuments reduzieren. Sie ist vielmehr auch das Werk eines außergewöhnlichen Individuums, und deshalb muß man auch das Leben und die Psyche Balzacs kennen. Die Arbeit an diesem gigantischen Werk muß aber auch als solche studiert werden, als Kampf des Künstlers mit seinem Rohmaterial, als Sieg des schöpferischen Geistes über die unmittelbar gegebene Erfahrung. Nachdem die Literaturgeschichte ihre Aufgabe erfüllt hat, bleibt noch das Riesenwerk der Exegese zu leisten, das vom Literaturkritiker besorgt wird. Er beschäftigt sich mit dem Werk als einem autonomen Universum, das seine eigenen Gesetze und seine eigene Struktur besitzt. Soweit es sich um Dichter handelt, wird auch der Kritiker das Thema nicht erschöpfen können, denn es obliegt dem Kunsttheoretiker, dem Ästhetiker, die Werte des poetischen Universums zu entdecken, zu erklären. Kann man denn von einem literarischen Werk jemals sagen, es sei endgültig »erklärt«, wenn der Theoretiker das letzte Wort gesagt hat? Im Werk eines großen Dichters gibt es immer eine geheime Botschaft, die man noch am ehesten mit Hilfe der Philosophie wird erfassen können.

Man wird mir hoffentlich diese kurzen Bemerkungen über

die Deutung eines literarischen Werkes vergeben. Sie sind zweifelsohne unvollständig[2], zeigen aber – wie ich glaube – hinreichend, daß jene, die diese Werke studieren, sich ihrer Komplexität bewußt sind und mit wenigen Ausnahmen nicht versuchen, sie durch eine Reduktion auf die eine oder andere Grundursache zu »erklären« – etwa mit einem kindlichen Trauma, mit Drüsenstörungen oder mit wirtschaftlichen, sozialen oder politischen Umständen.

Es erscheint sinnvoll, die einzigartige Situation künstlerischer Schöpfungen zu erwähnen, da das ästhetische Universum von einem bestimmten Standpunkt aus mit dem Universum der Religion verglichen werden kann. In beiden Fällen haben wir es zugleich mit persönlichen Erlebnissen (dem ästhetischen Erlebnis des Dichters und seines Lesers einerseits und dem religiösen Erlebnis anderseits) und mit Realitäten zu tun, die jenseits des Persönlichen liegen (ein Kunstwerk in einem Museum, ein Gedicht, eine Symphonie, eine göttliche Gestalt, ein Ritus, ein Mythos und dergleichen). Man kann sicherlich endlos darüber diskutieren, welchen Sinn man diesen künstlerischen und religiösen Realitäten zuweisen will, doch eines bleibt offensichtlich: Kunstwerke haben ebenso wie »religiöse Fakten« eine Art von Existenz, die nur ihnen eigen ist, sie existieren auf Grund der ihnen eigenen Gegebenheiten, in ihrem besonderen Universum. Die Tatsache, daß dieses Universum nicht das physische der unmittelbaren Erfahrung ist, bedeutet noch nicht, daß sie nicht wirklich sind. Dieses Problem ist so ausführlich abgehandelt worden, daß wir uns erlauben können, es hier beiseite zu lassen. Es soll nur noch eine Bemerkung angefügt werden: Ein Kunstwerk enthüllt seinen Sinn nur insoweit, als man es als eine autonome Schöpfung ansieht, als man seine Art zu sein – nämlich die einer künstlerischen Schöpfung – hinnimmt und es nicht auf seine Teile reduziert (ein Gedicht etwa auf Klang, Vokabular, sprachliche Struktur) oder auf den Zweck, für den man es später verwendet (ein Gedicht, das eine politische Botschaft verkündet oder als Beleg für Soziologie, Ethnographie und andere Sparten dienen kann).

In der gleichen Weise scheint mir, daß ein religiöses Faktum seinen tieferen Sinn enthüllt, wenn es in seinen Gegebenheiten betrachtet wird, und nicht, wenn man es auf sekundäre Aspekte oder Zusammenhänge reduziert. Um nur ein Beispiel zu nennen: Es gibt wenig religiöse Phänomene, die so direkt und offensichtlich mit sozialen und politischen Umständen verbunden sind wie die modernen messianischen und millennarischen Bewegungen unter den Kolonialvölkern (Cargo-Kult und andere).Die Identifizierung und die Analyse jener Bedingungen, die solche messianische Bewegungen vorbereiteten und möglich machten, sind nur ein Teil der Arbeit des Religionswissenschaftlers. Denn diese Bewegungen sind gleichermaßen Schöpfungen des menschlichen Geistes in dem Sinn, daß sie zu dem, was sie sind – nämlich religiöse Bewegungen, und nicht nur Gesten des Protestes und der Revolte –, durch einen schöpferischen Akt des Geistes geworden sind. Kurzum, ein religiöses Phänomen wie der primitive Messianismus muß genau so studiert werden wie die *Göttliche Kömödie*, indem man alle nur möglichen Werkzeuge der Wissenschaft anwendet und, um zu dem bereits mit Bezug auf Dante Gesagten zurückzukommen, sich nicht bloß auf sein Vokabular oder seine Syntax oder einfach auf seine theologischen und politischen Ideen beschränkt. Wenn die Religionswissenschaft dazu bestimmt ist, den Aufgang eines neuen Humanismus zu fördern, dann obliegt es dem Religionswissenschaftler, den eigenständigen Wert – den einer spirituellen Schöpfung – all jener primitiven religiösen Bewegungen herauszustellen. Wenn man sie auf soziale und politische Kontexte reduziert, dann gibt man letztlich zu, daß sie nicht »hoch«, nicht »edel« genug sind, um sie als Schöpfungen des menschlichen Geistes, vergleichbar der *Göttlichen Komödie* oder den *Fioretti* des Heiligen Franziskus, zu behandeln[3].

Wir können in naher Zukunft erwarten, daß die Intellektuellen der früheren Kolonialvölker so manchen Soziologen für einen verkappten Apologeten der westlichen Kultur halten werden. Weil diese Wissenschaftler so hartnäckig auf dem sozialen und politischen Ursprung und Charakter der

»primitiven« messianischen Bewegungen bestehen, könnte man sie verdächtigen, einen westlichen Überlegenheitskomplex zu haben, der in der Überzeugung wurzelt, daß solche religiöse Bewegungen sich nicht zur selben Höhe der »Losgelöstheit von der soziopolitischen Konstellation« erheben können, wie zum Beispiel ein Gioachino da Fiore oder ein Franz von Assisi.

Das heißt natürlich nicht, daß ein religiöses Phänomen losgelöst von seiner »Geschichte«, von seinen kulturellen und sozioökonomischen Bezügen verstanden werden kann. Es gibt kein »rein« religiöses Faktum, denn es gibt auch kein menschliches Faktum, das nicht gleichzeitig ein historisches Faktum wäre. Jede religiöse Erfahrung wird in einem bestimmten historischen Zusammenhang ausgedrückt und weitergegeben. Wenn wir aber die Geschichtlichkeit religiöser Erfahrungen annehmen, so heißt das noch nicht, daß man sie auf nichtreligiöse Verhaltensweisen reduzieren kann. Wenn man feststellt, daß ein religiöses Faktum immer auch ein historisches ist, so heißt das nicht, daß es auf eine nichtreligiöse Geschichte reduziert werden kann – zum Beispiel auf Wirtschafts-, Sozial- oder Politikgeschichte. Wir dürfen niemals eines der grundlegenden Prinzipien der modernen Wissenschaft außer Augen lassen: Der Maßstab erschafft das Phänomen. Wie bereits anderswo[4] zitiert, hat Henri Poincaré einmal nicht ohne Ironie gefragt: »Würde ein Naturforscher, der einen Elefanten nur durch ein Mikroskop studiert hat, jemals behaupten können, er habe ausreichende Kenntnisse über das Tier?« Das Mikroskop enthüllt die Struktur und den Mechanismus der Zellen, und diese Zellularstruktur und dieser Mechanismus sind in allen vielzelligen Organismen gleich. Der Elefant ist sicherlich ein vielzelliger Organismus, aber ist das auch alles? Vom Blickwinkel des Mikroskops könnte man mit einer Aussage zögern, aus menschlicher Sicht aber – die zumindest den Vorteil hat, den Elefanten als zoologisches Phänomen zu präsentieren – kann über die Antwort kein Zweifel bestehen.

Ich habe nicht die Absicht, hier eine Methodologie der Religionswissenschaft zu entwickeln. Das Problem ist viel zu komplex, um auf ein paar Seiten abgehandelt zu werden[5]. Ich glaube aber, daß es nützlich ist, hier zu wiederholen, daß der *homo religiosus* den »ganzen Menschen« darstellt, und daher muß die Religionswissenschaft eine Ganzheitsdisziplin in dem Sinn werden, daß sie die Resultate aus unterschiedlichen Methoden, sich einem religiösen Phänomen zu nähern, benützt, integriert und artikuliert. Es genügt nicht, die Bedeutung eines religiösen Phänomens in einer bestimmten Kultur zu erfassen, seine »Botschaft« zu entziffern (denn jedes religiöse Phänomen bedeutet eine »Chiffre«), es ist auch nötig, seine »Geschichte« zu studieren und zu verstehen, das heißt, seine Veränderungen und Modifikationen darzulegen und schließlich seinen Beitrag zu der gesamten Kultur zu erhellen. In den letzten Jahren hat sich eine Anzahl Gelehrter veranlaßt gefühlt, über die Alternative religiöse Phänomenologie oder Religionsgeschichte[6] hinauszugehen und eine weitere Perspektive zu erreichen, in der diese beiden intellektuellen Vorgangsweisen zusammen angewandt werden können. Die Anstrengungen der Gelehrten scheinen heute auf eine integrale Konzeption der Religionswissenschaft gerichtet zu sein. Sicherlich entsprechen diese beiden Methoden bis zu einem gewissen Grad verschiedenen philosophischen Temperamenten, und es wäre naiv, anzunehmen, daß die Spannung zwischen denen, die versuchen, das Wesen und die Struktur zu erfassen, und jenen, die nur mit der Geschichte der religiösen Phänomene befaßt sind, jemals vollkommen verschwunden sein wird. Eine solche Spannung wirkt jedoch schöpferisch und läßt die Religionswissenschaft dem Dogmatismus und der Stagnation entfliehen.

Die Resultate beider Methoden sind gleich wertvoll für ein besseres Wissen vom *homo religiosus*. Während die Phänomenologen an der Bedeutung der religiösen Fakten interessiert sind, versuchen die »Historiker« zu zeigen, wie diese Bedeutungen in den einzelnen Kulturen und zu bestimmten geschichtlichen Augenblicken erfahren und erlebt, wie sie im Lauf der Geschichte verwandelt, bereichert oder vermindert worden sind. Wenn wir jedoch vermeiden wollen, in einen überholten »Reduktionismus« zu verfallen, dann muß diese Geschichte des religiösen Sinns immer als ein Teil der Geschichte des menschlichen Geistes betrachtet werden[7].

Mehr als irgendeine andere humanistische Disziplin (zum Beispiel Psychologie, Anthropologie, Soziologie) kann die Religionsgeschichte einer philosophischen Anthropologie den Weg öffnen, denn das Heilige ist eine universelle Dimension und, wie noch gezeigt wird, wurzeln die Anfänge der Kultur in religiösen Erfahrungen und im Glauben. Kulturelle Schöpfungen– wie soziale Einrichtungen, Technologie, Moral und Künste – können, auch wenn sie radikal säkularisiert wurden, nicht richtig verstanden werden, wenn man nicht ihre ursprüngliche religiöse Matrix kennt, die sie stillschweigend kritisiert, modifiziert oder zurückgewiesen haben, als sie zu dem wurden, was sie jetzt sind: nämlich weltliche kulturelle Werte. Der Religionshistoriker ist daher in der Lage, das Bleibende zu erfassen, des Menschen spezifisch existentielle Situation des »In-der-Welt-Seins«, denn das Erlebnis des Heiligen ist seine Entsprechung. Es ist in der Tat so: Daß der Mensch seiner eigenen Art des Seins gewahr wird und daß er seine Anwesenheit in der Welt auf sich nimmt, konstituieren zusammen die »religiöse« Erfahrung.

Infolge seiner Deutungsversuche wird der Religionswissenschaftler letztlich gezwungen, eine Vielzahl existentieller Situationen »nachzuleben« und eine Anzahl präsystematischer Ontologien darzulegen. Er kann zum Beispiel nicht sagen, daß er die australischen Religionen verstanden hat, wenn er nicht die Art des Australiers, in der Welt zu sein, verstanden hat. Wie später noch dargelegt wird, finden wir sogar in jedem Stadium der Kultur den Begriff einer Pluralität der Seinsarten, ebenso wie das Bewußtsein, daß die Einzigartigkeit der menschlichen Lage das Resultat einer urältesten »heiligen Geschichte« ist.

Diese Argumente können nicht mit Erfolg erkannt werden, wenn der Forscher nicht versteht, daß jede Religion ein »Zentrum« hat, also einen Zentralbegriff, der das ganze Gebäude von Mythen, Ritualen und Glaubensüberzeugungen erfüllt. Dies ist im Judaismus, Christentum und Islam offensichtlich, und zwar trotz der Tatsache, daß die Änderungen, die im Lauf der Zeit zustande gekommen sind, in einigen Fällen dazu geführt haben, die »originale Form« zu verdunkeln. Die zentrale Rolle von Jesus als Christus scheint durch, ganz gleich wie komplex und kompliziert einige zeitgenössische theologische und kirchliche Ausdrücke auch im Vergleich mit dem »urtümlichen Christentum« erscheinen mögen. Das »Zentrum« einer Religion ist jedoch nicht immer so offensichtlich. Einige Forscher haben nicht einmal eine Ahnung davon, daß ein solches Zentrum existiert, sie versuchen vielmehr, die religiösen Werte einer bestimmten Gesellschaft in Übereinstimmung mit einer modischen Theorie auszudrücken. Die »primitiven« Religionen wurden daher seit mehr als einem Dreivierteljahrhundert so verstanden, als illustrierten sie eine der zu jener Zeit gerade bevorzugten Theorien: Animismus, Ahnenkult, *mana*, Totemismus und andere. Australien wurde zum Beispiel als das Gebiet des Totemismus par excellence betrachtet, und weil man annahm, daß die Australier archaisch seien, wurde folgerichtig der Totemismus zur ältesten Form des religiösen Lebens erklärt.

Was immer man von den verschiedenen religiösen Ideen und Glaubenssätzen denkt, die unter dem Namen »Totemismus« zusammengefaßt werden, eines scheint uns heute klar, nämlich daß der Totemismus nicht das »Zentrum« des australischen religiösen Lebens ist. Im Gegenteil, die totemistischen Formen erhalten ebenso wie die anderen religiösen Ideen und Glaubensüberzeugungen erst dann ihre volle Bedeutung und zeigen einen sinnvollen Zusammenhang, wenn man das Zentrum des religiösen Lebens dort sucht, wo es die Australier immer schon gefunden haben: im Begriff der »träumenden Zeit«, jener märchenhaften Urzeit, als die Welt erschaffen und der Mensch wurde, was er heute ist. Ich habe dieses Problem ausführlich an anderer Stelle besprochen[8].

Dies ist nur ein Beispiel unter vielen, und vielleicht nicht einmal das hervorstechendste, denn die australischen Religionen zeigen nicht jene Komplexität und Vielfalt der Formen, die sich dem Erforscher der indischen, ägyptischen oder griechischen Religionen bietet. Es ist jedoch leicht zu verstehen, daß die Unterlassung, nach dem wirklichen Zentrum einer Religion zu suchen, die unzulänglichen Beiträge erklären könnte, die bisher oft von Religionshistorikern zu einer philosophischen Anthropologie geliefert worden sind. Wie noch ausgeführt wird, spiegelt eine solche Unterlassung eine tiefe und komplexe Krise, die jedoch langsam schon überwunden wird. Einige ihrer Aspekte und die darauffolgende Erneuerung unserer Wissenschaft werden in den folgenden drei Kapiteln untersucht.

Die Geschichte der Religionen im Rückblick: 1912 und nachher

Das Jahr 1912 war ein bedeutendes Datum in der Geschichte der wissenschaftlichen Erforschung der Religion. Émile Durkheim veröffentlichte *Formes élémentaires de la vie religieuse*, und Wilhelm Schmidt beendete den ersten Band seiner monumentalen Arbeit *Der Ursprung der Gottesidee*, die erst vierzig Jahre später fertiggestellt wurde – die Bände XI und XII erschienen erst nach seinem Tode, 1954 und 1955. Im Jahr 1912 brachte auch Raffaele Pettazzoni seine erste wichtige Monographie, *La Religione primitiva in Sardegna*, heraus, und Carl Gustav Jung veröffentlichte *Wandlungen und Symbole der Libido*. Sigmund Freud war eben dabei, die Druckfahnen von *Totem und Tabu* zu korrigieren, das im nächsten Jahr erschien.

Vier verschiedene Ausgangspunkte zum Studium der Religion – keiner von ihnen neu – wurden durch diese Werke illustriert: der soziologische, der ethnologische, der psychische und der geschichtliche. Der einzige Neues versprechende Ausgangspunkt, die Phänomenologie der Religion, wurde erst nach weiteren zehn Jahren eingenommen. Freud, Jung, Durkheim und Wilhelm Schmidt wandten jedoch neue Methoden an und glaubten, dadurch dauerndere Erfolge als ihre Vorgänger erreicht zu haben. Es ist nicht ohne Bedeutung, daß – Pettazzoni ausgenommen – keiner dieser Männer ein Religionshistoriker war; dennoch sollten ihre Theorien eine bedeutende Rolle im kulturellen Leben der folgenden Jahrzehnte spielen. Obwohl nur wenige Religionshistoriker ausschließlich von ihnen beeinflußt wurden, so haben Freud, Jung, Durkheim und Schmidt – besonders die beiden erstgenannten – ungemein viel zum Zeitgeist der letzten Generationen beigetragen und ihre Interpretationen der Religion erfreuen sich immer noch eines gewissen Prestiges unter den Nichtspezialisten.

In der Entwicklung ihrer Hypothesen waren alle diese

Autoren – positiv oder negativ – von ihren unmittelbaren Vorgängern oder Zeitgenossen beeinflußt. Um 1910 bis 1912 gingen die deutschen astralmythologischen und panbabylonischen Schulen zurück. Aus einer äußerst reichen Produktion[1] behielten nur Paul Ehrenreichs *Die allgemeine Mythologie und ihre ethnologischen Grundlagen* (1910) und Alfred Jeremias' *Handbuch der altorientalischen Geisteskultur* (1913, 2. Ausgabe 1929) einen gewissen Wert für die nachfolgenden Gelehrtengenerationen. Die wichtigsten Beiträge, die in Deutschland zwischen 1900 und 1912 erschienen, hingen mehr oder weniger direkt von Edward Burnett Tylors *Theorie des Animismus* ab[2]. Im Gegensatz zur Situation dreißig Jahre vorher wurde diese Theorie jedoch jetzt nicht mehr allgemein akzeptiert. 1900 veröffentlichte Robert R. Marett *Preanimistic Religion.* Dieser Artikel wurde berühmt. In ihm versuchte er zu beweisen, daß das erste Stadium der Religion nicht ein Glaube an die Seele, sondern ein Gefühl der Ehrfurcht und des Wunders sei, hervorgerufen durch die Begegnung mit einer unpersönlichen Macht *(mana)*[3]. Sehr viele Gelehrte machten sich diese Theorie zu eigen und erweiterten sie. Mana (oder Orenda, Wakan und ähnliches) wurde fast ein Klischee, von dem trotz der Kritik seitens kompetenter Ethnologen[4] noch viele wissenschaftliche Kreise glauben, daß es die urälteste Form der Religion darstelle.

Eine andere sehr populäre präanimistische Hypothese wurde 1900 von James George Frazer in seinem berühmten *Golden Bough (Der goldene Zweig,* Leipzig 1928) vorgebracht. Der gelehrte Anthropologe nahm an, daß in der Geschichte der Menschheit die Magie der Religion vorausgegangen sei. Im selben Werk nahm Frazer auch den Begriff Wilhelm Mannhardts von den *corn spirits* auf und entwickelte eine sehr reiche Morphologie der sterbenden und wiedererstehenden Vegetationsgötter. Trotz aller Mängel[5], die hauptsächlich auf seine Vernachlässigung der Kulturstratifikation, der Geschichte, zurückzuführen sind, wurde Frazers *Golden Bough* ein Klassiker und übte ungeheuren Einfluß auf viele Wissensgebiete aus. Ebenso bedeutend, wenn auch weniger populär, war sein *Totemismus and Exogamy*[6] (vier Bände,

1910). Man kann sich kaum vorstellen, daß Freud *Totem und Tabu* ohne dieses Werk hätte schreiben können.

Durkheim, Freud und Jung nahmen die präanimistischen Hypothesen an und verarbeiteten sie. Sie beharrten auf der Bedeutung des Totemismus, in dem die beiden erstgenannten Autoren die ursprüngliche Manifestation alles religiösen Lebens sahen. Der einzige, der diese weitum begeistert aufgenommenen Theorien zurückwies, war Wilhelm Schmidt – er negierte Tylors Animismus ebenso wie den Präanimismus, den Totemismus und die Vegetationsgötter. Er weigerte sich, in diesen Religionsformen die Quelle der Religionen oder urälteste religiöse Erfahrungen zu sehen. Schmidt meinte, daß die älteste Form des religiösen Lebens der Glaube an einen Hochgott war. Er glaubte, er würde dies historisch mit Hilfe einer neuen Disziplin, nämlich der historischen Ethnologie, beweisen können.

Soziologische Stellungnahmen

Für Durkheim war die Religion eine Projektion soziologischer Erfahrungen. Als er die Australier studierte, bemerkte er, daß das Totem das Heilige und zur selben Zeit den Clan symbolisierte. Er schloß daraus, daß das Heilige (oder »Gott«) und die soziale Gruppe ein und dasselbe seien. Durkheims Erklärung der Natur und des Ursprungs der Religion wurde von einigen hervorragenden Ethnologen aufs nachdrücklichste kritisiert. Goldenweiser zeigte, daß die primitivsten Stämme weder Clans noch Totems haben. Wovon hätten dann nichttotemistische Menschen ihre Religion hergeleitet? Durkheim wollte weiters den Ursprung des religiösen Gefühls im kollektiven Enthusiasmus, wie er sich in der Atmosphäre des australischen Rituals einstellt, entdeckt haben. Goldenweiser wandte allerdings ein: Wenn schon die Versammlung selbst zum Gefühl der Religion Anlaß gäbe, wie es dann komme, daß die weltlichen Tänze der nordamerikanischen Indianer sich nicht in religiöse Erfahrungen verwandelten[7]. Wilhelm Schmidt kritisierte, daß Durkheim seine Informationen auf die Zentralaustralier beschränkt habe und vor allem die Arunta und die südöstlichen Australier vernachlässigte, die als älteste Schicht angesprochen werden und keinen Totemismus kennen[8]. Robert Lowie brachte ähnlich schwerwiegende Einwände vor[9].

Trotz dieser Kritik erfreuten sich *Les formes élémentaires* in Frankreich weiterhin eines gewissen Ansehens, was der Tatsache zuzuschreiben ist, daß Durkheim Gründer der französischen soziologischen Schule und Herausgeber des *Année Sociologique* war. Obwohl Durkheim Religion mit Gesellschaft identifizierte, stellen *Les formes élémentaires* nicht eigentlich einen Beitrag zur Soziologie der Religion dar. Einige der hervorragendsten Kollegen und Schüler von Durkheim haben jedoch später bedeutende Arbeiten auf diesem Gebiet veröffentlicht, wobei vor allem Marcel Granets *Interpretation der alten chinesischen Religion*[10] und Gernets *Studien über griechische religiöse Institutionen* zu erwähnen sind[11].

Lucien Lévy-Bruhl nimmt in der französischen philosophischen Schule eine eigenartige Stellung ein[12]. Aus Neigung studierte er Philosophie und wurde durch seinen Begriff der »primitiven Mentalität« berühmt. Er behauptete, daß der »Primitive« in einer Art von *participation mystique* mit der ihn umgebenden Welt lebe und aus diesem Grunde unfähig sei, richtig zu denken. Lévy-Bruhl glaubte, daß das Verständnis dieses prälogischen Denkens dem modernen Wissenschaftler helfen würde, den Sinn und die Funktion der Symbole und Mythen und damit der primitiven und archaischen Religionen zu erfassen. Diese Hypothese einer prälogischen Mentalität wurde mit großem Beifall aufgenommen und, obwohl die Ethnologen[13] sie niemals guthießen, leidenschaftlich von Psychologen und Philosophen diskutiert. C. G. Jung glaubte, er habe in der *participation mystique* einen Beweis für das kollektive Unbewußte gefunden. Lévy-Bruhl war jedoch ein sehr ehrlicher Forscher: In seinen letzten Lebensjahren beschäftigte er sich erneut mit seiner Hypothese und ließ sie schließlich fallen. Er starb, bevor er noch seine letzten Ansichten über dieses Problem veröffentlichen konnte. (Seine *Carnets* wurden postum von Maurice

Leenhardt im Jahr 1948 publiziert.) Obwohl die grundlegende Hypothese falsch war, sind die frühen Werke Lévy-Bruhls nicht ohne Wert, denn sie haben geholfen, das Interesse an den geistigen Schöpfungen archaischer Gesellschaften anzuregen.

Weniger offensichtlich, aber dafür tiefergehend und weiter verbreitet war der Einfluß von Marcel Mauss, einem der gelehrtesten und bescheidensten Forscher seiner Zeit. Seine Artikel über Opfer, Magie und die Gabe als eine elementare Form des Austausches müssen erwähnt werden[14]. Bedauerlicherweise hat er sein *opus magnum* nicht beendet, eine Abhandlung über die Ethnologie als die Wissenschaft von der sozialen Ganzheit. Die Lehre von Mauss und sein Beispiel haben viele französische Religionswissenschaftler beeinflußt, zum Beispiel Georges Dumézil und Maurice Leenhardt. Das Werk des letzteren, *Do Kamo*, ist ein lebendiger und stimulierender Beitrag zum Verständnis von Mythen und Ritualen der Primitiven[15].

Nicht weniger bedeutend sind die Werke der französischen Afrikanisten, besonders die von Griaulle und seinen Schülern[16]. In seinem faszinierenden Buch *Dieu d'Eau* legte Griaulle die esoterische mythologische Tradition der Dogon dar. Dieses Buch hatte für die Neueinschätzung der »primitiven« Religionen beachtliche Folgen: Es enthüllte eine erstaunliche Fähigkeit zu systematischen Spekulationen, statt jener kindischen Schwärmereien, die von einer »prälogischen Mentalität« zu erwarten gewesen wären. Es enthüllte auch die Unzulänglichkeit unserer Kenntnisse vom tatsächlichen religiösen Denken der »Primitiven«. Griaulle wurde nämlich erst in die esoterische Lehre eingeweiht, als er mehrmals längere Zeit unter den Dogon gelebt hatte, und auch dann erst infolge einer Reihe glücklicher Umstände. Man kann sich daher des Verdachts nicht erwehren, daß die meisten Schriften über »primitive Religionen« nur die äußerlichen und daher am wenigsten interessanten Aspekte darstellen und interpretieren.

Andere französische Ethnologen und Soziologen lieferten bedeutsame Beiträge zum Verständnis des religiösen Lebens von Gesellschaften ohne schriftliche Zeugnisse. Wir können hier Alfred Métraux' Studien über südamerikanische und haitische Religionen anführen, Balandiers Monographien über afrikanische Soziologie und, vor allem, Claude Lévi-Strauss' Schriften über den Totemismus, die Struktur der Mythen und die Denkungsart der »Wilden« im allgemeinen, die sich einer weitverbreiteten und ständig wachsenden Popularität erfreuen. Tatsächlich gelang es, Levi-Strauss – wie Lévy-Bruhl vor fünfzig Jahren – als einzigem, das Interesse des allgemeinen gebildeten Publikums für die »Primitiven« wiederzuerwecken[17].

Parallel zum Einfluß Durkheims, aber im Anfang auf Deutschland beschränkt und erst nach dem Zweiten Weltkrieg auf die Vereinigten Staaten, Südamerika und Italien übergreifend, war der Einfluß der Religionssoziologie im eigentlichen Sinn, wie er durch Max Weber und Ernst Troeltsch vertreten wurde. Auch in Frankreich hat sich diese neue Disziplin erst nach dem Zweiten Weltkrieg lebhaft entwickelt. Wir brauchen nur auf Gabriel le Bras und die Gruppe junger Forscher hinzuweisen, die die *Archives de la Sociologie des Religions*[18] herausgeben. In den USA wurden von Talcott Parsons[19], J. Milton Yinger[20] und Joachim Wach bedeutende Beiträge geleistet. Wach veröffentlichte seine *Einführung in die Religionssoziologie* im Jahr 1931 und dreizehn Jahre später sein Meisterwerk *Sociology of Religion*[21]. Wachs methodologische Position ist von besonderer Bedeutung für unser Thema. Er war vor allem ein Religionshistoriker oder, genauer gesagt, ein Religionswissenschaftler, für den die Religionssoziologie nur einer von vier Zweigen war (die übrigen drei sind die Religionsgeschichte, die Phänomenologie und die Religionspsychologie). Während seines ganzen Lebens rang Wach mit dem Problem der Hermeneutik, und seine drei Bände *Das Verstehen* (1926–1933) wurden zum Standardwerk auf diesem Gebiet. Wach war sich der Notwendigkeit bewußt, die soziologische Bedingtheit des religiösen Lebens und den soziologischen Zusammenhang der religiösen Äußerungen ernsthaft in Betracht zu ziehen, wies jedoch die extreme Ansicht zurück, daß das religiöse Leben ein Epiphänomen der sozialen Struktur sei. Mit seinen Bemühungen, die Religionssoziologen an der Religionswissenschaft zu interessieren, hatte er aber wenig Erfolg. Die meisten – besonders in der englischsprachigen Welt – neigen zum Glauben, daß die soziologische Methode und ihre Werkzeuge ausreichten, um religiöse Strukturen und Ereignisse zu deuten. Man kann diese Haltung bis zu einem gewissen Punkt verstehen, da jeder Wissenszweig versucht, ein so großes Gebiet wie nur möglich einzubeziehen. Außerdem bestärkt das ungeheure Wachstum der Sozialwissenschaften in den vergangenen fünfzig Jahren die Religionssoziologen in ihrer selbstgenügsamen Haltung. Irgendwie scheint ihnen die Religionssoziologie zumindest für die westliche Kultur »wissenschaftlicher« und »nützlicher« zu sein als andere Zweige der Religionswissenschaft.

Wie dem auch sei, die Religionssoziologie hat bisher bedeutende Beiträge zur allgemeinen Religionswissenschaft geleistet und kommt dieser Aufgabe weiter nach. Soziologische Fakten helfen dem Wissenschaftler, den lebendigen Zusammenhang seines Materials zu verstehen und schützen ihn gegen die Versuchung, die Religion zu abstrakt zu interpretieren. Es gibt tatsächlich kein »reines« religiöses Faktum, es ist immer auch ein geschichtliches, soziologisches, kulturelles und psychologisches Faktum, um nur die wichtigsten Zusammenhänge zu nennen. Wenn der Religionswissenschaftler nicht immer auf jener Vielfältigkeit der Bedeutungen insistiert, so vor allem, weil man von ihm erwartet, daß er sich auf die religiöse Bedeutung seiner Unterlagen konzentriert. Die Verwirrung entsteht erst dann, wenn nur ein Aspekt des religiösen Lebens als grundlegend und bedeutungsvoll angenommen wird und die anderen Aspekte oder Funktionen als zweitrangig oder sogar als illusorisch betrachtet werden. Eine solche Reduktionsmethode wurde von Durkheim und anderen Religionssoziologen angewendet, und eine noch drastischere Ausgabe dieses »Reduktionismus« brachte Freud in seinem Werk *Totem und Tabu*.

Tiefenpsychologie und Religionsgeschichte

Für Freud war der Ursprung der Religion ebenso wie jener der menschlichen Gesellschaft und der Kultur im allgemeinen ein Urmord. Freud schloß sich der Ansicht von Atkinson an, daß die frühesten Gemeinschaften aus einem erwachsenen Mann und einer Anzahl von Frauen und Minderjährigen bestanden hätten, »von denen diejenigen, die männlichen Geschlechts waren, vom Führer der Gruppe ausgestoßen wurden, sobald sie alt genug waren, seine Eifersucht zu erregen[22]«.

Die ausgestoßenen Söhne töteten schließlich ihren Vater, aßen ihn auf und eigneten sich die Frauen an. Freud schreibt: »Daß sie ihr Opfer aufaßen, versteht sich von selbst unter menschenfresserischen Wilden ... das totemistische Bankett, vielleicht das erste, das die Menschheit jemals feierte, war die Wiederholung, das Erinnerungsfest an jenes bemerkenswerte Verbrechen, mit dem so viel begann – die Errichtung der Gesellschaft, die Moralgesetze und die Religionen[23].« Wie Wilhelm Schmidt hervorhebt, hält Freud »Gott für nicht mehr oder weniger als den sublimierten physischen Vater der menschlichen Wesen; daher wird im totemistischen Opfer Gott selbst getötet und geopfert. Diese Erschlagung des Vater-Gottes ist die Ursünde der Menschheit. Diese Blutschuld wird durch den blutigen Tod Christi gesühnt[24].«

Freuds Interpretation der Religion wurde von Ethnologen heftig kritisiert und zur Gänze zurückgewiesen, so von William Halse Rivers und Franz Boas bis zu Alfred Louis Kroeber, Bronislaw Malinowski und Wilhelm Schmidt[25]. In seiner Zusammenfassung der wichtigsten ethnologischen Einwände gegen die extravaganten Rekonstruktionen, die in *Totem und Tabu* vorgebracht werden, bemerkte Schmidt, daß man den Totemismus in den Anfängen der Religion nicht habe finden können, daß er keineswegs universell sei und daß nicht alle dieses Stadium durchmachten, daß ferner Frazer schon bewiesen habe, daß von den vielen hundert totemistischen Stämmen nur vier ein Ritual kennen, welches einer zeremoniellen Tötung und Verzehrung des Totem-Gottes nahekomme. Außerdem habe dieses Ritual nichts mit dem Ursprung des Opfers zu tun, da der Totemismus in den ältesten Kulturen überhaupt nicht vorkomme. Weiters kennen »die vortotemistischen Völker den Kannibalismus überhaupt nicht, der Vatermord wäre psychologisch, soziologisch und ethnisch einfach eine Unmöglichkeit«. Die Form der prätotemistischen Familie und daher der ältesten menschlichen Familienform, von der wir durch die Ethnologie überhaupt wissen können, kennt weder die Promiskuität noch die Gruppenehe, die beide, nach Ansicht der führenden Ethnologen, überhaupt niemals bestanden hätten[26].

Freud hat diese Einwände nicht in Betracht gezogen, aber hin und wieder hat ein Psychoanalytiker versucht, Kroeber oder Malinowski zu widerlegen, und Psychoanalytiker mit anthropologischer Vorbildung (wie etwa Géza Roheim) haben neue ethnologische Argumente vorgebracht[27].

Wir brauchen auf diese Diskussion hier nicht einzugehen. Um Freuds Beitrag zum Verständnis der Religion gerecht zu würdigen, muß man seine wesentlichen Entdeckungen, nämlich die des Unbewußten und der Methode der Psychoanalyse, von seinen theoretischen Ansichten über den Ursprung und die Struktur des religiösen Lebens trennen. Außer Psychoanalytikern und einigen enthusiastischen Dilettanten nahm in der wissenschaftlichen Welt niemand die in *Totem und Tabu* vorgelegten Theorien an. Freuds Entdeckung des Unbewußten hat jedoch die Erforschung der Symbole und Mythen angeregt und ist zum Teil für das heutige Interesse an den archaischen und östlichen Religionen und Mythologien verantwortlich. Der Religionswissenschaftler ist Freud besonders für den Beweis dankbar, daß Bilder und Symbole ihre »Botschaft« auch dann mitteilen, wenn das Bewußtsein dieser Tatsache nicht gewahr wird. Der Religionswissenschaftler kann nun seine hermeneutische Arbeit an einem Symbol durchführen, ohne sich fragen zu müssen, wie viele Individuen in einer bestimmten Gesellschaft und zu einem bestimmten geschichtlichen Augenblick alle Bedeutungen und Implikationen jenes Symbols verstanden haben.

Der »Reduktionismus« Freuds stellt weiters eine anregende Herausforderung für den zeitgenössischen Religionsforscher dar. Er zwingt ihn, die Tiefen der Psyche auszuloten und die psychologischen Voraussetzungen und Zusammenhänge der religiösen Manifestationen in Betracht zu ziehen. Man kann sogar sagen, daß Freuds »Reduktionismus« die Religionswissenschaftler gezwungen hat, schärfer zwischen »geistiger Embryologie« und »geistiger Morphologie« zu unterscheiden. Freuds Entdeckung des Unbewußten hat auf die moderne Welt einen so ungeheuren Eindruck gemacht, daß enthusiastische Konvertiten eine Zeitlang ausschließlich in embryologischen Termini über geistige Werte und kulturelle Formen dachten. Es wurde jedoch offensichtlich, daß der Embryonalzustand nichts über die Seinsweise der Erwachsenen aussagt. Der Embryo ist nur insoweit bedeutsam, als er mit dem Erwachsenen in Beziehung steht und verglichen werden kann. Vom Fötus kann nicht auf den Menschen geschlossen werden, denn das spezifische Sein des Menschen in der Welt tritt erst dann hervor, wenn er keine fötale Existenz mehr führt[28].

C. G. Jungs Werk *Wandlungen und Symbole der Libido* kündigte seine Trennung von Freud an. Er war, im Gegensatz zu Freud, von der Gegenwart transpersonaler, universeller Mächte in der Tiefe der Psyche überzeugt. Die auffallenden Ähnlichkeiten zwischen den Mythen, Symbolen und mythologischen Gestalten weit auseinanderliegender Völker und Zivilisationen führten Jung in erster Linie dazu, die Existenz eines kollektiven Unbewußten zu behaupten. Er erklärte, daß sich die Inhalte dieses kollektiven Unbewußten durch das, was er »Archetypen« nannte, manifestieren. Jung hat viele Definitionen der Archetypen vorgeschlagen, eine der letzten war »Verhaltensmuster« oder Veranlagungen, die Teil der menschlichen Natur sind. Für ihn war der wichtigste Archetypus das Selbst, das heißt, die Ganzheit des Menschen. Er glaubte, daß in jeder Kultur der Mensch – Jung nannte dies den Prozeß der Individuation – auf die Verwirklichung des

Selbst hinstrebt. In der westlichen Kultur ist Christus ein Symbol des Selbst, und die Verwirklichung des Selbst ist die »Erlösung«. Im Gegensatz zu Freud, der die Religion verachtete, war Jung überzeugt, daß die religiöse Erfahrung einen Sinn und ein Ziel habe, das man nicht durch »Reduktionismus« wegerklären dürfe[29]. Er bestand auch auf der Ambivalenz der religiösen Gestalten im Unbewußten. (Auch Rudolf Otto legte ähnlichen Nachdruck auf die Ambivalenz in seiner Beschreibung numinoser Phänomene.) Jung hat außerdem archaische und östliche Religionen genau studiert, und seine Beiträge haben viele Religionswissenschaftler zu Forschungsarbeiten angeregt[30].

Rudolf Otto

Obwohl es nicht die Arbeit eines Psychologen ist, sollte das berühmte Werk *Das Heilige* von Rudolf Otto in diesem Zusammenhang erwähnt werden. Mit großer psychologischer Einfühlung beschreibt und analysiert Otto die verschiedenen Arten der numinosen Erfahrung. Seine Terminologie – *mysterium tremendum, majestas, mysterium fascinans* und anderes – ist Teil unserer Sprache geworden. Otto betont in *Das Heilige* fast ausschließlich den nicht rationalen Charakter der religiösen Erfahrung. Die große Popularität des Buches begünstigte eine gewisse Tendenz, ihn als »Emotionalisten« zu betrachten – als direkten Nachfolger Schleiermachers. Die Werke Ottos sind jedoch komplexer, und es wäre angemessener, ihn als Religionsphilosophen zu bezeichnen, der unmittelbar mit Dokumenten der Religionsgeschichte und der Mystik arbeitet.

Er hatte einen anhaltenderen Einfluß auf das gebildete Publikum der westlichen Welt und besonders Deutschlands als auf die eigentlichen Religionswissenschaftler und Theologen. Mit dem Problem der Mythen oder des mythischen Denkens, das nach dem Zweiten Weltkrieg so großes Interesse erregte, hat er sich nicht befaßt. Vielleicht scheint aus diesem Grunde seine im übrigen bewunderswerte Analyse der verschiedenen »religiösen Kosmen« unvollständig zu sein. Otto ist aber noch aus anderen Gründen interessant: Er ist ein Beispiel dafür, auf welche Weise die Religionswissenschaft an der Erneuerung der gegenwärtigen westlichen Kultur mitwirken könnte. Er verglich den »Ausgleich« zwischen dem Rationalen und dem Irrationalen, wie ihn de Wette in seiner Theologie herbeigeführt hat, mit den Anstrengungen eines Clemens von Alexandrien und eines Origenes, die heidnische Philosophie mit der christlichen Offenbarung zu versöhnen. Es ist wahrscheinlich, daß Otto stillschweigend eine ähnliche Rolle für sich in Anspruch nahm, nämlich die eines Vermittlers zwischen *revelatio generalis* und *revelatio specialis,* zwischen dem indoarischen und dem semitischen religiösen Denken, zwischen östlicher und westlicher Mystik[31].

Vom »Ursprung der Gottesidee« zur Sozialanthropologie

Als Wilhelm Schmidts *Der Ursprung der Gottesidee* 1955, ein Jahr nach dem Tode des Autors fertiggestellt war, zählte es mehr als 11.000 Seiten. Es ist kein Wunder, daß nur wenige Religionswissenschaftler dieses riesenhafte Werk ganz gelesen haben. Trotz seiner polemischen Übertreibung (besonders im ersten Band) und seiner apologetischen Tendenz ist es ein großes Werk. Was immer man über Schmidts Theorien vom Ursprung und der Entwicklung der Religion denken mag, man muß jedenfalls sein ungeheures Wissen und seinen großen Fleiß bewundern. Er war sicherlich einer der größten Sprachforscher und Ethnologen dieses Jahrhunderts.

Schmidt war von Andrew Langs Entdeckung der »Hochgötter« in den ältesten primitiven Kulturen sehr beeindruckt, und ebenso von den methodologischen Ungereimtheiten jenes brillanten schottischen Forschers. Schmidt war sich dessen bewußt, daß eine so entscheidende Frage wie die nach dem Ursprung der Gottesidee nur beantwortet werden könne, wenn man eine solide historische Methode anwendete, die es erlaubte, die historischen Schichten in den sogenannten primitiven Kulturen zu unterscheiden und zu erklären. Schmidt wandte sich emphatisch gegen die ahistorischen Ausgangspunkte von Tyler, Frazer, Durkheim und der meisten Anthropologen. Er war einer der ersten, der die Bedeutung von Graebners historischer Ethnologie und besonders seines Begriffs vom »Kulturkreis« erkannte. Die historische Stratifikation erlaubte es ihm, die archaischen, ja sogar die primordialen Traditionen von darauffolgenden Entwicklungen und Einflüssen zu trennen. Im Fall Australien versuchte Schmidt zu beweisen, daß der Glaube an einen Hochgott in den ältesten Strata seinen Niederschlag gefunden habe, während der Totemismus nur die kulturell jüngeren Stämme charakterisiere. Von der historischen Ethnologie werden die südaustralischen Stämme, die Pygmäen, einige vorderasiatische und nordamerikanische Stämme und die Feuerländer als lebende Überreste der ältesten Kultur betrachtet. Schmidt glaubte, daß man nach solchen lebenden Fossilien die Religion rekonstruieren könne. Für ihn bestand die Religion im Glauben an einen ewigen, allwissenden und gütigen Hochgott, von dem man annahm, er lebe im Himmel. Er schloß daraus, daß am Anfang überall eine Art von Urmonotheismus existierte, daß aber später die Entwicklung der menschlichen Gesellschaften degenerierte und in vielen Fällen der ursprüngliche Glaube ausgelöscht wurde.

Robert H. Lowie, Paul Radin und andere Ethnologen waren überzeugt, daß die allerältesten Völker an die Existenz höherer Wesen geglaubt hatten[32]. Was man von Schmidts Rekonstruktion nicht übernehmen kann, ist sein ausschließlich rationalistischer Gesichtspunkt. Er behauptet, daß der primitive Mensch die Gottesidee durch die logische Suche nach einer Ursache entdeckt habe. Er vernachlässigte die offensichtliche Tatsache, daß die Religion ein sehr komplexes Phänomen ist – das heißt vor allem ein Erlebnis *sui generis*, das durch das Zusammentreffen des Menschen mit dem Heiligen zustande kommt. Schmidt war geneigt zu denken, daß alle irrationalen Elemente eine »Degeneration« der wahren Urreligion darstellen. In Wirklichkeit haben wir aber keine Möglichkeit, diese »Urreligion« zu erforschen. Unsere ältesten Dokumente sind verhältnismäßig jung, sie führen uns nicht weiter zurück als in das Paläolithikum. Was der prähistorische Mensch während vieler hunderttausend Jahre dachte, ist uns ganz unbekannt. Tatsächlich scheint der Glaube an einen Hochgott die ältesten Kulturen zu charakterisieren, aber wir finden dort auch andere religiöse Elemente. Soweit wir die älteste Vergangenheit rekonstruieren können, ist es sicherer anzunehmen, daß das religiöse Leben von Anfang an sehr komplex war und daß »erhabene« Ideen zugleich mit »niederen« Formen der Verehrung und des Glaubens existierten.

Wilhelm Schmidts Ansichten wurden von seinen Mitarbeitern und Schülern korrigiert[33]. Wichtige Beiträge zur Kenntnis der archaischen Religionen leisteten Paul Schebesta, Martin Gusinde und M. Vanoverbergh[34]. Unter der jüngeren Generation der »Wiener Schule« müssen Josef Haekel, Chr. von Fürer-Haimendorf, Alexander Slawik und Karl Jettmar erwähnt werden[35].

Viele andere Ethnologen verschiedener Richtungen haben versucht, den Anfang und die Entwicklung der Religion zu rekonstruieren, Konrad Theodor Preuss nahm eine präanimistische Phase an, aus der sich sowohl die Magie als auch der Begriff eines Hochgottes entwickelte[36]. Nach Richard Thurnwald gab es auf der Sammlerstufe einen allgemeinen Glauben an die Heiligkeit der Tiere (»Theriomismus«); der Totemismus entspreche den Jägerkulturen; die Personifikation von Göttern (durch Animismus, Dämonismus und dergleichen) charakterisiere die ersten Ackerbauer, und der Glaube an Hochgötter sei den Hirtenvölkern eigen[37]. Adolf Ellegard Jensen brachte die Begriffe eines himmlischen Schöpfergottes und eines Herrn der Tiere mit den primitiven Jägerkulturen in Verbindung und das Auftauchen von Göttern des *dema*-Typs und ihre dramatischen Mythologien mit den paläolithischen Ackerbauern. Die Verwandlungen dieser *demas* in die Götter der verschiedenen Polytheismen sollte in den höheren Kulturen stattgefunden haben. Man muß hinzufügen, daß die Arbeiten von Jensen wegen ihrer aufschlußreichen Analysen der mythischen Welt der frühen Ackerbauern höchst wertvoll sind[38].

Es gibt auch bedeutende Werke deutscher und österreichischer Ethnologen über das religiöse Leben verschiedener archaischer Völker, aber diese Autoren nehmen nicht an der Diskussion über den Ursprung und die Entwicklung der primitiven Religionen teil. Man kann hier auf einige Werke von Leo Frobenius und Hermann Baumann über die afrikanischen Religionen und Mythologien, auf Wilhelm Emil Mühlmanns Monographie über die polynesischen Arioi und Werner Müllers geistreiche Arbeiten über die Religionen der nordamerikanischen Ureinwohner hinweisen. Adolf Friedrich verdient besondere Erwähnung, denn seine Pionierstudie über die Religionen der frühen Jäger hat einer neuen Forschung das Tor geöffnet[39].

Unter den englischsprechenden Anthropologen, die sich für Religion interessieren, müssen wir vor allem Robert H. Lowie und Paul Radin erwähnen, denn beide haben allgemeine Abhandlungen über primitive Religionen veröffentlicht[40]. Das Buch von Lowie ist vielleicht das beste derzeit existierende Werk über dieses Thema. Es ist ohne Dogmatismus geschrieben und behandelt unter Berücksichtigung sowohl der psychologischen und soziologischen Zusammenhänge als auch der historischen Stratifikation alle wichtigen Facetten der archaischen Religionen. Radin schrieb sehr persönlich, fast polemisch. Er betont die sozioökonomischen Faktoren und ebenso die neurotisch-epileptische Konstitution der Schamanen und Religionstifter. Aus der imponierenden Liste der Publikationen von Franz Boas möchte ich auf seine letzten Monographien über die Religion und Mythologie der nordamerikanischen Kwakiutl hinweisen. Alfred L. Kroeber, Frank G. Speck, Edwin M. Loeb und andere amerikanische Ethnologen haben eingehende Studien über das religiöse Leben verschiedener Stämme vorgelegt, aber keine davon ist aus der Perspektive der vergleichenden und historischen Religionswissenschaft geschrieben. Ausnahmen sind einige Schriften von Robert Redfield und Clyde Kluckhohn und Ruth Benedicts *Patterns of Culture*[41].

Nach Frazers Tod hat in England kein Anthropologe mehr versucht, alle Aspekte der primitiven Religion zu behandeln.

Bronislaw Malinowski hat sich auf die Trobriander konzentriert, und seine funktionalistische Haltung gegenüber Mythen und Ritualen basiert auf den in diesen Gebieten beobachteten Fakten. A. R. Radcliffe-Brown hat einen geistreichen Beitrag zum Verständnis primitiven Glaubens in *Taboo* (Frazer Lecture, 1939) geliefert. E. E. Evans-Pritchards Monographien *Witchcraft, Oracles and Magic among the Azande* (1937) und *Nuer Religion* (1956), ebenso wie *The Work of the Gods in Tikopia* (1960) und G. Lienhardts *The Religion of the Dinka* (1961) illustrieren die tatsächliche Orientierung der britischen Anthropologie dem Problem der primitiven Religion gegenüber. Die Ära von Tylor, Frazer und Marett scheint zu Ende gegangen zu sein, die Anthropologie wird nicht länger als Schlüssel für solch »große und endgültige Probleme« wie Ursprung und Entwicklung der Religion betrachtet. Dies ist auch das Ergebnis eines kürzlich erschienenen Buches von E. E. Evans-Pritchard, *Theories of Primitive Religion* (1956).

Pettazzoni und die allgemeine Religionswissenschaft

Am Anfang dieses Artikels wurde auf Raffaele Pettazzonis Monographie über die primitive Religion auf Sardinien hingewiesen, nicht so sehr wegen ihres Wertes als wegen der späteren Bedeutung dieses Autors. Pettazzoni war einer der sehr wenigen Religionswissenschaftler, der die Dimensionen seines Faches ernst nahm. Er versuchte, das gesamte Gebiet der allgemeinen Religionswissenschaft zu beherrschen[42], und betrachtete sich als Historiker, was bedeuten soll, daß sein Ausgangspunkt und seine Methoden weder die des Soziologen noch die des Psychologen waren. Er wollte vielmehr Religionswissenschaftler und nicht Spezialist auf einem einzigen Gebiet sein. Dies ist eine grundlegende Unterscheidung. Viele ausgezeichnete Forscher betrachten sich ebenfalls als »Religionswissenschaftler«, weil sie ausschließlich historische Methoden und Voraussetzungen annehmen. Faktisch sind sie jedoch Spezialisten nur für eine einzige Religion und oftmals nur für eine Periode oder einen Aspekt dieser Religion. Ihre Arbeiten sind natürlich von großem Wert – sogar unersetzlich für den Aufbau einer allgemeinen Religionswissenschaft. Man braucht sich nur an die Abhandlungen von Otto Kern und Walter Otto über die griechische Religion erinnern, von Louis Massignon und H. Corbin über den Islam, von Hermann Oldenberg, Heinrich Zimmer und Helmuth von Glasenapp über die indischen Religionen, sowie an das monumentale Werk *Barabudur* von Paul Mus und an das ebenso großartige *Tibetan Painted Scrolls* von Giuseppe Pucci oder an die zwölf Bände von Erwin Goodenough, *Jewish Symbols in the Graeco-Roman Period.* Durch diese Werke wird man erst der Bedeutung dieser Art der Geschichtsforschung gewahr. Der Religionswissenschaftler kann sich jedoch nicht auf ein einziges Gebiet beschränken. Durch die eigentliche Struktur seiner Disziplin muß er zumindest einige andere Religionen studieren, um sie zu vergleichen und dadurch die Modalitäten des religiösen Verhaltens, der Einrichtungen und Ideen (Mythen, Rituale, Gebete, Magie, Einweihung, Hochgötter und so fort) verstehen zu können.

Glücklicherweise sind einige der größten Spezialisten gleichzeitig auch auf anderen Gebieten kompetent. Nathan Soederblom und G. F. Moore haben hervorragende Beiträge über ihr Spezialgebiet (iranische Religionen, Judaismus) publiziert, sind aber auch als »Allgemeinforscher« bekannt geworden. Der Nestor der Geschichte der griechischen Religion, Martin Persson Nilsson, beschäftigte sich auch mit Folklore und Primitivreligionen. Der große Erforscher der Germanen, Jan de Vries, war auch eine Autorität für die keltische Religion, Folklore und Mythologie. Franz Altheim wandte sich von der Geschichte der römischen und hellenistischen Religion den iranischen, türkischen und zentralasiatischen Traditionen zu. Georges Dumézil kennt alle indoeuropäischen Religionen und Mythologien. W. F. Albright ist Spezialist für die israelische Religion, hat aber auch Beiträge über andere alte Religionen des Nahen Ostens geschrieben. Theodor W. Gaster ist ein Experte für Folklore und die Antike im Nahen Osten. Diese Liste könnte fortgesetzt werden.

Freilich hatten sich auch andere Forscher aus der Generation Pettazzonis das Ziel gesetzt, das ganze Gebiet der allgemeinen Religionswissenschaft zu behandeln. Man kann als Beispiel Carl Clemen, E. O. James und Gerardus van der Leeuw anführen. Aber während der außerordentlich gelehrte und genaue Clemen im allgemeinen die Grenzen einer philologischen Exegese nicht überschritt und Van der Leeuw sich manchmal mit einer eher impressionistischen Behandlung des Themas zufriedengab, zielte Pettazzoni immer auf eine historisch-religiöse Interpretation, das heißt, er brachte die Resultate der verschiedenen Untersuchungen zu einer Zusammenschau. Er zögerte nicht, zentrale, wenn auch riesige Probleme zu behandeln – den Ursprung des Monotheismus, die Himmelsgötter, die Mysterien, das Bekenntnis der Sünden, Zarathustra und die iranische Religion, die griechische Religion und anderes. Sein Wissen war immens und genau, und er schrieb überlegen und elegant. Pettazzoni, der unter dem tiefgehenden Einfluß von Croces Historismus stand, betrachtete die Religion ausschließlich als historisches Phänomen.

Mit Recht beharrt er auf der Geschichtlichkeit jeder religiösen Schöpfung. »Die griechische Kultur«, schreibt er, »kam nicht aus einem Nichts hervor. Es gibt kein atemporales ›Griechentum‹, das sich in historischer Zeit manifestiert hat. Vor dem Tribunal der Geschichte ist jedes *phenomenon* ein *genomenon*[43].« Pettazzoni unterstreicht in diesem Zusammenhang die Notwendigkeit, die griechische Religion historisch zu sehen, um unser eigenes historisches Bewußtsein zu vertiefen. Man kann nur zustimmen, daß es von größter Dringlichkeit ist, jede Religion historisch zu sehen, aber die ausschließliche Konzentration auf den »Ursprung« und die Entwicklung einer religiösen Form – »jedes *phenomenon* ist ein *genomenon*« – könnte die hermeneutische Untersuchung auf eine bloße historiographische Arbeit reduzieren. Das würde letzten Endes bedeuten, daß zum

Beispiel die Geschichte der griechischen Religion zu einer der vielen Unterabteilungen der Gräzistik würde, gleichgestellt und in enger Verbindung mit der griechischen Geschichte oder Literatur, Numismatik, Epigraphie oder Archäologie. Und die Religionsgeschichte würde als autonome Disziplin verschwinden, weil in allen Forschungsbereichen dasselbe eintreten würde. Glücklicherweise war sich Pettazzoni dieser Gefahr voll bewußt und hat gegen Ende seiner Tätigkeit die komplementäre Position von »Phänomenologie« und »Geschichte« immer wieder betont. Außerdem war, ähnlich wie bei Freud und Frazer, das persönliche Beispiel Pettazzonis wichtiger als seine Theorien. Ihm ist es zu danken, daß in Italien Religionsgeschichte in einem umfassenderen Sinn verstanden wird als in vielen anderen europäischen Ländern. Seinen jungen Kollegen und Schülern ist es wenigstens zum Teil gelungen, die »Pettazzoni-Tradition« aufrechtzuerhalten, nämlich das Interesse an den zentralen Problemen der Religionsgeschichte und den Versuch, die Bedeutung und die Aktualität dieser Disziplin für die heutige Welt zu betonen[44]. Mit Pettazzoni starb der letzte der »Enzyklopädisten«, der Schöpfer einer großartigen Tradition, die mit Tyler und Albert Lang begonnen hatte und von Frazer, Soederblom, Clemen, Mauss, van der Leeuw und Coomaraswamy fortgesetzt wurde.

Die »Myth-and-Ritual«-Schule

Über die »Myth-and-Ritual«-Schule oder den »Patternismus« entwickelte sich eine lebhafte methodologische Debatte. Die britischen Mitarbeiter an den von S. H. Hooke herausgegebenen Bänden *Myth and Ritual* (1933) und *The Labyrinth* (1935) wie die skandinavischen Forscher S. Mowinckel, J. Engnell und Geo Widengren legten großen Nachdruck auf die gemeinsamen Elemente in den Kulturen und Religionen der Antike im Nahen Osten. Hooke wies zum Beispiel darauf hin, daß der König, der den Gott repräsentierte, Mittelpunkt der Kultur und als solcher für die

Ernte und das Gedeihen der Städte verantwortlich war. In seinem sechsbändigen *King and Saviour* (1945–1955) ging Widengren sogar noch weiter: Der König sei für das tatsächliche Funktionieren des Kosmos verantwortlich. Dieser Glaube, so meinte Widengren, gab den Anstoß für die iranische Erlösungsideologie und den jüdischen Messianismus. Die Veröffentlichungen des schwedischen Wissenschaftlers beschränken sich jedoch nicht auf die Probleme des »Patternismus«. Widengren ist auch der Autor einer Phänomenologie der Religion, einer Geschichte der iranischen Religionen und vieler Monographien über verschiedene Aspekte des religiösen Lebens[45].

Der »Patternismus« wurde von verschiedenen Seiten, vor allem von H. Frankfort[46] angegriffen. Dieser bedeutende Gelehrte behauptete, daß die Unterschiede wichtiger seien als die Ähnlichkeiten. Er weist darauf hin, daß der Pharao als Gott betrachtet oder ein Gott wird, während in Mesopotamien der König nur Stellvertreter eines Gottes ist. Tatsächlich sind jedoch Unterschiede und Ähnlichkeiten von gleichrangiger Bedeutung, falls es sich um historisch verwandte Kulturen handelt. Der Umstand, daß sich Portugiesisch vom Französischen oder vom Rumänischen unterscheidet, hindert die Philologen nicht, alle drei als romanische Sprachen zu betrachten, da sie einen gemeinsamen genetischen Ursprung – Latein – haben. Die leidenschaftlichen Diskussionen um die »Myth-and-Ritual«-Schule enthüllten eine einigermaßen wirre Methodologie. Damit sind nicht die wilden Übertreibungen einiger skandinavischer Autoren, ihre philologische Leichtfertigkeit oder ihre historischen Entstellungen gemeint, sondern es handelt sich um die Zulässigkeit, historisch verwandte und strukturell analoge religiöse Phänomene des Nahen Ostens zu vergleichen. Wenn es ein Gebiet gibt, in dem solche Vergleiche mit Recht gezogen werden können, dann ist es die Antike im Nahen Osten. Wir wissen, daß der Ackerbau, die monolithische Dorfkultur und schließlich die Stadtkultur sich von einem Zentrum im Nahen Osten nach vielen Richtungen ausgebreitet haben.

Georges Dumézil und die indoeuropäischen Religionen

Eine ähnliche methodologische Unsicherheit erklärt den Widerstand gegen Georges Dumézils brillante Studien über die indoeuropäischen religiösen Einrichtungen und Mythologien[47]. Es wurde zum Beispiel eingewendet, daß man keltische oder italische nicht mit iranischen oder vedischen Begriffen vergleichen könne, trotz der Tatsache, daß wir in diesem Fall mit Sicherheit von einer gemeinsamen indo-europäischen Tradition wissen, die unter vielerlei und unterschiedlichen äußeren Einflüssen noch erkennbar ist.

Der Widerstand gegen Dumézils Methode, der glücklicherweise jetzt in vielen Ländern überwunden ist, kann vermutlich auf drei Gründe zurückgeführt werden: 1. auf den Umstand, daß die vergleichende indoarische Mythologie durch die Improvisation von Max Müller und seinen Anhängern hoffnungslos diskreditiert worden ist; 2. auf die im ersten Viertel des 20. Jahrhunderts vorherrschende Tendenz, das geistige und historische Leben der protohistorischen Völker im Licht dessen zu interpretieren, was man als charakteristisch für die »Primitiven« betrachtete. Daher schien die deutlich formulierte Mythologie und besonders das dadurch implizierte ideologische System, das Dumézil den frühen Indoeuropäern zuschrieb, zu zusammenhängend und zu »tief« für eine protohistorische Gesellschaft; 3. auf die Überzeugung der Spezialisten der indoeuropäischen Philologien, daß es für einen einzelnen Gelehrten unmöglich sei, das gesamte Gebiet der indoeuropäischen Studien zu beherrschen[48].

Alle diese Gründe basieren auf denselben Mißverständnissen: 1. Dumézil verwendete nicht die philologische, das heißt etymologische Methode von Max Müller, sondern eine historische. Er verglich historisch verwandte sozio-religiöse Phänomene (Institutionen, Mythologien und Theologien einer Anzahl von Völkern, die aus derselben ethnischen, linguistischen und kulturellen Matrix hervorgegangen waren), und bewies schließlich, daß die Ähnlichkeiten auf ein originales System und nicht auf ein zufälliges Überleben heterogener Elemente deuteten. 2. Die moderne Forschung hat die Hinfälligkeit der evolutionistischen Theorie von der Unfähigkeit der »Primitiven«, rational und »systematisch« zu denken, erwiesen. Außerdem war die proto-indoeuropäische Kultur weit davon entfernt, »primitiv« zu sein, sondern bereits durch ständige, wenn auch indirekte Einflüsse aus den höheren urbanen Kulturen des frühen Nahen Ostens bereichert. 3. Die »Unmöglichkeit«, so viele Philologien zu beherrschen, ist ein falsches, auf persönliche Erfahrung oder statistische Information begründetes Postulat, aber letzten Endes irrelevant. Das einzige überzeugende Argument wäre der Beweis gewesen, Dumézils Interpretation etwa eines Sanskrit, keltischen oder kaukasischen Textes hätte seine unzureichende Kenntnis dieser Sprache verraten.

In einer eindrucksvollen Reihe von Büchern und Monographien hat Georges Dumézil zwischen 1940 und 1960 das, was er den indoeuropäischen dreigeteilten Begriff der Gesellschaft nannte, untersucht, nämlich die Unterteilung in drei übereinanderliegende Ebenen, die drei Funktionen entsprechen: Herrschaft, Kriegswesen, wirtschaftlicher Wohlstand. Jede Funktion wird von einer soziopolitischen Kategorie verantwortlich getragen (Könige, Krieger, Ernährer) und steht mit einem besonderen Gottestyp in Verbindung (im alten Rom zum Beispiel Jupiter, Mars, Quirinus). Die erste Funktion ist in zwei sich ergänzende Teile oder Aspekte unterteilt, die magische und die richterliche Herrschaft, im vedischen Indien Varuna und Mitra. Diese grundlegende ideologische Konfiguration der Proto-Indoeuropäer ist von den verschiedenen indoeuropäischen Völkern im Lauf ihrer eigenen Geschichte verschieden entwickelt und interpretiert worden.

Dumézil hat zum Beispiel überzeugend gezeigt, daß der indische Geist das originale Schema in kosmologischen Ideen weiterentwickelt hat, während die Römer die mythologischen Gegebenheiten »historisiert« haben, so daß die archaischste – und einzig echte – römische Mythologie in den »historischen« Persönlichkeiten und Ereignissen, die Titus

Livius im ersten Buch seines Geschichtswerks beschreibt, zu finden ist.

Dumézil hat seine gründliche Studie der dreigeteilten Ideologie mit einigen Monographien über indoeuropäische Rituale und über vedische und römische Göttinnen und – 1966 – mit einem Buch über die römische Religion vervollständigt[49]. Mehr und mehr anerkennen Spezialisten die Methoden und Resultate von Dumézil und verwenden sie zu ihrem Vorteil. Im Augenblick ist Dumézils Werk der einzige neue und wirklich bedeutsame Beitrag zum Verständnis der indoeuropäischen Religionen; darüber hinaus ist das Beispiel, das Dumézil gegeben hat, für die Religionswissenschaft nicht minder bedeutsam. Er hat gezeigt, wie man eine philologisch und historisch genaue Analyse mit Einsichten aus der Soziologie und Philosophie ergänzen kann, und er hat weiters gezeigt, daß nur durch Aufdeckung des ideologischen Systems, das den sozialen und religiösen Einrichtungen zugrunde liegt, eine göttliche Gestalt, eine Mythe oder ein Ritual richtig verstanden werden kann.

Van der Leeuw und die Phänomenologie der Religion

Der Name Gerardus van der Leeuw wird stets in Verbindung mit der Phänomenologie der Religion genannt; er schrieb auch die erste bedeutende Abhandlung über dieses Thema. Ebenso aber wie bei Rudolf Otto erlaubt die Vielseitigkeit seines Werkes keine allzu enge Klassifikation. Obwohl er als junger Mann orientalische Sprachen studierte und seine Doktorarbeit über die ägyptische Religion schrieb, hat van der Leeuw später zwei ausgezeichnete Bücher über die Religion der Primitiven und unzählige Artikel und Monographien über verschiedene andere Religionen, über das Problem des Urmonotheismus und die Religionspsychologie verfaßt. Außerdem war er Dichter, Musiker, ein Mann der Kirche und Autor des wertvollen Buches *Das Heilige in der Kunst*. Letzten Endes waren jedoch van der Leeuws unerschöpfliche Neugier und vielseitigen Interessen seinem

Werk nicht förderlich. Er war ein hochbegabter Schriftsteller mit einem eleganten und kristallklaren Stil, seine Bücher sind leicht zu verstehen und bedürfen keiner Kommentare. In einer Zeit, in der ein trockener, schwieriger und verschlüsselter Stil in philosophischen Kreisen Mode geworden ist, laufen Klarheit und künstlerische Perfektion geradezu Gefahr, daß man sie mit Oberflächlichkeit, Dilettantismus oder Mangel an eigenständigem Denken verwechselt.

In van der Leeuws *Phänomenologie der Religion* (1933) findet man wenig Hinweise auf Husserl, aber viele auf Jaspers, Dilthey und Eduard Spranger. Van der Leeuw wurde von den Schlußfolgerungen der Gestaltspsychologie und der Strukturpsychologie sehr beeinflußt[50]. Nichtsdestoweniger blieb er insoweit Phänomenologe, als er in seinen Beschreibungen die religiösen Fakten und ihre besondere Zweckbestimmtheit respektierte. Er betonte die Unreduzierbarkeit religiöser Erscheinungen auf soziale, psychologische oder rationale Funktionen und wies alle jene naturalistischen Vorurteile zurück, die die Religion durch etwas außer ihr Liegendes »erklären« wollen. Für van der Leeuw war es die Hauptaufgabe der Religionsphänomenologie, die innere Struktur religiöser Phänomene zu erhellen. Er war allerdings fälschlicherweise der Ansicht, daß man die Ganzheit aller religiösen Phänomene auf drei Grundstrukturen reduzieren könne: Dynamismus, Animismus und Deismus. An der Geschichte religiöser Strukturen war er jedoch nicht interessiert, und hierin liegt der größte Mangel seiner Einstellung: denn sogar die erhabensten religiösen Erscheinungen (eine mystische Ekstase zum Beispiel) zeigen sich in spezifischen Strukturen und durch die Kultur geprägten Formen, die historisch bedingt sind. Van der Leeuw hat tatsächlich niemals eine religiöse Morphologie oder genetische Phänomenologie der Religion zu formulieren versucht. Solche Unterlassungen können aber die Bedeutung seines Werkes nicht mindern. Obwohl ihn seine Vielseitigkeit hinderte, eine neue religiöse Hermeneutik vollständig und systematisch zu formulieren, war er doch ein von Enthusiasmus erfüllter Pionier.

»Phänomenologen« und »Historiker«

Das ständig wachsende Interesse an der Phänomenologie der Religion hat eine Spannung unter den Gelehrten erzeugt, die Religionswissenschaft studieren. Die verschiedenen historischen und historistischen Schulen haben energisch gegen die Behauptung der Phänomenologen reagiert, daß sie die Essenz und die Struktur der religiösen Phänomene erfassen könnten. Für die Historiker ist Religion ein ausschließlich historisches Faktum, ohne jede darüber hinausgehende Bedeutung und ohne weiteren Wert, und nach »Inhalten« zu streben, gilt ihnen als ein Rückfall in den alten platonischen Irrtum. (Die Historiker haben natürlich Husserl vernachlässigt.)

Auf die Unauflöslichkeit dieser Spannung zwischen »Phänomenologen« und »Historikern« wurde bereits hingewiesen. Anderseits gibt es Anzeichen, daß viele Gelehrte nach einer neuen Perspektive suchen, in der beide Methoden integriert werden können. Gegenwärtig beweisen die verschiedenen Methoden und theoretischen Voraussetzungen ihren Wert oder ihre Nützlichkeit vor allem durch die hermeneutischen Fortschritte, die sie zustande bringen. Man mag mit der persönlichen Überzeugung von Ananda Coomaraswamy bezüglich der *philosophia perennis* und die universelle »Urtradition«, die alle alten Kulturen genährt hat, übereinstimmen oder auch nicht, was zählt, sind die überraschenden Einblicke, die Coomaraswamy in die vedischen und buddhistischen religiösen Schöpfungen gewährt. Gleichermaßen mag man vielleicht mit Henry Corbins »Anti-Historizismus« nicht einverstanden sein, aber man kann nicht leugnen, daß Corbin mit Hilfe dieses Begriffs eine bedeutsame Dimension der islamischen mystischen Philosophie enthüllt hat, die vorher von der westlichen Wissenschaft nahezu übersehen worden ist.

Letzten Endes wird das Werk eines Autors nach seinem Beitrag zum Verständnis einer bestimmten religiösen Schöpfung beurteilt. Nur insoweit als es ihm durch Hermeneutik gelingt, sein Material in geistige Botschaften zu verwandeln, wird der Religionswissenschaftler seine Rolle in der gegenwärtigen Kultur erfüllen. Leider ist dies nicht immer der Fall. Die Gründe und die Resultate sollen im Kapitel *Krise und Erneuerung* dargelegt werden.

Die Suche nach den »Ursprüngen« der Religion

Eine Uroffenbarung

Ein französisches Sprichwort sagt, daß nur die Details wirklich wichtig sind. Ich will nicht behaupten, daß dies immer stimmt, aber es gibt Fälle in der Kulturgeschichte, in denen die Details überraschend erhellend wirken, so wenn wir zum Beispiel die Anfänge des italienischen Humanismus in Florenz betrachten. Es ist allgemein bekannt, daß Marsilio Ficino die Platonische Akademie gründete und daß er Platos *Dialog* sowie einige neoplatonische Werke und Kommentare ins Lateinische übersetzte. Es gibt aber eine Einzelheit, die unserer Aufmerksamkeit meist entgeht: Cosimo de' Medici hatte Ficino mit der Übersetzung von Manuskripten von Plato und Plotinus betraut, die der Staatsmann viele Jahre lang gesammelt hatte. Ungefähr um das Jahr 1460 kaufte Cosimo jedoch das Manuskript, das später *Corpus hermeticum* genannt wurde, und bat Ficino, es sofort ins Lateinische zu übersetzen. Zu dieser Zeit hatte Ficino seine Platoübersetzung noch nicht begonnen, nichtsdestoweniger legte er die *Dialoge* beiseite und begann in aller Eile mit der Übersetzung des *Poimandres* und der anderen hermetischen Abhandlungen, die er in wenigen Monaten beendete. 1463, ein Jahr vor dem Tod Cosimos, waren die Übersetzungen fertig. Das *Corpus hermeticum* war daher der erste griechische Text, der von Marsilio Ficino übersetzt und veröffentlicht wurde. Erst nachher begann er mit der Arbeit an Plato[1].

Dieses Detail ist wichtig, da es ein Licht auf einen Aspekt der italienischen Renaissance wirft, den die Historiker der vergangenen Generation nicht gekannt oder zumindest vernachlässigt haben. Cosimo und Ficino waren beide begeistert von der Entdeckung einer Uroffenbarung, wie sie in den hermetischen Schriften enthüllt wird. Sie hatten natürlich keinen Grund, an der ägyptischen, also der allerältesten erreichbaren Offenbarung zu zweifeln, die älter war als Moses und die Pythagoras und Plato sowie die persischen Magier inspiriert hatte.

Obwohl er die Heiligkeit und Wahrheit der hermetischen Texte rühmte, hegte Ficino keinen Zweifel – und konnte es auch gar nicht –, daß er ein guter Christ sei. Der christliche Apologet Lactantius hatte schon im 2. Jahrhundert Hermes Trismegistos für einen göttlich inspirierten Weisen gehalten und einige hermetische Prophezeiungen als durch die Geburt Christi erfüllt interpretiert. Marsilio Ficino bekräftigte neuerlich die Harmonie zwischen Hermetismus und hermetischer Magie und dem Christentum. Pico della Mirandola war ebenso ehrlich überzeugt, daß Magie und Kabbala die Gottheit Christi bestätigten. Papst Alexander VI. ließ im Vatikan ein Fresko mit ägyptischen – das heißt hermetischen – Bildern und Symbolen malen, und zwar nicht aus ästhetischen oder ornamentalen Gründen, er wollte damit seine Protektion der erhabenen und geheimen ägyptischen Tradition demonstrieren.

Ein so außerordentliches Interesse am Hermetismus ist höchst bedeutsam, es enthüllt die Sehnsucht des Renaissancemenschen nach einer Uroffenbarung, die nicht nur Moses und die Kabbala, sondern auch Plato und vor allem die geheimnisvollen Religionen Ägyptens und Persiens einschließen sollte. Es enthüllt auch eine tiefe Unzufriedenheit mit der mittelalterlichen Theologie und der mittelalterlichen Idee vom Menschen und vom Universum, eine Reaktion gegen das, man könnte sagen »provinzielle«, ausschließlich westliche Christentum, eine Sehnsucht nach einer universalen, transhistorischen, »mythischen« Religion. Beinahe zwei Jahrhunderte lang beschäftigten Ägypten und der Hermetismus, die ägyptische Magie, unzählige Theologen und Philosophen – Gläubige ebenso wie Ungläubige oder Krypto-Atheisten. Giordano Bruno begrüßte die Entdeckungen des Kopernikus so enthusiastisch, weil er glaubte, daß der Heliozentrismus eine tiefe religiöse und magische Bedeutung habe. Während seines Aufenthalts in England prophezeite Giordano Bruno die unmittelbar bevorstehende

Wiederkehr der magischen Religion des alten Ägypten, wie sie im *Asclepius* beschrieben worden war. Bruno fühlte sich Kopernikus überlegen, denn während Kopernikus seine eigene Theorie nur als Mathematiker verstand, konnte er das kopernikanische Diagramm als eine Hieroglyphe göttlicher Mysterien auslegen.

Es wäre eine faszinierende Studie, die Geschichte dieses religiösen und kulturellen Mythos von der »hermetischen Uroffenbarung« bis zu seiner Zerstörung im Jahre 1614 durch den gelehrten Gräzisten Isaac Casaubon zu verfolgen. Eine ausführliche Darlegung dieses prämodernen Mythos würde uns jedoch vom Thema abbringen. Hier genügt zu sagen: Isaac Casaubon bewies mit ausschließlich philologischen Argumenten, daß das *Corpus hermeticum* weit davon entfernt war, eine »Uroffenbarung« darzustellen, sondern daß es eine Sammlung später Texte ist, die erst im 2. oder 3. Jahrhundert entstanden sind und die einen hellenistisch-christlichen Synkretismus widerspiegeln.

Der Auf- und Niedergang dieses extravaganten Glaubens an eine in wenigen Abhandlungen schriftlich überlieferte Uroffenbarung ist symptomatisch. Man kann sogar sagen, daß es eine Vorwegnahme dessen war, was sich dann in den folgenden drei Jahrhunderten abspielte. Es ist eine Tatsache, daß die Suche nach einer prämosaischen Offenbarung jene Serie von Krisen zuerst vorzeichnete und später begleitete, die das westliche Christentum erschütterten und den naturalistischen und positivistischen Ideologien des 19. Jahrhunderts den Weg bahnten. Das intensive und fortdauernde Interesse an »ägyptischen« und anderen »östlichen Mysterien« hat während der Renaissance keineswegs die vergleichende Religionswissenschaft gefördert. Im Gegenteil, die unmittelbare Folge der Beschäftigung von Ficino, Pico, Bruno und Campanella mit der hermetischen Lehre waren unterschiedliche naturalistische philosophische Systeme und der Triumph der mathematischen und physikalischen Wissenschaften. Aus der Perspektive dieser neuen Wissenschaften und philosophischen Systeme wurde das Christentum nicht als die einzige geoffenbarte Religion betrachtet – wenn überhaupt als »geoffenbart«. Im 19. Jahrhundert schließlich hielt man das Christentum und alle anderen bekannten Religionen nicht nur für unfundiert, sondern für gefährlich für die Kultur, weil sie meistens den Fortschritt der Wissenschaften behinderten. Nach allgemeiner Ansicht der Gebildeten hatten die Philosophen bewiesen, daß der Mensch nur aus Materie bestehe und daß es kein Ding wie die »Seele« gebe, ein geistiges Etwas, das unabhängig vom Körper sei und ihn überlebe.

Die Anfänge der vergleichenden Religionswissenschaft

Bemerkenswerterweise fallen die Anfänge der vergleichenden Religionswissenschaft in die Mitte des 19. Jahrhunderts, den Höhepunkt der materialistischen und positivistischen Propaganda. Auguste Comte veröffentlichte 1852 den *Catéchism positiviste* und zwischen 1855 und 1858 das *Système de politique positive*. 1855 brachte Ludwig Büchner *Kraft und Stoff* heraus. Er versuchte zu beweisen, daß die Natur kein Ziel habe, daß das Leben durch Urzeugung entstehe und daß Seele und Geist organische Funktionen seien. Büchner behauptete außerdem, daß der Geist das Resultat aller Kräfte des Gehirns sei und daß höchstwahrscheinlich das, was wir Seele oder das Gemüt nennen, von »nervöser Elektrizität« hervorgerufen werde. Im darauffolgenden Jahr, 1856, veröffentlichte Max Müller die *Essays über vergleichende Mythologie*, die als das erste bedeutsame Buch auf dem Gebiet der vergleichenden Religionswissenschaft gelten können. Drei Jahre später erschien Darwins *Ursprung der Arten*, und im Jahre 1862 gab Herbert Spencer *First Principles* heraus. Darin versuchte Spencer die Evolution des Universums durch eine geheimnisvolle Veränderung in der Urmaterie von einem Zustand undeterminierter Homogenität zu einem determinierter Homogenität zu erklären.

Diese neuen Entdeckungen, Hypothesen und Theorien, die die gelehrte Welt leidenschaftlich interessierten, wurden rasch sehr populär. Einer der Bestseller jener Epoche war Ernst Haeckels *Natürliche Schöpfungsgeschichte*. Es erschien

1868, erreichte mehr als zwanzig Ausgaben vor der Jahrhundertwende und wurde in ein Dutzend Sprachen übersetzt. Haeckel war, man muß es gestehen, weder ein kompetenter Philosoph noch ein origineller Denker. Er ließ sich von Darwin inspirieren und glaubte, daß die Theorie der Evolution den Königsweg zu einem mechanistischen Konzept der Natur darstelle. Haeckel zufolge machte die Evolutionstheorie theologische oder teleologische Erläuterungen überflüssig und erklärte schlagartig und auf leichtverständliche Art den Ursprung der Organismen ausschließlich aus natürlichen Ursachen.

Während Haeckels Buch mit Feuereifer neugedruckt und übersetzt wurde und Herbert Spencer sein *System of Synthetic Philosophy* (1860–1896) entwickelte, machte die neue Disziplin der *Geschichte der Religionen* rasche Fortschritte. In seinen Vorlesungen über die Wissenschaft der Sprache (Leipzig 1863) führte Max Müller seine Theorie über den solaren Mythos bei den Ariern ein, die sich auf die Annahme gründete, daß die Mythen aus einer »Krankheit der Sprache« entstanden seien. 1871 veröffentlichte Edward Burnett Tylor *Primitive Culture*, worin er auf brillante Weise versuchte, den Ursprung und die Entwicklung der religiösen Erfahrungen und Glaubensüberzeugungen zu rekonstruieren. Tylor identifizierte das erste Stadium der Religion mit dem Animismus, wie er es nannte: dem Glauben, daß die Natur beseelt sei. Aus dem Animismus entwickelte sich der Polytheismus, und der Polytheismus wurde schließlich durch den Monotheismus ersetzt.

Es ist nicht meine Absicht, hier alle wichtigen Daten in der Geschichte der wissenschaftlichen Erforschung der Religion in der zweiten Hälfte des 19. Jahrhunderts anzuführen. Wir wollen aber einen Augenblick innehalten und die Bedeutung dieser Synchronität zwischen den materialistischen und den archaischen Formen der Religion untersuchen. Man könnte sagen, daß die eifrige Suche nach den Ursprüngen des Lebens und des Geistes, die Faszination, die von den »Mysterien der Natur« ausging, das Streben, die innere Struktur der Materie zu durchdringen und zu entziffern – daß alle diese Sehnsüchte und Bestrebungen eine Art Heimweh nach der ursprünglichen, universellen *matrix* anzeigen. Die Materie, die Substanz, stellt den absoluten Ursprung, den Anfang aller Dinge dar: Kosmos, Leben, Geist. Es existiert ein unwiderstehliches Verlangen, Zeit und Raum tief genug zu durchdringen, um die Grenzen und Anfänge des sichtbaren Universums zu erreichen und vor allem den tiefsten Grund der Substanz und den Keimzustand der lebendigen Materie zu enthüllen[2]. Von einem gewissen Standpunkt aus ist die Aussage, daß die menschliche Seele letztlich das Produkt der Materie ist, nicht notwendigerweise eine demütigende Behauptung. Es ist richtig, daß in einer solchen Perspektive die menschliche Seele nicht länger als eine Schöpfung Gottes betrachtet wird, wenn man aber die Tatsache berücksichtigt, daß Gott nicht existiert, ist es doch eher tröstlich, zu entdecken, daß die Seele das Resultat einer fantastisch langen und komplizierten Evolution ist und ihren Ursprung in der ältesten kosmischen Realität hat: in der physio-chemischen Materie.

Für die Wissenschaftler und die wissenschaftlich interessierte Intelligenz der zweiten Hälfte des 19. Jahrhunderts war die Materie nicht nur die Erklärung aller Probleme, sondern reduzierte die Zukunft der Menschheit geradezu auf einen ununterbrochenen, undramatischen Fortschritt. Durch die Wissenschaft würde der Mensch die Materie immer genauer kennen und immer vollständiger beherrschen lernen. Diese fortschreitende Vervollkommnung wäre ohne Ende. Aus diesem enthusiastischen Vertrauen in die Wissenschaft, die wissenschaftliche Erziehung und den Fleiß kann man auf eine Art religiösen messianischen Optimismus schließen: Der Mensch würde endlich frei, glücklich, reich und mächtig sein.

Materialismus, Spiritismus und Theosophie

Der Optimismus paßte sehr gut zu Materialismus, Positivismus und dem Glauben an eine unbegrenzte Evolution. Dies zeigt sich nicht nur in *L'Avenir de la science*, das Ernest Renan um die Mitte des 19. Jahrhunderts geschrieben hat, sondern auch in einigen bedeutenden parareligiösen

Bewegungen des späten 19. Jahrhunderts, etwa im sogenannten Spiritismus. Diese Bewegung begann 1848 in Hydesville, New York. Mitglieder der Familie John D. Fox hörten mysteriöse Klopfgeräusche, die eine Intelligenz als Urheber zu haben schienen. »Eine der Töchter schlug einen Code vor, drei Klopfer für ja, einen für nein, zwei für ungewiß, und die Verbindung war hergestellt mit etwas, das ein Geist zu sein behauptete. Die drei Schwestern Fox wurden die ersten Medien, und die Praktik, Séancen abzuhalten, um mit den ›Geistern‹ zu verkehren, die mit Klopfen, Tischrücken oder anderen Zeichen antworteten, verbreitete sich schnell über die ganze Welt[3].«

Spiritistische Phänomene sind seit alten Zeiten bekannt und von den verschiedenen Kulturen und Religionen unterschiedlich interpretiert worden. Das neue Element im modernen Spiritismus ist jedoch seine materialistische Auffassung. Vor allem gibt es nun »positive Beweise« für die Existenz der Seele oder, besser, die Existenz der Seele nach dem Tode: Klopfgeräusche, Tischrücken und, ein wenig später, die sogenannten Materialisationen. Das Problem des Überlebens und der Unsterblichkeit der Seele hatte die westliche Welt seit Pythagoras, Empedokles und Plato intensiv beschäftigt, es war jedoch ein philosophisches oder theologisches Problem gewesen. Jetzt jedoch, in einer wissenschaftlich und positivistisch betonten Zeit, hing die Unsterblichkeit der Seele mit dem Erfolg eines Experiments zusammen: Um sie »wissenschaftlich« zu beweisen, mußte man »wirkliche«, das heißt physikalische Beweise erbringen. Komplizierte Verfahrensweisen und Laboratorien wurden später ausgedacht, um die Beweise für das Überleben der Seele zu prüfen. Man kann den positivistischen Optimismus in fast allen parapsychologischen Untersuchungen erkennen: Immer besteht die Hoffnung, daß das Fortleben der Seele eines Tages wissenschaftlich demonstriert werden wird.

Nicht weniger optimistisch und positivistisch ist die andere große parareligiöse Bewegung, die Theosophische Gesellschaft, die von Helena Petrowna Blavatsky im November 1875 in New York gegründet wurde. In ihrem Buch *Isis*

Unveiled (1877) und anderen umfangreichen Schriften hat diese faszinierende und begabte Abenteurerin der modernen Welt eine okkultistische Offenbarung präsentiert, deren Begriffe diese Welt verstehen konnte. Die moderne Welt glaubte an die Evolution und, als deren Folge, an den grenzenlosen Fortschritt. Madame Blavatsky legte eine Theorie der unbegrenzten geistigen Evolution durch Seelenwanderung und fortschreitende Einweihung vor. Sie behauptete, daß sie während ihres angeblichen Aufenthalts in Tibet die primordiale, das heißt asiatische und sogar überirdische Offenbarung erhalten habe. (Ich muß an dieser Stelle anmerken, daß ein Charakteristikum allen östlichen Traditionen gemeinsam ist, nämlich der antievolutionistische Begriff vom geistigen Leben.) Madame Blavatsky hielt es außerdem für nötig, positive materielle »Beweise« zu liefern, um die theosophische Doktrin zu unterstützen, und sie »materialisierte« daher regelmäßig Botschaften ihrer Mahatmas in Tibet. Diese Botschaften genossen, obwohl sie englisch und auf gewöhnlichem Papier geschrieben waren, nichtsdestoweniger das Prestige solider Tatsachen – und überzeugten eine große Zahl anscheinend intelligenter Menschen von der Authentizität der geheimen Doktrin der Madame Blavatsky. Es war natürlich eine optimistische geheime Doktrin, die einer optimistisch eingestellten Gesellschaft enthüllt wurde: Man mußte nur die beiden Bände von *Isis Unveiled* lesen und Mitglied einer theosophischen Gruppe werden, um nach und nach in die tiefsten Mysterien des Universums und seiner eigenen unsterblichen und wandernden Seele eingeweiht zu werden. Man wußte endgültig, daß es einen unbegrenzten Fortschritt gab, und daß nicht nur man selbst, sondern eines Tages die ganze Menschheit die Vollkommenheit erreichen würde.

Man darf nicht lächeln, wenn man alle diese phantastischen Behauptungen liest. Die spiritistische Bewegung sowie die Theosophische Gesellschaft drücken denselben Zeitgeist wie die positivistischen Ideologien aus. Die Leser von *Ursprung der Arten*, *Kraft und Stoff*, *Essays in Comparative Mythology* und *Isis Unveiled* waren nicht dieselben, aber sie hatten etwas gemeinsam: Alle waren mit dem Christentum unzufrieden, und viele von ihnen waren nicht einmal »religiös«. Durch die plötzliche Entkräftung des historischen Christentums war ein Vakuum entstanden, und deshalb strebten einige danach, den Ursprung der kreativen Materie zu erreichen, während andere versuchten, mit den Geistern oder unsichtbaren Mahatmas Verbindung aufzunehmen. Die neue Disziplin der Religionsgeschichte entwickelte sich rasch in diesem kulturellen Zusammenhang und folgte natürlicherweise einem ähnlichen Modell: dem positivistischen Standpunkt den Tatsachen gegenüber und der Suche nach dem Ursprung, dem Uranfang der Religion.

Idée fixe: Suche nach den Ursprüngen

Während dieser Zeit war die westliche Geschichtsschreibung von der Idee der Suche nach den Ursprüngen besessen. »Ursprung und Entwicklung« wurde geradezu zu einem Klischee. Große Gelehrte schrieben über den Ursprung der Sprache, der menschlichen Gesellschaft, der Kunst, verschiedener Institutionen, der indo-arischen Rassen, und so fort. Wir berühren ein faszinierendes, doch komplexes Problem, das hier aber nicht diskutiert werden kann. Kurz gesagt, diese Suche nach dem Ursprung der menschlichen Einrichtungen und kulturellen Schöpfungen war die Fortsetzung und Ergänzung der Suche des Naturforschers nach dem Ursprung der Arten, des Traums der Biologen, den Ursprung des Lebens zu fassen, des Strebens des Geologen und des Astronomen, den Ursprung der Erde und des Universums zu verstehen. Psychologisch gesehen, kann man hier dieselbe Sehnsucht nach dem »Primordialen«, dem »Ursprünglichen« aufdecken.

Max Müller glaubte, daß das *Rig Veda* eine Urphase der arischen Religion und daher ein archaisches Stadium des religiösen Glaubens und der mythologischen Schöpfung darstelle. Doch bereits in den frühen siebziger Jahren des 19. Jahrhunderts bewies der französische Sanskritforscher Abel Bergaigne, daß die vedischen Hymnen keineswegs spontane und naive Äußerungen einer naturalistischen Religion, sondern Produkt einer höchst gelehrten und verfeinerten Priesterklasse waren. Wieder einmal war der erquickende Glaube, eine uranfängliche Form der Religion gefunden zu haben, durch die unbeeinflußte, genaue philologische Analyse zunichte gemacht worden.

Der Gelehrtenstreit über die Veden war nur eine Episode in dem langen und dramatischen Kampf, die »Ursprünge der Religion« zu identifizieren. Ein brillanter und gelehrter Autor, Andrew Lang, hat entscheidend zur Zerstörung der mythologischen Rekonstruktionen von Max Müller beigetragen. Zwei von Langs erfolgreichsten Werken, *Custom and Myth* (1883) und *Modern Mythology* (1897), waren die Quintessenz von Artikeln, in denen er die Ideen Max Müllers mit Hilfe der Theorien von Edward B. Tylor entkräftete. 1898 jedoch, ein Jahr nach der Veröffentlichung von *Modern Mythology*, publizierte Andrew Lang ein anderes Werk, *Making of Religion*, in dem er nun Tylors Ansicht, der Ursprung der Religion sei im Animismus zu finden, zurückwies. Lang begründete seine Argumente mit der Tatsache, daß der Glaube an Hochgötter bei einigen äußerst primitiven Völkern wie den Australiern und den Andamanen zu finden sei. Tylor hatte behauptet, daß ein solcher Glaube nicht ursprünglich sein könne, daß sich die Gottesidee aus dem Glauben an Naturgeister und aus dem Ahnenkult entwickelt habe. Unter den Australiern und Andamanen hatte Lang jedoch weder Ahnen- noch Naturgeisterkult gefunden.

Diese unerwartete und antievolutionistische Behauptung, daß ein Hochgott nicht am Ende einer religiösen Entwicklung, sondern am Anfang stehe, beeindruckte seine gelehrten Kollegen nicht sehr. Man muß allerdings zugeben, daß Andrew Lang seine Dokumentation nicht ausreichend beherrschte und in einer Diskussion mit Hartland gezwungen wurde, Teile seiner früheren Theorien zurückzuziehen; außerdem war er unglücklicherweise ein ausgezeichneter und vielseitiger Schriftsteller, der außer anderen Werken auch einen Band Gedichte verfaßt hatte. Und literarische Begabung erweckt gewöhnlich den Verdacht der Wissenschaftler.

Andrew Langs Begriff eines Hochgottes ist jedoch aus anderen Gründen bedeutungsvoll. In den letzten Jahren des 19. Jahrhunderts und in den ersten des 20. wurde der Animismus nicht länger als erstes Stadium der Religion betrachtet. Zwei neue Theorien wurden aufgestellt. Man könnte sie präanimistisch nennen, denn in beiden wird behauptet, daß sie ein noch früheres Stadium der Religion identifiziert hätten als den Animismus. Die erste Theorie stammt von Andrew Lang und stellt den Glauben an einen Hochgott an den Beginn der Religion. Diese Hypothese wurde in England fast überhaupt nicht zur Kenntnis genommen, jedoch von Graebner und einigen Wissenschaftlern auf dem Kontinent korrigiert und ergänzt übernommen. Unglücklicherweise hat einer der bedeutendsten Ethnologen unserer Zeit, Wilhelm Schmidt, die Hypothese des Glaubens der Primitiven an einen Hochgott zu einer starren Theorie des Urmonotheismus entwickelt. Ich sage unglücklicherweise, weil Schmidt zwar ein großartiger Gelehrter, aber auch katholischer Priester war und die wissenschaftliche Welt ihn daher apologetischer Absichten verdächtigte. Außerdem, wie schon erwähnt, war Schmidt durch und durch Rationalist und versuchte zu beweisen, daß der primitive Mensch die Idee Gottes durch strikt kausales Denken erfaßt habe. Während Schmidt die monumentalen Bände seines Werkes *Der Ursprung der Gottesidee* nach und nach veröffentlichte, war die westliche Welt Zeuge des Einbruchs einer größeren Zahl irrationalistischer Philosophien und Ideologien. Bergsons *élan vital*, Freuds Entdeckung des Unbewußten, Lévy-Bruhls Untersuchungen der prälogischen mystischen Mentalität, Rudolf Ottos *Das Heilige*, wie die künstlerischen Revolutionen des Dadaismus und des Surrealismus kennzeichnen einige der wichtigsten Ereignisse in der Geschichte des modernen Irrationalismus. Nur sehr wenige Ethnologen und Religionswissenschaftler konnten daher Schmidts rationalistische Erklärung der Entdeckung der Gottesidee annehmen.

Ganz im Gegenteil: Jene Epoche von etwa 1900 bis 1920

wurde von der zweiten präanimistischen Theorie beherrscht, jener des *mana*, des Glaubens an eine undeutliche und unpersönliche magisch-religiöse Kraft. Der englische Anthropologe Marett vor allem beharrte auf dem präanimistischen Charakter des Glaubens an *mana*; er zeigte, daß diese magisch-religiöse Erfahrung den Begriff der Seele nicht voraussetze und daher ein ursprünglicheres Stadium als Tylors Animismus darstelle.

Was an dieser lebhaften Gegenüberstellung von Hypothesen über den Ursprung der Religion interessiert, ist die vorwiegende Beschäftigung mit dem »Uranfang«. Ein ähnliches Interesse war bei den italienischen Humanisten und Philosophen zu bemerken, nachdem die hermetischen Texte wiederentdeckt worden waren. Auf einer anderen Ebene und zu einem anderen Zweck charakterisiert die Suche nach dem »Uranfänglichen« die Tätigkeit der wissenschaftlichen Theologen und Historiker des 19. Jahrhunderts. Beide präanimistischen Theorien – jene des ursprünglichen Glaubens an einen Hochgott und jene von einem ursprünglichen Erlebnis des Heiligen als einer unpersönlichen Macht – behaupteten, daß sie eine tiefere Schichte der religiösen Geschichte erreicht hätten als Tylors Animismus, und beide nahmen für sich in Anspruch, daß sie die tatsächlichen Anfänge der Religion enthüllt hätten. Außerdem wiesen beide Theorien die unilineare Evolution zurück, die Tylors Hypothese implizierte. Marett und die Mana-Schule waren nicht am Aufbau einer allgemeinen Theorie über die Entwicklung der Religion interessiert. Schmidt dagegen weihte seine ganze Lebensarbeit diesem Problem und glaubte, daß es ein historisches und kein naturalistisches sei. Nach Schmidt glaubte der Mensch am Anfang nur an einen einzigen mächtigen und schöpferischen Gott. Durch die historischen Umstände vernachlässigte und vergaß der Mensch später diesen einzigen Gott und wurde immer mehr in den Glauben an immer kompliziertere Götter und Göttinnen, Geister, mythische Vorfahren und so weiter verwickelt. Obwohl dieser Prozeß der Degeneration vor Zehntausenden Jahren begonnen habe, erklärte Schmidt, daß er ein historischer Prozeß genannt werden müsse, da der

Mensch ein historisches Wesen sei. Schmidt führte die historische Ethnologie in größerem Maßstab in das Studium der primitiven Religionen ein. Über die Folgen dieses bedeutsamen Wechsels der Perspektiven wird später noch die Rede sein.

Hochgötter und der Tod Gottes

Für den Augenblick wollen wir jedoch zu Andrew Langs Entdeckung des primitiven Glaubens an einen Hochgott zurückkehren. Ich weiß nicht, ob Lang jemals Nietzsche gelesen hat, wahrscheinlich nicht. Zwanzig Jahre vor Langs Entdeckung hatte jedoch Nietzsche durch seinen *Zarathustra* den Tod Gottes proklamiert. Dies war zu seinen Lebzeiten unbeachtet geblieben, hatte jedoch ungeheuren Eindruck auf die folgenden Generationen von Europäern gemacht. Nietzsches Proklamation kündigte das radikale Ende des Christentums – der Religion – an und prophezeite, daß der moderne Mensch fürderhin in einer ausschließlich immanenten, gottlosen Welt leben müsse. Ich finde es nun interessant, daß Lang, als er die Existenz von Hochgöttern unter den Primitiven entdeckte, zugleich auch ihren Tod entdeckte – obwohl er diesen Aspekt seiner Entdeckung nicht wahrnahm. Lang bemerkte, daß der Glaube an einen Hochgott nicht sehr verbreitet, daß der Kult solcher Götter eher ärmlich, daß ihre tatsächliche Rolle im religiösen Leben sehr bescheiden war. Lang versuchte sogar, eine Erklärung für die Degeneration und das schließliche Verschwinden der Hochgötter, und ihre Ersetzung durch andere religiöse Figuren zu finden. Er dachte unter anderem, daß die mythologische Einbildungskraft stark zur Verminderung der Idee eines Hochgottes beigetragen habe. Damit war er zwar im Irrtum, aber das macht für unsere Zwecke nichts aus. Tatsache ist, daß der primitive Hochgott ein *deus otiosus* wurde, von dem man glaubte, er habe sich in die höchsten Himmel zurückgezogen und zeige sich dem Menschen gegenüber ganz gleichgültig. Schließlich und endlich wird er vergessen, in anderen Worten: er stirbt. Es gibt zwar keine Mythen, die von seinem

Tod berichten, aber er verschwindet aus dem religiösen Leben und nachfolgend aus den Mythen.

Dieses Vergessen des Hochgottes bedeutet also seinen Tod. Nietzsches Proklamation war neu für den Westen und die judäo-christliche Welt, der Tod Gottes ist aber ein ungeheuer altes Phänomen in der Geschichte der Religionen – mit dem Unterschied natürlich, daß das Verschwinden des Hochgottes die Geburt eines lebhafteren und dramatischeren, wenn auch geringeren Pantheons bedeutete –, während nach Nietzsches Ansicht der Mensch nach dem Tod des judäo-christlichen Gottes allein leben muß, allein in einer radikal entheiligten Welt. Diese radikal entheiligte und immanente Welt ist aber eine Welt der Geschichte. Als historisches Wesen hat der Mensch Gott getötet, und nach diesem Mord, diesem »Deicid«, ist er gezwungen, ausschließlich in der Geschichte zu leben. Ich möchte an diesem Punkt in Erinnerung rufen, daß Schmidt, der Erfinder der Theorie des Urmonotheismus, glaubte, die Vernachlässigung des Hochgottes und seine spätere Ersetzung durch andere religiöse Figuren sei nicht das Resultat eines naturalistischen, sondern eines historischen Prozesses. Der primitive Mensch, nur weil er materielle und kulturelle Fortschritte von der Sammlerstufe zum Ackerbauer und Viehzüchter machte – also einfach, weil er Geschichte machte –, verlor seinen Glauben an einen einzigen Gott und begann eine Vielzahl niederer Götter zu verehren.

Bei Nietzsche wie bei Andrew Lang und Wilhelm Schmidt treffen wir auf eine neue Idee: die Verantwortlichkeit der Geschichte an der Degradierung, dem Vergessen und schließlich dem Tod Gottes. Die folgende Gelehrtengeneration wird sich mit dieser neuen Bedeutung der Geschichte abmühen müssen. Inzwischen machte die neue Disziplin der Religionswissenschaft Fortschritte, mehr und mehr Material wurde publiziert, mehr Bücher wurden geschrieben und in aller Welt mehr Lehrstühle für Religionsgeschichte errichtet.

Es gab eine Zeit, besonders in der zweiten Hälfte des 19. Jahrhunderts, da man meinte, eine oder zwei Generationen sollten sich ausschließlich der Veröffentlichung und

Analyse der Dokumente widmen, damit die nachfolgenden Gelehrten frei für ausgeklügelte Synthesen wären. Das war natürlich nur ein Traum, aber sogar Renan glaubte daran, als er *L'Avenir de la science* schrieb. Die Geschichte der Religionen folgte, ebenso wie alle anderen wissenschaftlichen Disziplinen, den Modellformen wissenschaftlicher Tätigkeit, das heißt, sie konzentrierte sich mehr und mehr auf das Sammeln und Klassifizieren von »Fakten«. Diese asketische Bescheidenheit des Religionsgeschichtlers gegenüber seinem Material ist jedoch nicht ohne Größe und hat fast eine spirituelle Bedeutung. Man kann die Lage des Gelehrten, der in seine Dokumente vertieft, ja manchmal geradezu unter ihrer Menge und Last begraben ist, als eine Art von *descensus ad inferos* beschreiben, als einen Abstieg in die tiefen, dunklen, unterirdischen Regionen, wo er auf die Keimformen der lebendigen Materie stößt. In manchen Fällen bedeutet dieses Untertauchen in das »Material« einen geistigen Tod, denn die schöpferische Kraft des Wissenschaftlers kann dort leider sterilisiert werden.

Solch ein Verlangen nach dem *descensus* entspricht einer allgemeinen Tendenz des westlichen Geistes am Anfang dieses Jahrhunderts. Man kann die psychoanalytische Methode, wie sie von Freud erarbeitet wurde, nicht besser beschreiben als zu sagen, daß sie ein *descensus ad inferos* ist, ein Abstieg in die tiefsten und gefährlichsten Zonen der menschlichen Psyche. Als Jung die Existenz des kollektiven Unbewußten enthüllte, erinnerte die Erforschung dieser urvordenklichen Schätze – die Mythen, Symbole und Bilder der archaischen Menschheit – an die Techniken der Ozeanographie und der Speläologie. Wie der Abstieg in die Tiefen des Meeres oder die Expeditionen in die Höhlentiefen Elementarorganismen zum Vorschein gebracht hatte, die schon lange von der Oberfläche der Erde verschwunden gewesen waren, brachte die Analyse Formen des tiefen psychischen Lebens an die Oberfläche, die sich vorher einer Erforschung entzogen hatten. Die Speläologie beschenkte die Biologen mit tertiären und sogar mesozoischen Organismen, primitiven zoomorphen Formen, die nicht der Fossilierung unterlagen – in anderen Worten: Formen, die von der Oberfläche der Erde verschwunden waren, ohne eine Spur zu hinterlassen. Durch die Entdeckung »lebender Fossilien« hat die Speläologie unsere Kenntnisse der archaischen Lebensformen sehr viel weitergebracht. Ebenso werden archaische Formen des psychischen Lebens, »lebende Fossilien«, die im Dunkel des Unbewußten begraben waren, jetzt dem Studium durch die Methoden zugänglich, die Freud und andere Tiefenpsychologen entwickelt haben.

Man muß natürlich zwischen Freuds großem Beitrag zur Wissenschaft, seiner Entdeckung des Unbewußten und der Psychoanalyse und der Freudschen Ideologie unterscheiden, die nur eine mehr unter den zahllosen positivistischen Ideologien ist. Freud glaubte ebenfalls, er habe mit Hilfe der Psychoanalyse die »uranfängliche« Schicht der menschlichen Kultur und Religion erreicht. Wie erwähnt, identifizierte er den Ursprung der Religion und Kultur mit einem vorgeschichtlichen Mord, genauer gesagt, mit dem ersten Vatermord. Für Freud war Gott nur der sublimierte physische Vater, der von seinen ausgestoßenen Söhnen erschlagen wurde. Diese erstaunliche Erklärung wurde allgemein kritisiert und von allen verantwortlichen Ethnologen zurückgewiesen. Freud nahm jedoch seine Theorie weder zurück noch modifizierte er sie, er dachte vermutlich, er hätte Beweise für die Tötung Gottes, des Vaters, unter seinen Wiener Patienten gefunden. Diese »Entdeckung« läuft jedoch eigentlich darauf hinaus, daß man sagt, daß einige moderne Menschen die Folgen ihres »Deicids« zu fühlen begannen. Wie Nietzsche dreißig Jahre vor dem Erscheinen von *Totem und Tabu* angekündigt hatte: Gott war tot, oder, genauer, er war vom Menschen getötet worden. Vielleicht projizierte Freud unbewußt die Neurosen einiger seiner Wiener Patienten in eine mythische Vergangenheit. Ein »Tod Gottes« war auch unter den Primitiven bekannt, das bedeutete jedoch die Verhüllung und Entfernung Gottes und nicht seinen »Mord« durch des Menschen Hände, wie Nietzsche es verkündete.

Zwei Facetten von Freuds Leistungen sind für unsere

Untersuchung von Bedeutung, nämlich, daß Freud, als Beispiel für die bekannte Sehnsucht der westlichen Wissenschaftler nach dem »Primordialen«, den »Ursprüngen«, weiterzugehen versuchte, als je ein anderer Mensch in die Geschichte des Geistes eingedrungen war. Für ihn bedeutete dies das Durchdringen zum Unbewußten. Zweitens glaubte Freud, er hätte am Anfang der menschlichen Kultur und der menschlichen Einrichtungen nicht eine biologische Tatsache, sondern eher ein historisches Ereignis gefunden, nämlich den Mord am Vater durch die Hand seiner älteren Söhne. Ob ein solches uranfängliches historisches Ereignis jemals tatsächlich stattgefunden hat oder nicht, ist für unsere Diskussion nicht von Bedeutung. Für uns wichtig ist die Tatsache, daß Freud – obwohl er unzweifelhaft ein Naturalist war – fest daran glaubte, daß der Ursprung der Religion mit einem Ereignis zusammenhänge, dem ersten Vatermord. Und dies ist weiterhin bedeutungsvoll, weil Tausende von Psychoanalytikern und Hunderttausende mehr oder minder kultivierte Menschen im Westen überzeugt sind, daß Freuds Erklärung wissenschaftlich richtig sei.

Geschichtlichkeit und Historizismus

Es scheint also, daß die Sehnsucht des westlichen Menschen nach den Ursprüngen ihn endlich zu einem Zusammenstoß mit der Geschichte geführt hat. Der Religionshistoriker hat nun erfaßt, daß es ihm unmöglich ist, den »Ursprung« der Religion zu erreichen. Was am Anfang, *ab origine*, geschah, ist nicht länger ein Problem für den Religionshistoriker, obwohl es vielleicht eines für den Theologen und den Philosophen sein mag. Ohne es eigentlich zu bemerken, fand sich der Religionshistoriker in einem kulturellen Milieu, das ganz verschieden von dem eines Max Müller oder Tylor, oder sogar eines Frazer und eines Marett war. Es war eine neue Umgebung, die ihre geistige Nahrung von Nietzsche, Marx, Dilthey, Croce und Ortega empfing und in der das Modewort nicht Natur, sondern Geschichte lautete. An und für sich war die Entdeckung der Unreduzierbarkeit der Geschichte, der Tatsache, daß der Mensch immer ein historisches Wesen ist, keine negative, sterilisierende Erfahrung. Sehr bald jedoch machte diese evidente Tatsache einer Reihe von relativistischen und historischen Ideologien und Philosophien von Dilthey bis Heidegger und Sartre Platz. Im Alter von siebzig Jahren gab Dilthey selbst zu, daß die Relativität aller menschlichen Ideen das letzte Wort einer historischen Sicht der Welt sei.

Die Gültigkeit des Historizismus braucht hier nicht diskutiert zu werden. Um aber die tatsächliche Situation der Religionshistoriker zu verstehen, müssen wir die schwere Krise in Betracht ziehen, die infolge der Entdeckung der Geschichtlichkeit des Menschen entstand. Diese neue Dimension, die Historizität, birgt viele Interpretationsmöglichkeiten, es muß jedoch zugegeben werden, daß von einem bestimmten Gesichtspunkt aus das Verständnis des Menschen als eines zuerst und vor allem historischen Wesens eine beträchtliche Demütigung für das westliche Bewußtsein bedeutete. Der westliche Mensch hatte sich nach und nach als Gottes Geschöpf und Besitzer einer einzigartigen Offenbarung, als Herr der Welt, als Autor der einzigen universell gültigen Kultur, als Schöpfer der einzig wahren und nützlichen Wissenschaft und so weiter betrachtet. Jetzt entdeckte er sich auf demselben Niveau wie jeder andere Mensch – will sagen vom Unbewußten ebenso wie von der Geschichte konditioniert –, nicht länger der einzigartige Schöpfer einer Hochkultur, nicht länger der Herr der Welt und zudem kulturell vom Aussterben bedroht. Als Valéry ausrief: »Nous autres civilisations, nous savons maintenant que nous sommes mortelles (nun wissen wir anderen Zivilisationen, daß wir sterblich sind)!« wiederholte er Diltheys pessimistischen Historizismus.

Diese Demütigung des westlichen Menschen, die auf seine Entdeckung der allgemeinen historischen Bedingtheit folgte, war aber auch nicht ohne positive Resultate. Zuallererst half uns die Anerkennung der Historizität des Menschen, die letzten Reste von *Angelismus* und Idealismus loszuwerden. Wir nehmen jetzt die Tatsache ernster, daß der Mensch zu dieser Welt gehört, daß er nicht ein in der Materie gefangener Geist ist. Das Wissen, daß der Mensch immer bedingt ist, bedeutet die Entdeckung, daß er ebenso ein schöpferisches Wesen ist. Er reagiert schöpferisch auf die Herausforderung der kosmischen, psychologischen oder historischen Bedingtheiten. Aus diesem Grund akzeptieren wir nicht länger die naturalistischen Erklärungen der menschlichen Kulturen und Religionen. Um nur ein Beispiel zu nennen: Wir wissen jetzt, daß der primitive Mensch keine naturalistische Religion hatte – er hätte sie tatsächlich nicht haben können. Zur Zeit von Max Müller und Tylor pflegten die Wissenschaftler von »naturalistischen Kulturen« und von »Fetischismus« zu sprechen, wobei sie meinten, daß der primitive Mensch natürliche Objekte anbetet. Die Verehrung kosmischer Objekte ist jedoch nicht »Fetischismus«. Nicht der Baum, die Quelle oder der Stein werden verehrt, sondern das Heilige, das sich durch diese kosmischen Objekte manifestiert. Dieses Verständnis der religiösen Erfahrung des Urmenschen ist das Resultat der Erweiterung unseres historischen Bewußtseins. Man kann schließlich sagen, daß trotz der Risken des Relativismus die Doktrin, daß der Mensch ausschließlich ein historisches Wesen ist, einer neuen Art von Universalismus den Weg geöffnet hat. Wenn der Mensch sich durch die Geschichte selbst macht, dann ist alles, was er in der Vergangenheit getan hat, für jeden von uns wichtig. Das ist gleichbedeutend mit der Aussage, daß das westliche Bewußtsein nur eine Geschichte anerkennt, nämlich die Universalgeschichte, und daß die ethnozentrische Geschichte – weil provinziell – überwunden ist. Für den Religionshistoriker bedeutet dies, daß er keine wichtige Form ignorieren darf, obwohl man natürlich von ihm nicht erwarten kann, daß er Experte für alle Religionsformen ist.

Nach mehr als einem Jahrhundert unermüdlicher Arbeit waren die Wissenschaftler also gezwungen, den alten Traum aufzugeben, die Ursprünge der Religion mit Hilfe des historischen Rüstzeugs zu erfassen, und widmeten sich dem Studium der verschiedenen Phasen und Aspekte des religiösen Lebens. Ist dies nun, so können wir fragen, das letzte

Wort in der Religionswissenschaft? Sind wir dazu verdammt, unendlich weiter mit unseren religiösen Materialien zu arbeiten, die für uns nicht mehr als historische Dokumente sind, also Ausdruck unterschiedlicher existentieller Situationen während der Zeitalter? Bedeutet die Tatsache, daß wir den Ursprung der Religion nicht erreichen, auch, daß wir die Essenz religiöser Phänomene nicht erfassen können? Ist die Religion nur ein historisches Phänomen wie etwa der Fall von Jerusalem oder Konstantinopel? Für den Religionswissenschaftler bedeutet »Geschichte« vor allem, daß alle religiösen Phänomene bedingt sind, ein rein religiöses Phänomen existiert nicht. Ein religiöses Phänomen ist immer auch ein soziologisches, ein ökonomisches, ein psychologisches Phänomen und, natürlich, ein historisches, denn es geschieht innerhalb der historischen Zeit und wird von allem bedingt, was vorher geschehen ist.

Die Frage ist aber: Sind die vielfältigen Systeme der Bedingtheit eine hinreichende Erklärung des religiösen Phänomens? Wenn eine große Entdeckung dem menschlichen Geist neue Perspektiven eröffnet, dann besteht die Tendenz, alles im Licht dieser Entdeckung und auf ihrer Bezugsebene zu erklären. Die wissenschaftlichen Errungenschaften des 19. Jahrhunderts zwangen die Zeitgenossen, alles durch die Materie zu erklären – nicht nur das Leben, sondern auch den Geist und seine Werke. Die Entdeckung der Bedeutung der Geschichte am Anfang unseres Jahrhunderts trieb viele unserer Zeitgenossen dazu, den Menschen auf seine historischen Dimensionen zu reduzieren, auf jenes System von Bedingtheiten, in die jedes menschliche Wesen hoffnungslos »geworfen« ist. Wir dürfen aber die historischen Umstände, die eine menschliche Existenz zu dem machen, was sie tatsächlich ist, nicht mit der Tatsache verwechseln, daß es so etwas wie eine menschliche Existenz gibt. Für den Religionswissenschaftler wird durch die Tatsache, daß eine Mythe oder ein Ritual immer historisch bedingt sind, das Faktum nicht hinwegerklärt, daß eine solche Mythe oder ein solches Ritual existieren. In anderen Worten: Die Historizität einer religiösen Erfahrung sagt uns nicht, was eine religiöse

Erfahrung letzten Endes ist. Wir wissen, daß wir das Heilige nur durch Manifestationen erfassen können, die immer historisch bedingt sind. Das Studium dieser historisch bedingten Änderungen gibt uns jedoch keine Antwort auf die Fragen: Was ist das Heilige? Was bedeutet eine religiöse Erfahrung tatsächlich?

Zusammenfassend kann man sagen, daß sich der Religionswissenschaftler, der nicht den Empirizismus oder Relativismus verschiedener modischer soziologischer und historischer Schulen annimmt, leicht frustriert fühlt. Er weiß, daß er dazu verdammt ist, ausschließlich mit historischen Dokumenten zu arbeiten, fühlt aber zur selben Zeit, daß diese Dokumente ihm mehr sagen als die bloße Tatsache, daß sie historische Situationen wiedergeben. Er fühlt irgendwie, daß sie ihm bedeutsame Wahrheiten über den Menschen und das Verhältnis des Menschen zum Heiligen enthüllen. Wie soll man aber diese Wahrheiten erfassen? Diese Frage beherrscht viele zeitgenössische Religionswissenschaftler. Einige Antworten sind bereits vorgeschlagen worden, wichtiger jedoch als irgendeine einzelne Antwort ist die Tatsache, daß diese Frage gestellt worden ist. Wie so oft in der Vergangenheit könnte eine richtige Frage einer erschöpften Wissenschaft neues Leben einhauchen.

Krise und Erneuerung

Man muß ehrlich zugeben: Die Religionswissenschaft oder die vergleichende Religionswissenschaft[1] spielt eine eher bescheidene Rolle in der modernen Kultur. Wenn man sich an das leidenschaftliche Interesse erinnert, mit dem das gebildete Publikum in der zweiten Hälfte des 19. Jahrhunderts die Spekulationen von Max Müller über den Ursprung der Mythen und die Evolution der Religion und seine Polemik mit Andrew Lang verfolgte, an den beträchtlichen Erfolg vom *Goldenen Zweig*, an die Beliebtheit von *mana* oder der *mentalité prélogique* und *participation mystique*, wenn man sich erinnert, daß *Les origines du Christianism, Prolegomena to the Study of Greek Religion* und *Les Formes élémentaires de la vie religieuse* auf den Nachttischen unserer Väter und Großväter lagen, dann kann man die heutige Situation nur mit Melancholie betrachten.

Man kann sicherlich antworten, daß es in unseren Tagen eben keinen Max Müller, Andrew Lang oder James Frazer gibt, was vielleicht stimmt, nicht weil die heutigen Religionswissenschaftler ihnen unterlegen wären, sondern weil sie viel bescheidener, zurückgezogener, scheuer sind. Eben dieses Problem fasziniert mich. Warum haben die Religionswissenschaftler zugelassen, daß sie zu dem wurden, was sie heute sind? Eine erste Antwort wäre: weil sie die Lektion ihrer glänzenden Vorgänger gelernt haben, also die Fallibilität voreiliger Hypothesen, die Unhaltbarkeit allzu ehrgeiziger Verallgemeinerungen zur Kenntnis genommen haben. Ich bezweifle jedoch, daß ein schöpferischer Geist in was immer für einer Disziplin jemals den Versuch aufgegeben hat, seine Arbeit wegen der Fragwürdigkeit der von seinen Vorgängern erzielten Resultate zu Ende zu führen. Die Hemmung, unter der die heutigen Religionswissenschaftler leiden, hat sicherlich komplexere Gründe.

Die »Zweite Renaissance«

Ehe ich sie bespreche, möchte ich an ein analoges Beispiel in der Geschichte der modernen Kultur erinnern: Die »Entdeckung« der Upanishaden und des Buddhismus zu Beginn des 19. Jahrhunderts wurde als kulturelles Ereignis mit weitreichenden Konsequenzen gefeiert. Schopenhauer verglich die Entdeckung des Sanskrit und der Upanishaden mit der Wiederentdeckung der »wahren« gräko-lateinischen Kultur während der italienischen Renaissance. Man erwartete eine radikale Erneuerung des westlichen Denkens als Folge der Konfrontation mit der indischen Philosophie. Wie bekannt, trat jedoch dieses Wunder einer »Zweiten Renaissance« nicht nur nicht ein, sondern, mit Ausnahme der Mythologisierungswelle, die Max Müller ausgelöst hatte, gab die Entdeckung der indischen Geistigkeit keineswegs den Anstoß für irgendeine bedeutendere kulturelle Schöpfung. Man beruft sich heute auf zwei Gründe für dieses Ausbleiben: auf die Verdunkelung der Metaphysik und den Triumph der materialistischen und positivistischen Ideologien in der zweiten Hälfte des 19. Jahrhunderts und auf die Tatsache, daß sich die erste Generation von Indologen auf die Herausgabe von Texten, Vokabularien und philologischen und historischen Studien konzentrierte. Um das Verständnis des indischen Denkens voranzutreiben, war es nötig, zuerst einmal eine Philologie aufzubauen.

Es gab jedoch im ersten Jahrhundert der Indologie große und kühne Synthesen. Eugène Burnouf veröffentlichte 1844 seine *Introduction à l'histoire du bouddhisme indien*; Albert Weber, Max Müller und Abel Bergaigne hätten vor Projekten nicht zurückgeschreckt, die uns heute, nach mehr als einem Jahrhundert rigoroser Philologie, enorm erscheinen; Paul Deussen schrieb gegen Ende des 19. Jahrhunderts die Geschichte der indischen Philosophie; Sylvain Lévi begann seine Tätigkeit mit einigen Werken, die ein Indologe unserer Tage nur am Höhepunkt seiner Karriere versuchen würde (*La doctrine du sacrifice dans les Brahmanas*, 1898, *Le Théâtre indien*, 2 Bände, 1890), und als junger Mann veröffentlichte er seine prächtige Monographie in drei Bänden *Le Népal* (1905–1908); Hermann Oldenberg zögerte nicht, seinen großartigen Überblick über die Religionen der Veden (1894) wie über Buddha und den frühen Buddhismus (1881) vorzulegen.

Der Bankrott der »Zweiten Renaissance«, die man als Folge der Entdeckung des Sanskrit und der indischen Philosophie erwartet hatte, kann also nicht der ausschließlichen Konzentration der Orientalisten auf die Philologie angelastet werden. Die »Renaissance« trat aus dem einfachen Grund nicht ein, weil es dem Studienfach des Sanskrit und anderer orientalischer Sprachen nicht gelang, über den Kreis der Philologen und Historiker hinauszudringen, während in der italienischen Renaissance Griechisch und das klassische Latein nicht nur von Grammatikern und Humanisten, sondern ebenso von Dichtern, Künstlern, Philosophen, Theologen und Wissenschaftlern studiert wurden. Sicherlich, Paul Deussen schrieb einige Bücher über die Upanishaden und die Veden, in denen er versuchte, das indische Denken »respektabel« zu machen, indem er es im Licht des deutschen Idealismus interpretierte – indem er zum Beispiel zeigte, daß gewisse Ideen von Kant oder Hegel im Keim schon in den Upanishaden vorhanden waren. Deussen war überzeugt, daß er der Sache der Indologie diene, wenn er auf die Analogien zwischen indischem Denken und westlicher Metaphysik hinwies, er glaubte, damit das Interesse an indischer Philosophie zu erregen. Paul Deussen war ein hervorragender Gelehrter, aber kein origineller Denker. Man müßte sich nur vorstellen, daß sein Kollege Friedrich Nietzsche sich dem Studium des Sanskrit und der indischen Philosophie gewidmet hätte, um zu verstehen, was ein wirkliches Zusammentreffen zwischen Indien und einem schöpferischen westlichen Geist hätte produzieren können. Als konkretes Beispiel könnte man jene Resultate einer befruchtenden Konfrontation zwischen westlicher und muslimischer Philosophie und Mystik anführen, wenn man sieht, was ein zutiefst religiöser Geist wie Louis Massignon von al-Hallaj gelernt hat, und wie ein Philosoph, der auch Theologe ist – wie Henry Corbin –

die Gedanken von Sohrawardi, Ibn Arabi und Avicenna interpretiert hat.

Die Indologie – wie die orientalischen Studien im allgemeinen – ist schon seit langem eine »respektierliche« und nützliche Disziplin, eine unter den vielen anderen Disziplinen, die zusammen die Geisteswissenschaften ausmachen, aber die glanzvolle Rolle, die Schopenhauer voraussagte, haben sie nicht gespielt. Wenn man noch auf ein stimulierendes Zusammentreffen mit dem Denken von Indien und Asien hoffen darf, dann wird es das Resultat der historischen Entwicklung sein, der Tatsache, daß Asien nun in der historischen Aktualität präsent ist, und nicht das Verdienst der westlichen Orientalisten[2].

Und dennoch, Europa hat mehrmals gezeigt, daß es begierig nach einem Dialog und einem Austausch mit außereuropäischer Geistigkeit und Kultur ist. Erinnern wir uns an die Wirkung der ersten Ausstellung japanischer Kunst auf die französischen Impressionisten oder an den Einfluß der afrikanischen Skulptur auf Picasso oder an die Folgen der Entdeckung »primitiver Kunst« auf die erste Generation der Surrealisten. In allen diesen Beispielen war jedoch die »schöpferische Begegnung« eine mit Künstlern und nicht mit Wissenschaftlern.

Eine totale Hermeneutik

Die Religionswissenschaft hat sich kurz nach dem Beginn der orientalischen Studien als autonome Disziplin konstituiert, die in mancher Hinsicht auf den Forschungen der Orientalisten aufbaute, und sie hat sehr viel vom Fortschritt der Anthropologie profitiert. In anderen Worten, die beiden hauptsächlichsten dokumentarischen Quellen für die Religionswissenschaft waren und sind immer noch die Kulturen Asiens und die Völker, die man (aus Mangel an einem besseren Ausdruck) die »primitiven« nennt. In beiden Fällen handelt es sich um Völker und Nationen, die sich seit einem halben Jahrhundert und besonders in den vergangenen zehn oder fünfzehn Jahren von der europäischen Vormundschaft befreit und ihre Verantwortlichkeit in der Geschichte auf sich genommen haben. Man kann sich schwer eine andere humanistische Disziplin vorstellen, die in einer besseren Lage wäre, sowohl zur Ausweitung des westlichen Horizonts als auch zur Annäherung an die Vertreter der orientalischen und archaischen Kulturen beizutragen. Wie außerordentlich auch ihre Begabung sein mag, auch der größte Indologe und der bedeutendste Anthropologe finden sich in ihren Sachgebieten fest eingeschlossen, wie ausgedehnt diese auch immer sein mögen. Ein Religionswissenschaftler, der den Zielen seiner Disziplin getreu ist, müßte jedoch imstande sein, die wesentlichen Aspekte der Religionen Asiens und der weiten »primitiven« Welt zu kennen, so wie man erwartet, daß er die fundamentalen Ideen der Religionen im antiken Nahen Osten, der mittelalterlichen Welt, des Judaismus, des Christentums und des Islams versteht. Es ist offensichtlich nicht die Frage, ob man alle diese Gebiete als Philologe und Historiker beherrscht, sondern daß man die Forschungen der Spezialisten assimiliert und in die spezifischen Perspektiven der Religionswissenschaft integriert. Frazer, Carl Clemen, Pettazzoni und van der Leeuw versuchten, die Fortschritte auf vielen Gebieten zu verfolgen, und ihr Beispiel hat nichts von seinem Wert verloren, auch wenn man mit ihren Interpretationen nicht länger übereinstimmt[3].

Ich habe an diese Tatsachen erinnert, um zu beklagen, welch geringen Vorteil die Religionswissenschaftler aus ihrer privilegierten Stellung gezogen haben. Ich vergesse gewiß die Beiträge nicht, die sie während der letzten siebzig Jahre auf allen Gebieten der Forschung geleistet haben; nur diesen Beiträgen ist es zu danken, daß man heute von der Religionswissenschaft als unabhängiger Disziplin sprechen kann. Man muß jedoch den Umstand bedauern, daß die Mehrzahl nur das getan, mit Hingabe und Hartnäckigkeit gearbeitet hat, um die festen Grundlagen ihrer Disziplin zu konstituieren. Die Religionswissenschaft ist nicht nur eine historische Disziplin wie etwas die Archäologie oder die Numismatik. Sie ist ebenso eine totale Hermeneutik, die aufgerufen ist, jede Art des Zusammentreffens des Menschen mit dem Heiligen von den prähistorischen Zeiten bis zur Gegenwart zu entziffern und zu erklären. Aus Bescheidenheit oder vielleicht aus übergroßer Scheu (hervorgerufen vor allem durch die Exzesse ihrer eminenten Vorgänger) zögern heute die Religionswissenschaftler, die Resultate ihrer Forschungen kulturell zu valorisieren. Von Max Müller und Andrew Lang zu Frazer und Marett, von Marett zu Lévy-Bruhl, und von Lévy-Bruhl zu den Religionswissenschaftlern unserer Tage bemerkt man einen fortschreitenden Verlust an Kreativität und einen damit Hand in Hand gehenden Verlust an interpretativen kulturellen Synthesen zugunsten einer fragmentarischen, analytischen Forschung[4]. Wenn man noch von *Totem und Tabu* spricht, so ist das vor allem der Popularität Freuds zu danken; wenn man an den Religionen der »Primitiven« interessiert ist, so dank Malinowski und einiger anderer Anthropologen; wenn die sogenannte Ritus- und Mythen-Schule noch die Aufmerksamkeit des Publikums auf sich zieht, dann wegen der Theologen und einiger Literaturkritiker.

Diese defätistische Haltung der Religionswissenschaftler (die ihren Lohn im fortschreitenden Desinteresse des Publikums an ihren Arbeiten findet) kristallisierte sich genau in jener Epoche, in der dank der Psychoanalyse, der Phänomenologie und der revolutionären künstlerischen Experimente das Wissen über den Menschen beträchtlich zunahm, und vor allem in einem Augenblick, als die Konfrontation mit Asien und der »primitiven« Welt begann. Ich betrachte diese Tatsache als paradox und tragisch, denn diese geistige Scheu wurde genau zu einem Zeitpunkt allgemein, als die Religionswissenschaft imstande hätte sein sollen, *die* exemplarische Disziplin zur Entzifferung und Interpretation der »unbekannten Universen« darzustellen, die dem westlichen Menschen gegenüberstanden[5].

Ich glaube jedoch, daß es nicht unmöglich ist, der Religionswissenschaft wieder jene zentrale Position zu geben, die sie verdient. Dazu bedarf es vor allem, daß die Religionswissenschaftler ihrer unbegrenzten Möglichkeiten gewahr werden. Es ist falsch, sich von der Größe der Aufgabe paralysieren zu lassen, nötig ist vor allem, die billige Entschuldigung aufzugeben, daß noch nicht alles Material ordentlich gesammelt und interpretiert worden ist. Alle anderen Geisteswissenschaften, von den Naturwissenschaften ganz zu schweigen, befinden sich in einer ähnlichen Lage. Kein Wissenschaftler hat jedoch jemals gewartet, bis alle Fakten zusammengetragen waren, ehe er versuchte, die bereits bekannten Fakten zu verstehen. Es ist außerdem nötig, sich von dem Aberglauben zu befreien, daß nur die Analyse echte wissenschaftliche Arbeit darstelle und daß man eine Synthese oder eine Verallgemeinerung erst eher spät im Leben vorlegen dürfe. Es gibt keine Wissenschaft, deren Vertreter sich ausschließlich der Analyse widmen, ohne den Versuch eine Arbeitshypothese vorzubringen oder eine Verallgemeinerung zu formulieren. Der menschliche Geist arbeitet in einer solchen geschachtelten Weise nur auf Kosten seiner eigenen Kreativität. Es gibt vielleicht in den einzelnen wissenschaftlichen Disziplinen Gelehrte, die niemals über das Stadium der Analyse hinausgekommen sind – aber diese sind Opfer der modernen Organisation der Forschung und sollten auf jeden Fall nicht zum Vorbild genommen werden. Die Wissenschaft verdankt ihnen keine bedeutsamen Entdekkungen.

»Initiation« oder Selbstentfremdung

Für die Religionswissenschaft ebenso wie für andere geisteswissenschaftliche Disziplinen ist »Analyse« gleichbedeutend mit »Philologie«. Man betrachtet einen Forscher nicht als verantwortlich, ehe er nicht eine Philologie beherrscht (was bedeutet, daß er die Sprache, die Geschichte und Kultur jener Gesellschaften kennt, deren Religion er studiert). Nietzsche sprach aus guten Gründen von der Philologie (in seinem Fall der klassischen Philologie) als von einer »Initiation«: Man kann an den »Mysterien« (das heißt den Quellen der griechischen Geistigkeit) nicht teilhaben, ohne eingeweiht zu sein, also ohne die klassische Philologie zu beherrschen. Keiner der großen Klassizisten des

19. Jahrhunderts jedoch, von Friedrich Welcker zu Erwin Rohde und Ulrich von Wilamowitz-Möllendorff blieb innerhalb der Grenzen der Philologie im strengen Sinn. Jeder schuf auf seine eigene Art großartige Synthesen, die die westliche Kultur auch noch zu einem Zeitpunkt befruchtet haben, als sie schon vom rein philologischen Standpunkt aus überholt waren.

Sicherlich hat eine beträchtliche Zahl Gelehrter aus verschiedenen geisteswissenschaftlichen Disziplinen nicht versucht, über die »Philologie« hinauszugehen, ihr Beispiel braucht uns jedoch nicht zu beschäftigen, denn die ausschließliche Konzentration auf die äußerlichen Aspekte eines geistigen Universums kommt am Ende einem Prozeß der Selbstentfremdung gleich.

Für die Religionswissenschaft wie für jede andere geisteswissenschaftliche Disziplin geht der Weg zur Synthese über die Hermeneutik. Im Fall der Religionswissenschaft erweist sich die Hermeneutik als ein komplexer Vorgang, denn es handelt sich nicht nur um das Verstehen und Interpretieren »religiöser Fakten«. Auf Grund ihrer Beschaffenheit stellen diese religiösen Fakten Material dar, über das man nachdenken kann – ja nachdenken muß –, und zwar auf schöpferische Weise, so wie es Montesquieu, Voltaire, Herder und Hegel taten, als sie sich daran machten, über menschliche Einrichtungen und ihre Geschichte nachzudenken.

Solch eine schöpferische Hermeneutik scheint leider nicht immer die Arbeit der Religionswissenschaftler zu leiten, vielleicht wegen der Hemmungen, die durch den Triumph des »Wissenschaftlichen« in verschiedenen Geisteswissenschaften hervorgerufen worden sind. In dem Maß, in dem die Gesellschaftswissenschaften und eine gewisse Art der Anthropologie versucht haben, »wissenschaftlicher« zu werden, sind die Religionswissenschaftler vorsichtiger, ja ängstlicher geworden. Das ist jedoch die Folge eines Mißverständnisses. Weder die Religionswissenschaft noch irgendeine andere geisteswissenschaftliche Disziplin sollte sich – wie es nur allzu lang geschehen ist – Modellen anpassen, die aus den Naturwissenschaften übernommen sind, um so weniger, als diese Modelle nicht länger gültig sind (besonders jene aus der Physik).

Auf Grund ihrer eigenen Seinsweise ist die Religionswissenschaft verhalten, Werke zu produzieren und nicht nur gelehrte Monographien. Im Gegensatz zu den Naturwissenschaften und zu einer Soziologie, die danach strebt, ihren Modellen nachzueifern, reiht sich die Hermeneutik unter die lebendigen Quellen einer Kultur, denn jede Kultur setzt sich aus einer Reihe von Interpretationen und Revalorisationen ihrer Mythen oder ihrer spezifischen Ideologien zusammen. Es sind nicht nur die Schöpfer *strictu sensu*, die die Urvisionen neu interpretieren, es sind auch die »Hermeneuten«. In Griechenland gab es von Homer, den tragischen Dichtern und den Philosophen, von den Vor-Sokratikern bis zu Plotinus eine weite und komplexe Kategorie von Mythographen, Historikern und Kritikern, von Herodot bis zu Lukian und Plutarch. Die Bedeutung des italienischen Humanismus in der Geschichte des Denkens ist mehr seinen »Hermeneuten« als seinen Schriftstellern zu verdanken. Mit seinen kritischen Ausgaben, seiner philologischen Bildung, seinen Kommentaren und Korrespondenzen hat Erasmus die westliche Kultur erneuert. Von einem bestimmten Gesichtspunkt aus könnte man sagen, daß die Reformation und die Gegenreformation eine ungeheure Hermeneutik darstellten, intensive und langanhaltende Anstrengungen, die judäochristliche Tradition durch eine kühne Reinterpretation zu beleben.

Es hätte keinen Sinn, noch mehr Beispiele anzuführen, ich möchte nur noch an den beträchtlichen Widerhall erinnern, den die *Kultur der Renaissance in Italien* von Jakob Burckhardt (1860) gefunden hat. Der Fall Burckhardt illustriert in hervorragender Weise den Ausdruck »kreative Hermeneutik«. Sein Werk ist in der Tat mehr als eine respektable Arbeit, mehr als nur weiteres Buch in der riesigen historiographischen Literatur des 19. Jahrhunderts. Dieses Buch hat dazu beigetragen, das historiographische Bewußtsein des 19. Jahrhunderts zu bilden, es hat die westliche Kultur um einen neuen »Wert« bereichert, indem es eine

Dimension in der italienischen Renaissance enthüllte, die vor Burckhardt nicht offensichtlich war.

Hermeneutik und die Veränderung des Menschen

Die Tatsache, daß eine Hermeneutik zur Schöpfung neuer kultureller Werte führt, bedeutet nicht, daß sie nicht »objektiv« ist. Von einem bestimmten Gesichtspunkt aus kann man die Hermeneutik mit einer wissenschaftlichen oder technischen »Entdeckung« vergleichen. Bereits vor der Entdeckung war die Wirklichkeit da, man sah sie nur nicht, man verstand sie nicht oder man wußte nicht, wie sie gebrauchen. Auf dieselbe Art enthüllt eine schöpferische Hermeneutik Bedeutungen, die man vorher nicht erfaßt hat, oder hebt sie mit solchem Nachdruck heraus, daß das Bewußtsein, nachdem es die neue Interpretation aufgenommen hat, nicht länger dasselbe ist.

Letztlich verändert die schöpferische Hermeneutik den Menschen, sie ist mehr als eine Lehre, sie ist auch eine geistige Technik, die imstande ist, die Qualität der Existenz selbst zu verändern. Dies gilt vor allem für die religionswissenschaftliche Hermeneutik. Ein gutes Buch darüber sollte im Leser eine Art von Erwachen hervorrufen – wie es *Das Heilige* oder *Die Götter Griechenlands* hervorgerufen haben. Im Prinzip sollte jedoch jede religionswissenschaftliche Hermeneutik ähnliche Resultate zeitigen. Wenn der Religionswissenschaftler australische, afrikanische oder ozeanische Mythen und Rituale, einen Kommentar der Hymnen Zarathustras, Taoistischer Texte oder der schamanischen Mythologien und Techniken darstellt und analysiert, enthüllt er existentielle Situationen, die dem modernen Leser unbekannt sind oder die er sich nur mit größter Schwierigkeit vorstellen kann. Das Zusammentreffen mit diesen »fremden« Welten kann nicht ohne Folgen bleiben.

Der Religionswissenschaftler wird offensichtlich selber die Folgen seiner eigenen hermeneutischen Arbeit spüren. Daß diese Folgen nicht immer sichtbar werden, liegt daran, daß die Mehrheit der Religionswissenschaftler sich gegen jene

Botschaften wehrt, von denen ihre Dokumente erfüllt sind. Diese Vorsicht ist verständlich. Man lebt nicht ungestraft in naher Fühlung mit »fremden« religiösen Formen, die manchmal extravagant und oftmals schrecklich sind. Viele Religionswissenschaftler kommen dahin, daß sie die geistigen Welten, die sie studieren, nicht länger ernst nehmen. Sie fallen auf ihren persönlichen religiösen Glauben zurück oder sie flüchten sich in einen Materialismus oder Behaviorismus, der sie gegen jeden geistigen Schock feit. Außerdem erlaubt die Überspezialisierung sehr vielen Religionswissenschaftlern, sich für den Rest ihrer Tage in jenen Sektoren aufzuhalten, die sie seit ihrer Jugend gewohnt sind. Jede »Spezialisierung« endet damit, die religiösen Formen banal zu machen, und kann letzten Endes ihre Bedeutung auslöschen.

Trotz aller dieser Mißerfolge zweifle ich nicht daran, daß die »schöpferische Hermeneutik« endgültig als Königsweg der Religionswissenschaft allgemein anerkannt werden wird, und erst dann wird sich ihre Bedeutung für die Kultur zeigen. Diese wird nicht nur den neuentdeckten Werten zuzuschreiben sein, die aus der Anstrengung erwachsen sind, eine primitive oder exotische Religion oder eine der westlichen Tradition fremde Seinsart zu verstehen – Werten, die eine Kultur ebenso bereichern werden wie die *Cité antique* oder *Die Kultur der Renaissance in Italien* –, es wird vor allem dem Umstand zu danken sein, daß die Religionswissenschaft dem westlichen Denken neue Perspektiven eröffnen kann, der Philosophie im eigentlichen Sinn ebenso wie der künstlichen Schöpfung.

Ich habe schon oft betont: Die westliche Philosophie kann sich nicht endlos nur innerhalb ihrer eigenen Tradition bewegen, ohne provinziell zu werden. Die Religionswissenschaft ist nun imstande, eine beträchtliche Zahl von »signifikanten Situationen« zu erforschen und zu erhellen, Seinsweisen, die auf andere Art nicht erschlossen werden können. Es ist nicht nur eine Frage der Präsentierung von »Rohmaterial«, denn die Philosophen wüßten mit Dokumenten, die sich auf ein Verhalten und auf Ideen beziehen, die von den ihnen vertrauten so verschieden sind, nichts anzufangen[6].

Die hermeneutische Arbeit muß vom Religionswissenschaftler selbst geleistet werden, denn nur er ist vorbereitet, die semantische Vieldeutigkeit seiner Dokumente zu verstehen und einzuschätzen.

Gerade in dieser Hinsicht hat es große Mißverständnisse gegeben. Die wenigen Religionswissenschaftler, die die Resultate ihrer Forschungen und Meditationen in einen philosophischen Zusammenhang integrieren wollten, haben sich mit der Nachahmung von gerade modernen Philosophen begnügt. Sie haben sich, in anderen Worten, nach dem Modell professioneller Philosophien zu denken gezwungen, und das war der Fehler. Weder die Philosophen noch das gebildete Publikum sind an Ausgaben ihrer Kollegen und Lieblingsautoren aus zweiter Hand interessiert. Wenn man sich entschließt, »wie X« über archaische oder orientalische Geistigkeit zu denken, dann verstümmelt und verfälscht man sie. Vom Religionswissenschaftler erwartet man, daß er rätselhafte Verhaltensweisen und Situationen enträtselt und erhellt, kurz, daß er das Verständnis der Menschen vergrößert, indem er Bedeutungen, die vergessen, diskreditiert oder abgeschafft worden sind, wiederentdeckt oder wieder in ihre Rechte einsetzt. Die Originalität und Bedeutung solcher Beiträge liegt in eben der Tatsache, daß sie geistige Universen erforschen und erhellen, die untergegangen oder nur unter größten Schwierigkeiten zugänglich sind. Es wäre nicht nur unzulässig, sondern auch ganz wirkungslos, wenn man archaische und exotische Symbole, Mythen und Ideen in Formen verkleidet, die den zeitgenössischen Philosophen bereits vertraut sind.

Religionswissenschaft und kulturelle Erneuerung

Das Beispiel Nietzsches sollte die Religionswissenschaftler ermutigen und leiten. Nietzsche ist es gerade deshalb gelungen, die westliche Philosophie zu erneuern, weil er versuchte, seine Gedanken auf eine Weise zu formulieren, die ihnen angemessen schien. Das heißt natürlich nicht, daß der

Religionswissenschaftler den Stil und die Manierismen Nietzsches imitieren sollte, vielmehr sollte seine Freiheit des Ausdrucks zum Beispiel genommen werden. Wenn man die mythischen Welten der »Primitiven« oder die Techniken der Neo-Taoisten oder schamanischen Einweihungen analysieren will, so muß man sich dazu keineswegs die Methoden eines zeitgenössischen Philosophen oder die Ausdrucksweise der Psychologie oder der Kultursoziologie ausborgen.

Aus diesem Grunde habe ich gesagt, daß eine religionswissenschaftliche schöpferische Hermeneutik imstande sein würde, das philosophische Denken zu stimulieren, zu nähren und zu erneuern. Man könnte sagen, daß eine neue Phänomenologie des Geistes auf ihre Ausarbeitung wartet, die alles, was die Religionsgeschichte beibringen kann, in sich aufnimmt. Bedeutsame Bücher müßten über die Seinsarten in der Welt oder über die Fragen von Zeit, Tod und Traum geschrieben werden, und sie könnten sich auf alle Dokumente stützen, die der Religionswissenschaftler zur Verfügung hat[7]. Diese Probleme erregen das leidenschaftliche Interesse von Philosophen, Dichtern und Kunstkritikern. Einige von ihnen haben Werke von Religionswissenschaftlern gelesen und deren Dokumente und Interpretationen verwertet. Es ist nicht ihr Fehler, wenn sie von dieser Lektüre nicht so viel, wie sie hofften, profitiert haben.

Ich habe auf das Interesse angespielt, das die Religionswissenschaft bei Künstlern, Schriftstellern und Literaturkritikern erweckt. Die Religionswissenschaftler – wie die meisten Wissenschaftler und Gelehrten – haben sich jedoch nur sehr sporadisch und heimlich mit den modernen künstlerischen Experimenten beschäftigt. Es gibt ein Vorurteil, daß die Künste nicht »ernst zu nehmen« seien, da sie keine Instrumente des Wissens darstellen; man liest die Dichter und Romanschriftsteller und besucht Museen und Ausstellungen zur Zerstreuung und Entspannung. Dieses Vorurteil, das glücklicherweise langsam zu verschwinden beginnt, hat eine Art von Hemmung geschaffen, deren Hauptresultate Unsicherheit, Unwissenheit und Mißtrauen der Gelehrten und Wissenschaftler gegenüber modernen künstlerischen Experimenten sind. Man glaubt naiverweise, daß sechs Monate »Feldarbeit« bei einem Stamm, dessen Sprache man kaum sprechen kann, eine »ernsthafte« Arbeit darstellen, die das Wissen vom Menschen fördert – und man ignoriert alles, was der Surrealismus oder James Joyce, Henri Michaux und Picasso dazu beigetragen haben.

Die zeitgenössischen künstlerischen Experimente können dem Religionswissenschaftler bei seiner Forschung helfen, und umgekehrt ist eine wahrhaft religionswissenschaftliche Exegese aufgerufen, die Künstler, Schriftsteller und Kritiker zu stimulieren, nicht weil es in beiden Fällen um »dasselbe« geht, sondern weil man auf Situationen trifft, die wechselseitig erhellt werden können. Man bemerkt zum Beispiel nicht ohne Interesse, daß die Surrealisten in ihrer Revolte gegen die traditionellen Formen der Kunst und in ihren Angriffen auf die bourgeoise Gesellschaft und Moral nicht nur eine revolutionäre Ästhetik erarbeitet, sondern auch eine Technik formuliert haben, durch die sie die *condition humaine* zu verändern hofften. Eine Anzahl dieser »Exerzitien« (zum Beispiel die Anstrengung, eine »Seinsweise« zu erlangen, die sowohl am wachenden wie am träumenden Zustand teilhat, oder der Versuch, »die Koexistenz des Bewußten und des Unbewußten« zu verwirklichen) erinnern an gewisse Yogi- und Zen-Praktiken. Außerdem kann man im frühen Elan der Surrealisten, besonders in den Gedichten und den theoretischen Manifesten von André Breton, ein Heimweh nach der »uranfänglichen Totalität« herausspüren, die Sehnsucht, konkret eine *coincidentia oppositorum* herbeizuführen, die Hoffnung, die Geschichte annullieren zu können, um aufs neue mit der ursprünglichen Kraft und Reinheit zu beginnen. Solche Sehnsüchte und Hoffnungen sind dem Religionswissenschaftler sehr wohl bekannt.

Alle modernen künstlerischen Bewegungen suchen außerdem, bewußt oder unbewußt, die traditionellen ästhetischen Universen zu zerstören, die »Formen« auf die elementaren, keimhaften Larvenstadien zu reduzieren, in der Hoffnung, »neue Welten« wiederzuerschaffen – in anderen Worten, diese Bewegungen streben danach, die Kunstgeschichte abzuschaffen und jenen morgendlichen Augenblick wieder herbeizuführen, an dem der Mensch die Welt »zum ersten Mal« sah. Es ist überflüssig, hier zu erwähnen, wie sehr dies alles den Religionswissenschaftler interessieren sollte, der sehr wohl mit dem System vertraut ist, das die symbolische Zerstörung und Wiedererschaffung des Universums beinhaltet, durch die eine neue, »reine« Existenz in einer frischen, starken und fruchtbaren Welt neu begonnen werden kann.

Es dreht sich hier nicht darum, Übereinstimmungen zwischen den modernen künstlerischen Experimenten und gewissen Haltungen, Symbolismen und Glaubensüberzeugungen herzustellen, die dem Religionswissenschaftler bekannt sind. Schon seit einer Generation haben Kritiker, besonders in den Vereinigten Staaten, religionswissenschaftliche Dokumente dazu benutzt, um literarische Werke zu interpretieren. Ich werde noch später auf das Interesse der Literaturkritiker an Symbolismus und Initiationsriten zu sprechen kommen. Sie haben in der Tat die Bedeutung dieses religiösen Komplexes zur Erhellung der geheimen Botschaft gewisser Werke erkannt. Sicherlich dreht es sich nicht allein um homologe Phänomene. Das Modell der Initiation überlebt in der Literatur in bezug auf die Struktur eines imaginären Universums, während der Religionswissenschaftler es mit erlebter Erfahrung und traditionellen Institutionen zu tun hat. Aber die Tatsache, daß das Modell der Einweihung im imaginären Universum des modernen Menschen weiterlebt – in der Literatur, in Träumen und Tagträumen –, lädt den Religionswissenschaftler ein, mit größerer Aufmerksamkeit die Gültigkeit seiner eigenen Unterlagen zu betrachten.

Widerstände

Kurz gesagt, die Religionswissenschaft versteht sich sowohl als »Pädagogik« in der klarsten Bedeutung dieses Terminus, denn sie ist imstande, den Menschen zu verändern, als auch als Quelle zur Schaffung »kultureller Werte«, welchen Ausdruck immer sie finden mögen: historiographischen, philosophischen oder künstlerischen. Es ist zu erwarten, daß die Aufnahme dieser Funktion durch die Religionswissenschaft von den Wissenschaftlern ebenso wie von den Theologen mit Mißtrauen, wenn nicht geradezu mit offenem Widerstand aufgenommen werden wird. Die ersteren sind mißtrauisch gegenüber jeder Anstrengung, der Religion wieder Geltung zu verschaffen. Da die Wissenschaftler mit der schwindelerregenden Säkularisation der westlichen Gesellschaft zufrieden sind, neigen sie dazu, jene Autoren des Obskurantismus oder der Nostalgie zu verdächtigen, die in den verschiedenen Formen der Religion etwas anderes als Aberglauben, Unwissenheit und rudimentäre Ideologien sehen, die glücklicherweise durch den Fortschritt des wissenschaftlichen Denkens und den Triumph der Technik überholt worden sind. Solch ein Verdacht ist nicht nur auf die Wissenschaftler im strengen Sinn beschränkt, er wird auch von vielen Soziologen, Anthropologen und Sozialwissenschaftlern geteilt, die sich nicht als Humanisten, sondern als Naturwissenschaftler im Hinblick auf ihr Studienobjekt fühlen. Man muß jedoch diesen Widerstand mit Nachsicht hinnehmen, er ist in einer Kultur, die sich noch in voller Freiheit entwickeln kann, unvermeidbar.

Was die Theologen betrifft, so kann ihr Zögern aus verschiedenen Gründen erklärt werden. Einerseits betrachten sie voll Mißtrauen eine religionswissenschaftliche Hermeneutik, die einen Synkretismus oder religiösen Dilettantismus ermutigen oder, noch viel schlimmer, Zweifel an der Einzigartigkeit der judäo-christlichen Offenbarung erwekken könnte. Anderseits faßt die Religionswissenschaft letztlich die kulturelle Schöpfung und die Veränderung des Menschen ins Auge. Die humanistische Kultur stellt Theologen und Christen im allgemeinen ein für sie peinliches Problem: Was haben Athen und Jerusalem gemeinsam? Wir wollen dieses Problem, von dem manche Theologen immer noch besessen sind, hier nicht besprechen. Es wäre aber sinnlos, die Tatsache zu ignorieren, daß nahezu alle zeitgenössischen Philosophien und Ideologien anerkennen, daß seine spezifische Seinsart im Universum den Menschen zwingt, ein Kulturschöpfer zu sein. Von welchem Gesichtspunkt eine Analyse, die eine Definition des Menschen sucht, auch ausgeht, ob man sie mit psychologischen, soziologischen oder existentialistischen Mitteln oder mit den Kriterien der klassischen Philosophien versucht, man kommt dazu, explizit oder implizit, den Menschen als Kulturschöpfer zu charakterisieren (das heißt als Schöpfer der Sprache, der Institutionen, der Techniken, der Künste und anderem mehr). Alle Methoden zur Befreiung des Menschen – wirtschaftliche, politische, psychologische – werden durch ihr Ziel gerechtfertigt: Den Menschen von seinen Ketten oder seinen Komplexen zu befreien, um die Welt des Geistes zu erschließen und ihn kulturell schöpferisch zu machen. Für einen Ungläubigen oder Atheisten ist außerdem alles, was ein Theologe oder einfach ein Christ als heterogen in der Sphäre der Kultur betrachtet – das Mysterium des Glaubens, das sakramentale Leben und anderes – in der Sphäre der »Kulturschöpfungen« mit eingeschlossen. Und man kann wenigstens den historischen Ausprägungen des Christentums den Charakter von »Kulturschöpfungen« nicht absprechen. Viele zeitgenössische Theologen haben die Voraussetzungen der Religionssoziologie schon angenommen und sind bereit, die Unvermeidbarkeit der Technik zuzugeben. Die Tatsache, daß es einige Kulturtheologen gibt, zeigt die Richtung auf, in der sich das zeitgenössische theologische Denken bewegt[8].

Für den Religionswissenschaftler stellt sich aber das Problem anders dar, nicht notwendigerweise im Gegensatz zu den Kulturtheologen. Der Religionswissenschaftler weiß, daß die sogenannte »profane Kultur« eine eher neue Manifestation in der Geschichte des Geistes ist. In den Anfängen war jede Kulturschöpfung – Werkzeuge, Institutionen, Künste, Ideologien und anderes – Ausdruck der Religion oder hatte eine religiöse Begründung oder Quelle. Dies ist für einen Nichtspezialisten nicht immer offensichtlich, vor allem weil er »Religion« in jenen Formen versteht, die ihm in den westlichen Gesellschaften oder den großen asiatischen Religionen vertraut sind. Es wird zugestanden, daß Tanz, Poesie oder Weisheit in ihren Anfängen religiös waren. Man hat aber Schwierigkeiten, sich vorzustellen, daß Ernährung oder Sexualität, jede essentielle Tätigkeit (Jagd, Fischfang, Ackerbau), die verwendeten Werkzeuge, die Wohnung ebenfalls am Heiligen teilhaben. Es ist eine der peinlichsten Schwierigkeiten für den Religionswissenschaftler, daß, je näher er sich den »Uranfängen« nähert, die Zahl der »religiösen Fakten« um so größer wird. Dies geht so weit, daß man sich in gewissen Fällen (zum Beispiel in archaischen oder prähistorischen Gesellschaften) frägt, was nicht »heilig« ist oder gewesen ist oder mit dem Heiligen verbunden war.

Der Trugschluß der Entmythisierung

Es wäre jedoch zwecklos, weil wirkungslos, sich auf ein Reduktionsprinzip zu berufen und das Verhalten und die Ideologien des *homo religiosus* zu entmythisieren, indem man zum Beispiel zeigt, daß es sich um Projektionen des Unbewußten oder um Vorwände handelt, die aus soziologischen, ökonomischen, politischen oder anderen Gründen aufgebaut wurden. Wir treffen da auf ein kniffliges Problem, mit dem jede Generation mit neuer Stärke konfrontiert wird. Hier soll nicht versucht werden, es in ein paar Zeilen zu besprechen, zumal ich es in früheren Veröffentlichungen ausführlich behandelt habe[9]. Ich möchte nur auf ein einziges Beispiel hinweisen. In mehreren traditionellen archaischen Kulturen werden das Dorf, der Tempel oder das Haus als im »Mittelpunkt der Welt« gelegen betrachtet. Es hat keinen Sinn, einen solchen Glauben entmythisieren zu wollen, indem man die Aufmerksamkeit des Lesers auf die Tatsache lenkt, daß es keinen Mittelpunkt der Welt gibt und daß auf jeden Fall die Annahme einer Vielzahl solcher Zentren absurd ist, da sie sich selbst widerspricht. Im Gegenteil, nur wenn man diesen Glauben ernst nimmt, indem man alle seine kosmologischen, rituellen und soziologischen Implikationen klarlegt, kann man die existentielle Situation eines Menschen verstehen lernen, der glaubt, er sei im Mittelpunkt der Welt. Sein ganzes Verhalten, sein Weltverständnis, der Wert, den er dem Leben und seiner Existenz zumißt, entstehen und drücken sich in einem »System« aus, das auf dem Glauben basiert, daß sein Haus oder sein Dorf nahe der *axis mundi* liegen.

Ich habe dieses Beispiel erwähnt, um daran zu erinnern, daß die Entmythisierung der Hermeneutik nicht hilft. Aus welchen Gründen immer daher menschliche Tätigkeiten in der fernsten Vergangenheit mit einem religiösen Wert ausgestattet worden sind, wichtig für den Religionswissenschaftler bleibt die Tatsache, daß diese Tätigkeiten einen religiösen Wert gehabt haben. Dies soll besagen, daß er eine spirituelle Einheit anerkennt, auf der die Geschichte der Menschheit ruht. Wenn der Religionswissenschaftler also die Australier, die vedischen Inder oder was immer für ethnische Gruppen oder Kultursysteme studiert, wird er nie das Gefühl haben, daß er sich in einer Welt bewegt, die ihm zutiefst »fremd« ist. Sicherlich, die Einheit der menschlichen Spezies wird *de facto* auch von anderen Disziplinen, zum Beispiel der Linguistik, der Anthropologie und der Soziologie anerkannt, aber der Religionswissenschaftler hat das Privileg, diese Einheit auf dem höchsten – oder tiefsten– Stand zu erfassen, und diese Erfahrung kann ihn bereichern und verändern. In unseren Tagen wird die Geschichte zum ersten Mal wirklich universal, und die Kultur ist dabei, »planetarisch« zu werden. Die Geschichte des Menschen vom Paläolithikum bis zur Gegenwart ist dazu bestimmt, das Zentrum der humanistischen Erziehung zu werden, trotz aller lokalen und nationalen Interpretationen. Die Religionswissenschaft kann eine wesentliche Rolle bei dieser Planetisierung der Kultur spielen, sie kann zur Ausarbeitung einer universalen Kultur beitragen.

Dies wird alles natürlich nicht von heute auf morgen geschehen. Die Religionswissenschaft wird aber dieser Aufgabe nur dann gerecht werden können, wenn sich die Religionswissenschaftler ihrer Verantwortung bewußt werden, wenn sie sich also von den Minderwertigkeitskomplexen, Ängstlichkeiten und der Starrheit der letzten fünfzig Jahre befreien. Wenn man sie erinnert, daß sie schöpferisch zur Kultur beitragen sollten, daß sie nicht das Recht haben, nur »Beiträge« zu liefern, sondern auch kulturelle Werte produzieren sollten, so bedeutet das nicht, daß man sie einlädt, oberflächliche Synthesen und vorschnelle Verallgemeinerungen zu verfertigen. Nach dem Beispiel eines Erwin Rohde, eines Pettazzoni, eines van der Leeuw sollte man sich richten und nicht nach dem eines erfolgreichen Journalisten. Die Haltung eines Religionswissenschaftlers seinen eigenen Schülern gegenüber sollte sich ändern, wenn er auf eine baldige Erneuerung seiner Disziplin hofft. In dem Maße, in dem Religionswissenschaftler den Versuch unterlassen, ihre Forschungen dem lebendigen Strom der gegenwärtigen Kultur zu integrieren, werden die »Verallgemeinerungen« und »Synthesen« von Dilettanten, Amateuren und Journalisten verfertigt werden. Oder – und das ist auch nicht besser – wir werden anstelle einer schöpferischen Hermeneutik in der Perspektive der Religionsgeschichte weiterhin die abenteuerlichen und irrelevanten Interpretationen der religiösen Wirklichkeiten von Psychologen, Soziologen oder den Anhängern verschiedener Reduktionsideologien dulden müssen. Eine oder zwei Generationen lang werden wir noch Bücher lesen müssen, in denen die religiösen Wirklichkeiten durch Termini wie infantile Traumata, soziologische Organisationen, Klassenkämpfe und so weiter »erklärt« werden. Sicherlich werden solche Bücher, einschließlich der von Dilettanten wie auch der von den verschiedenen Reduktionisten produzierten, weiterhin erscheinen und vermutlich mit Erfolg. Aber das Kulturmilieu wird nicht dasselbe sein, wenn neben diesen Produkten auch einige verantwortungsvolle, von Religionswissenschaftlern geschriebene Bücher erscheinen. (Dies natürlich nur unter der Bedingung, daß diese Bücher oder Synthesen nicht auf Verlangen eines Verlegers improvisiert werden, wie es manchmal auch bei sehr respektablen Gelehrten passiert. Es ist klar, daß die »Synthese« ebenso wie die »Analyse« sich der Improvisation entzieht.)

Es fällt mir schwer zu glauben, daß die Religionswissenschaftler, die in einem historischen Augenblick wie dem unseren leben, die schöpferischen Möglichkeiten ihrer

Disziplin nicht wahrnehmen sollten. Wie will man kulturell die geistigen Universen, die Afrika, Ozeanien und Südostasien uns eröffnen, assimilieren? Alle diese geistigen Universen haben einen religiösen Ursprung und eine religiöse Struktur. Wenn man sich ihnen nicht von der Religionswissenschaft her nähert, werden sie als geistige Universen verschwinden: Sie werden auf Tatsachenmaterial über soziale Organisationen, wirtschaftliche Regimes, Epochen der vorkolonialen und kolonialen Geschichte und dergleichen reduziert werden. Man wird sie nicht als geistige Schöpfungen erfassen, sie werden die westliche und die Weltkultur nicht bereichern – sie werden nur die schon beängstigende Zahl von Dokumenten vermehren, die in Archiven klassifiziert sind und nur auf den Computer warten, der sie sich einverleiben wird.

Es kann natürlich sein, daß auch diesmal die Religionswissenschaftler durch übertriebene Ängstlichkeit sündigen und es anderen Disziplinen überlassen werden, diese geistigen Universen zu interpretieren (die sich leider mit schwindelerregender Eile verändern, vielleicht schon verschwinden). Es kann auch sein, daß sie aus verschiedenen Gründen vorziehen werden, in der untergeordneten Position zu bleiben, die sie vorher eingenommen haben. In diesem Fall können wir einen langsamen, aber unwiderruflichen Prozeß der Zersetzung erwarten, der mit dem Verschwinden der Religionswissenschaft als einer autonomen Disziplin enden wird. Wir werden dann in einer oder zwei Generationen einige lateinische »Spezialisten« für die Geschichte der römischen Religion haben, indische »Spezialisten« für einige der indischen Religionen, und so fort. In anderen Worten, die Religionswissenschaft wird immer stärker fragmentarisiert und die Fragmente von den verschiedenen »Philologien« aufgesogen werden, die sie heute noch als dokumentarische Quellen für ihre eigene Hermeneutik verwenden.

Die allgemein interessanten Probleme – zum Beispiel Mythen, Rituale, religiöser Symbolismus, die Begriffe Tod, Einweihung und andere – werden von Soziologen, Anthropologen, Philosophen behandelt werden (wie es schon früher, aber niemals ausschließlich gemacht wurde). Dies führt aber zu der Feststellung, daß die Probleme, die die Religionswissenschaftler vor allem beschäftigen, nicht verschwinden werden, sie werden nur von anderen Gesichtspunkten, mit anderen Methoden und in Verfolgung anderer Ziele studiert werden. Das Vakuum, das infolge des Verschwindens der Religionswissenschaft als autonomer Disziplin entstehen wird, wird nicht gefüllt werden. Die Last unserer Verantwortung aber wird die gleiche bleiben.

Kosmogonischer Mythos und »Heilsgeschichte«

Lebendiger Mythos und Religionswissenschaftler

Nicht ohne Furcht und Zittern nähert sich der Religionswissenschaftler dem Problem des Mythos, und dies nicht nur wegen der einleitenden peinlichen Frage: Was bezweckt ein Mythos? Es geschieht auch deshalb, weil die Antwort zum größten Teil von dem Material abhängt, das der Wissenschaftler ausgewählt hat. Von Platon und Fontenelle bis zu Schelling und Bultmann haben Philosophen und Theologen unzählige Definitionen des Mythos vorgeschlagen. Alle diese haben aber eines gemeinsam: Sie basieren auf der Analyse der griechischen Mythologie. Für einen Religionswissenschaftler ist dies keine glückliche Wahl. Es ist zwar richtig, daß nur in Griechenland der Mythos die epische Poesie, die Tragödie, die Komödie wie die Bildhauerei inspiriert und geleitet hat, es ist aber nicht weniger richtig, daß ganz besonders in der griechischen Kultur die Mythen einer langen und tiefgehenden Analyse unterzogen wurden, aus der sie radikal »entmythisiert« hervorgingen. Wenn in fast jeder europäischen Sprache das Wort »Mythe« eine »Dichtung« bedeutet, so deshalb, weil es die Griechen vor fünfundzwanzig Jahrhunderten dazu erklärten. Was noch schwieriger für einen Religionswissenschaftler ist: Wir kennen keinen einzigen griechischen Mythos in seinem rituellen Zusammenhang. Dieser ist natürlich auch von den altorientalischen und asiatischen Religionen nicht bekannt und besonders nicht von den sogenannten primitiven Religionen. Ein lebendiger Mythos ist immer mit einem Kult verbunden, der eine religiöse Haltung inspiriert und rechtfertigt. Dies bedeutet natürlich nicht, daß griechische Mythen nicht in einer Untersuchung mythischer Phänomene vorkommen sollten. Es wäre aber unklug, unsere Untersuchung auf das Studium griechischer Dokumente zu beschränken. Die Mythologie, die Homer, Hesiod und die tragischen Dichter mit Informationen versorgt hat, stellt bereits eine Auswahl und eine Interpretation archaischer Materialien dar, von denen einige fast unverständlich geworden waren. Kurz, unsere größte Chance, die Strukturen des mythischen Denkens zu verstehen, liegt darin, Kulturen zu studieren, in denen Mythen noch »lebendig« sind, wo sie den Nährboden für ein religiöses Leben bilden, wo sie keineswegs als Dichtung, sondern als Enthüllung der tiefsten Weisheit betrachtet werden.

Genau dies haben die Anthropologen seit mehr als einem halben Jahrhundert getan, als sie sich auf die »primitiven« Gesellschaften konzentrierten. Hier können die Beiträge von Andrew Lang, Frazer, Lévy-Bruhl, Malinowski, Leenhard oder Lévi-Strauss nicht wiedergegeben werden, doch später soll noch von einigen Resultaten ihrer ethnologischen Studien die Rede sein. Ich muß allerdings hinzufügen, daß der Religionswissenschaftler über den Gesichtspunkt der Anthropologen oder über ihre allgemeinen Schlüsse nicht immer glücklich ist. Als Reaktion gegen eine übertriebene Beschäftigung mit vergleichender Wissenschaft haben die meisten Autoren es verabsäumt, ihre anthropologischen Forschungen durch eine rigorose Untersuchung anderer Mythologien zu erweitern, zum Beispiel jener der Antike im Nahen Osten, besonders in Mesopotamien und in Ägypten, der Indoeuropäer – besonders die grandiosen überquellenden Mythologien des alten und mittelalterlichen Indiens – und endlich der Turko-Mongolen, der Tibeter und der Völker Südostasiens. Eine Beschränkung der Untersuchung auf »primitive« Mythologien riskiert, den Eindruck zu erwekken, daß es keine Kontinuität zwischen dem archaischen Denken und dem Denken jener Völker gibt, die eine bedeutende Rolle in der antiken Geschichte gespielt haben. Eine solche Auflösung der Kontinuität gibt es aber nicht. Infolge der Beschränkung der Forschung auf primitive Gesellschaften bleiben wir außerdem ohne Maßstab für die Rolle der Mythen in komplexen und hochentwickelten Religionen, wie jene des antiken Nahen Ostens und Indiens.

Um nur ein Beispiel zu nennen: Es ist unmöglich, die Religion und die mesopotamische Kultur im allgemeinen zu verstehen, wenn man die kosmogonischen Mythen und die Ursprungsmythen, wie sie in *Enuma elish* und im Gilgamesch-Epos erhalten sind, ignoriert. Zu jedem Neujahr wurden die sagenhaften Ereignisse, die in *Enuma elish* erzählt werden, rituell wiederholt, mit jedem Neujahr mußte die Welt neu geschaffen werden, und diese Notwendigkeit enthüllt eine tiefe Dimension des mesopotamischem Denkens. Der Mythos vom Ursprung des Menschen beleuchtet zumindest teilweise die tragische Weltsicht und den Pessimismus, die für die mesopotamische Kultur charakteristisch sind: Denn der Mensch ist von Marduk aus Lehm geformt worden, das heißt, aus dem Körper des urweltlichen Monstrums Tiamat und aus dem Blut des Erzdämons Kingu. Und der Mythos zeigt deutlich auf, daß der Mensch von Marduk geschaffen wurde, damit die Götter durch menschliche Arbeit genährt werden. Das Gilgamesch-Epos gibt schließlich eine ebenso pessimistische Vision in seiner Erklärung, warum der Mensch die Unsterblichkeit nicht erlangte und erlangen konnte.

Aus diesem Grund bevorzugen die Religionswissenschaftler die Haltung ihrer Kollegen – eines Raffaele Pettazzoni oder eines Gerardus van der Leeuw – oder auch einiger Gelehrter auf dem Gebiet der vergleichenden Anthropologie, wie Adolf Jensen oder Hermann Baumann, die sich mit allen Kategorien mythischer Schöpfung beschäftigten, der »Primitiven« ebenso wie der Hochkulturen. Wenn man auch nicht immer mit den Ergebnissen ihrer Forschung übereinstimmt, so kann man wenigstens sicher sein, daß ihre Dokumentation entsprechend weitgespannt ist, um gültige Verallgemeinerungen zu erlauben.

Die Divergenzen, die sich aus ungenügender Dokumentation ergeben, sind aber nicht die einzigen Schwierigkeiten im Dialog zwischen dem Religionswissenschaftler und seinen Kollegen aus den anderen Disziplinen. Es ist seine Haltung, die ihn etwa vom Anthropologen oder vom Psychologen trennt. Der Religionswissenschaftler ist sich der axiologischen Unterschiede seiner Unterlagen zu sehr bewußt, als daß er sie auf derselben Ebene einordnen würde. Da er die Nuancen und die Distinktionen kennt, kann er die Tatsache nicht ignorieren, daß es große Mythen und solche geringerer Bedeutung gibt, Mythen, die eine Religion beherrschen und charakterisieren, und zweitrangige Mythen, die Wiederholungen und Ableitungen sind. *Enuma elish* kann zum Beispiel nicht auf derselben Ebene wie die Mythologie des weiblichen Dämons Lamaschtu eingereiht werden; der polynesische kosmogonische Mythos hat nicht dasselbe Gewicht wie der Mythos vom Ursprung einer Pflanze, denn er geht ihm voraus und dient als sein Modell. Solche Unterschiede mögen für Anthropologen oder Psychologen nicht wichtig sein. Ein Soziologe, der sich etwa mit dem Studium des französischen Romans im 19. Jahrhundert befaßt, oder ein Psychologe, der sich für literarische Imagination interessiert, könnte Balzac und Eugènè Sue, Stendhal oder Jules Sandeau gleich behandeln, ohne jeden Bezug auf die Qualität ihrer Kunst. Für einen Literaturkritiker ist jedoch eine solche Zusammenstellung einfach undenkbar, da sie seine hermeneutischen Prinzipien zunichte machen würde.

Wenn wir in einer oder zwei Generationen, oder vielleicht noch früher, Religionswissenschaftler haben werden, die aus australischen, afrikanischen oder melanesischen Völkern herkommen, werden sie, woran ich nicht zweifle, unter anderem den westlichen Wissenschaftlern vorwerfen, daß sie den diesen Gesellschaften innewohnenden Wertmaßstäben gleichgültig gegenübergestanden sind. Wir brauchen uns nur eine Geschichte der griechischen Kultur vorstellen, in der Homer, die tragischen Dichter und Platon schweigend übergangen werden, während das *Traumbuch* des Artemidorus und der Roman des Heliodorus von Emessa unter dem Vorwand genauestens kommentiert werden, daß solche Werke besser die spezifischen Züge des griechischen Genius erhellen und uns helfen, seine Bestimmung zu verstehen. Um wieder zu unserem Thema zurückzukommen, so glaube ich nicht, daß wir die Struktur und Funktion des mythischen Denkens in einer Gesellschaft, die Mythen zur Grundlage hat, erfassen können, wenn wir die Mythologie nicht in ihrer Gänze einbeziehen, und zwar unter Berücksichtigung jenes Wertmaßstabs, den eine solche Mythologie implizit oder explizit kundtut.

In jedem Fall, in dem wir Zugang zu einer noch lebendigen Tradition haben, die noch nicht beeinflußt ist, fällt uns eines von Anfang an auf: Die Mythologie erzählt nicht nur die »heilige Geschichte« des Stammes, sie erklärt auch die gesamte Wirklichkeit und rechtfertigt die in ihr enthaltenen Widersprüchlichkeiten; außerdem ordnet sie die sagenhaften Ereignisse, von denen sie berichtet, in ein hierarchisches Schema ein. Man kann im allgemeinen sagen, daß jeder Mythos eine Entstehungsgeschichte ist – der Welt, des Menschen, einer Tierart, einer gesellschaftlichen Einrichtung und so fort. Infolge des Umstandes aber, daß die Erschaffung der Welt allem anderen vorausgeht, genießt die Kosmogonie ein besonderes Prestige. Es ist tatsächlich so, wie ich an anderer Stelle zu zeigen versucht habe[1], daß der kosmogonische Mythos das Modell für alle Ursprungsmythen liefert. Die Erschaffung von Tieren, Pflanzen oder des Menschen setzt die Existenz einer Welt voraus.

Sicherlich sieht der Mythos der Welterschaffung nicht immer wie ein kosmogonischer Mythos im eigentlichen Sinn aus, wie die indischen oder polynesischen Mythen oder die im *Enuma elish* erzählte Mythe. In einem Großteil Australiens sind solche kosmogonischen Mythen unbekannt. Es gibt aber immer einen Zentralmythos, der den Uranfang der Welt beschreibt, was geschah, ehe die Welt so wurde, wie sie heute ist. Es gibt daher immer eine »Urgeschichte«, und diese Geschichte hat einen Anfang: entweder einen kosmogonischen Mythos im eigentlichen Sinn oder einen Mythos, der den ersten Keimzustand der Welt beschreibt. Dieser Anfang ist immer angedeutet in der Mythenfolge, die die sagenhaften Ereignisse beschreibt, die sich nach der Erschaffung oder dem Zustandekommen des Universums abgespielt haben, nämlich die Mythen über den Ursprung der Pflanzen, der Tiere oder des Ursprungs der Ehe, der Familie, des Todes und andere. Zusammen ergeben diese Mythen eine ziemlich fortlaufende

Geschichte. Sie zeigen, wie der Kosmos geformt und verändert, wie der Mensch sterblich wurde, in zwei Geschlechter geschieden und zur Arbeit gezwungen wurde, um sein Leben zu fristen. Sie zeigen auch, was die überirdischen Wesen und die mythischen Vorfahren taten und wie und warum sie die Erde verließen und verschwanden. Wir können also sagen, daß jede Mythologie, die noch zugänglich ist, nicht nur einen Anfang, sondern auch ein Ende enthält, das von der letzten Manifestation überirdischer Wesen, der Kulturheroen, der Ahnen, bestimmt wird.

Diese primordiale heilige Geschichte, die sich aus der Gesamtheit der bedeutungsvollen Mythen ergibt, ist fundamental, weil sie die Existenz der Welt, des Menschen und der Gesellschaft erklärt und gleichzeitig rechtfertigt. Aus diesem Grund wird eine Mythologie zugleich als wahre Geschichte betrachtet: Sie erzählt, wie die Dinge entstanden, liefert die exemplarischen Modelle und auch die Rechtfertigung für die Tätigkeit des Menschen. Man versteht, was man ist – sterblich und eines bestimmten Geschlechts – und wie dies geschah, weil der Mythos erzählt, wie der Tod und die Sexualität in Erscheinung traten. Man betreibt eine bestimmte Art der Jagd oder des Ackerbaus, weil die Mythen berichten, wie die Kulturheroen, die Ahnen, diese Techniken lehrten. Ich habe diese paradigmatische Funktion der Mythen in anderen Veröffentlichungen dargestellt und brauche diesen Aspekt daher nicht weiter auszuführen.

Ich möchte jedoch das in bezug auf die heilige Geschichte, die in den großen Mythen erhalten ist, Gesagte erweitern und vervollständigen. Dies ist leichter gesagt als getan. Die erste Schwierigkeit, auf die wir stoßen, liegt im Material. Um eine Mythologie oder ein mythologisches Thema hinreichend zu analysieren oder zu interpretieren, muß man alle vorhandenen Dokumente in Betracht ziehen, und dies ist in einer Kurzfassung unmöglich. Claude Lévi-Strauss hat der Analyse einer Gruppe von südamerikanischen Mythen mehr als dreihundert Seiten gewidmet, und dabei mußte er die Mythologien der Feuerländer und anderer benachbarter Völker beiseite lassen, um sich vor allem auf die Ursprungsmythen der Amazonasvölker zu konzentrieren. Ich werde mich daher auf zwei charakteristische Beispiele beschränken und will vor allem jene Elemente untersuchen, die für die Mythen von Ureinwohnern essentiell sind. Auch ein solches Resumée könnte natürlich zu lang erscheinen, da ich aber eher unvertraute Mythen behandle, kann ich mich nicht mit bloßen Anspielungen zufriedengeben, wie ich es mit *Enuma elish* oder mit griechischen und sogar indischen Mythen tun könnte. Jede Exegese hat außerdem ihre Grundlage in einer Philologie, und es wäre sinnlos, eine Interpretation der Mythen, die ich im Sinn habe, zu versuchen, ohne ein Minimum von Dokumentation beizubringen.

Bedeutung und Funktion eines kosmogonischen Mythos

Als erstes Beispiel führe ich die Mythologie der Ngadju Dayak in Borneo an. Ich habe es gewählt, weil es darüber eine Arbeit gibt, die ein Klassiker zu werden verdient: *Die Gottesidee der Ngadju Dayak in Süd-Borneo* (Leiden 1946) von Hans Schärer. Der Autor, der leider frühzeitig starb, studierte dieses Volk viele Jahre lang. Das mythologische Material, das er sammelte, würde, wenn man es jemals druckte, zwölftausend Seiten umfassen. Hans Schärer beherrschte nicht nur die Sprache dieser Menschen, er kannte alle ihre Bräuche, er verstand aber auch die Struktur der Mythologie und wußte um ihre Rolle im Leben der Dayak. Wie bei vielen anderen archaischen Völkern enthüllt der kosmogonische Mythos den Dayak die ereignisreiche Erschaffung der Welt und des Menschen und gleichzeitig die Prinzipien, die den kosmischen Prozessen und der menschlichen Existenz zugrunde liegen. Man muß das Buch lesen, um sich klarzuwerden, wie alles im Leben dieses archaischen Volkes zusammenhängt, wie die Mythen aufeinanderfolgen und sich zu einer heiligen Geschichte zusammenfügen, die im Leben der Gemeinschaft ebenso wie in der Existenz jedes einzelnen Individuums ständig wieder erneuert wird. Durch den kosmogonischen Mythos und seine Fortsetzungen entschleiert der Dayak die Struktur der Wirklichkeit und seines eigenen Seins. Was in den Anfängen geschah, beschreibt zugleich die ursprüngliche Vollkommenheit und das Schicksal des Individuums.

Im Anfang, so sagt der Mythos, war die kosmische Ganzheit noch ungeschieden im Maul der zusammengerollten Wasserschlange. Mit der Zeit erhoben sich zwei Berge und aus ihrem wiederholten Zusammenstoßen gelangte die kosmische Wirklichkeit nach und nach ins Dasein: die Wolken, die Hügel, die Sonne, der Mond und so fort. Die Berge sind der Sitz der zwei obersten Gottheiten, und sie sind auch die Gottheiten selbst. Sie enthüllten ihre menschliche Form jedoch erst am Ende des ersten Teiles der Schöpfung. In ihrer vermenschlichten Form fahren die obersten Gottheiten, Mathala und seine Frau Putir, mit der kosmogonischen Arbeit fort und schaffen die obere und die untere Welt. Was noch fehlt, ist eine Zwischenwelt und die Menschen, die sie bewohnen sollen. Die dritte Phase der Schöpfung wird von zwei Nashornvögeln, einem weiblichen und einem männlichen, ausgeführt, die eigentlich mit den zwei obersten Gottheiten identisch sind. Mathala setzt den Baum des Lebens in den »Mittelpunkt«, die zwei Nashornvögel fliegen über ihn und treffen sich schließlich in seinen Zweigen. Ein schrecklicher Kampf bricht zwischen den beiden Vögeln aus, durch den der Lebensbaum schwer beschädigt wird. Aus den Astknoten des Baumes und aus dem Moos, das aus der Kehle des weiblichen Nashornvogels fällt, gehen eine Jungfrau und ein junger Mann hervor, die Ahnen der Dayak. Der Lebensbaum wird endlich zerstört, und zuletzt töten die zwei Vögel einander.

Kurz, während der Schöpfung enthüllen die Gottheiten sich unter drei verschiedenen Formen: Kosmisch (die beiden Berge), vermenschlicht (Mathala und Putir), theriomorphisch (die beiden Nashornvögel). Diese polaren Manifestationen stellen jedoch nur einen Aspekt der Gottheit dar. Ebenso wichtig sind die Manifestationen der Gottheit als einer Totalität: die primordiale Wasserschlange zum Beispiel oder der Baum des Lebens. Diese Totalität – die Schärer göttlich-ambivalente Totalität nennt – stellt das fundamentale Prinzip des religiösen Lebens der Dayak dar und wird in verschiedenen Zusammenhängen wieder und wieder offenbart. Man kann sagen, daß für die Dayak jede göttliche Form ihren Gegensatz im gleichen Maß enthält: Mathala ist auch seine eigene Frau und vice versa, die Wasserschlange ist auch der Nashornvogel und vice versa.

Der kosmogonische Mythos macht es uns möglich, das religiöse Leben der Dayak sowie ihre Kultur und ihre soziale Organisation zu verstehen. Die Welt ist das Resultat eines Kampfes zwischen zwei polaren Prinzipien, während der Lebensbaum – ihre eigene Verkörperung – zerstört wird. Aus Zerstörung und Tod entspringen aber der Kosmos und neues Leben. Die neue Schöpfung hat ihren Ursprung im Tod der totalen Gottheit. In den wichtigsten religiösen Zeremonien – Geburt, Initiation, Heirat, Tod – wird dieser schöpferische Zusammenstoß unermüdlich wiederholt. Alles in den Augen eines Dayaks Bedeutungsvolle ist eine Nachahmung exemplarischer Modelle und eine Wiederholung jener Ereignisse, die der kosmogonische Mythos erzählt. Das Dorf und das Haus stellen das Universum dar, und man nimmt an, daß sie im Mittelpunkt der Welt liegen. Das exemplarische Haus ist eine *imago mundi:* Es ist auf dem Rücken der Wasserschlange errichtet, sein steiles Dach symbolisiert den Urberg, auf dem Mathala thront, und ein Schirm stellt den Lebensbaum dar, in dessen Zweigen man zwei Vögel sehen kann.

Während der Heiratszeremonie kehrt das Paar zur mythischen Urzeit zurück. Diese Rückkehr wird durch ein Abbild des Lebensbaumes angedeutet, den das Brautpaar festhält. Man sagte Schärer, das Festhalten des Lebensbaumes bedeute, mit ihm eine Einheit bilden. »Die Hochzeit ist eine Wiederholung der Schöpfung, und die Wiederholung der Schöpfung ist die Schöpfung des ersten menschlichen Paares aus dem Lebensbaum.« Auch die Geburt bezieht sich auf die Urzeit. Der Raum, in dem das Kind geboren wird, liegt symbolisch in den Urgewässern. Ebenso stellt man sich vor, daß der Raum, in dem die jungen Mädchen während der Initiationszeremonien eingeschlossen sind, im Urmeer liegt.

Das junge Mädchen steigt in die Unterwelt hinab und nimmt nach einiger Zeit die Form einer Wasserschlange an. Sie kommt als eine neue Person auf die Erde zurück und beginnt ein neues Leben, im gesellschaftlichen und im religiösen Sinn. Der Tod wird ebenfalls als Übergang zu einem neuen und reicheren Leben betrachtet. Der Verstorbene kehrt in die Urzeit zurück, seine mystische Reise wird durch die Form und den Schmuck seines Sarges angedeutet. Der Sarg hat die Form eines Bootes, auf den Seiten sind die Wasserschlange, der Lebensbaum, die Urberge gemalt, das heißt die kosmisch-göttliche Totalität. In anderen Worten, der Tote kehrt zu jener göttlichen Ganzheit zurück, die am Anfang bestand.

In jeder entscheidenen Krise und jedem Übergangsritus nimmt der Mensch das Drama der Welt vom Urbeginn an wieder auf. Die Handlung wird in zwei Zeiten ausgeführt: 1. Rückkehr zur uranfänglichen Ganzheit und 2. Wiederholung der Kosmogonie, das Zerbrechen der ursprünglichen Einheit. Dieselbe Handlung spielt sich auch während der gemeinsamen jährlichen Zeremonien ab. Schärer erklärt, das Ende eines Jahres bedeute das Ende einer Ära und auch einer Welt. Die Zeremonien zeigen ganz klar, daß es sich um eine Wiederkehr zu einer präkosmischen Zeit handelt, zu der Zeit der heiligen Einheit, die durch die Wasserschlange und den Lebensbaum verkörpert wird. Während dieser Periode, die ganz besonders heilig ist und *helat nyelo*, die »Zeit zwischen den Jahren«, genannt wird, errichtet man im Dorf den Lebensbaum, und die Bevölkerung kehrt zum uranfänglichen (präkosmischen) Zeitalter zurück. Regeln und Verbote sind aufgehoben, da die Welt aufgehört hat, zu existieren. Während des Wartens auf eine neue Schöpfung lebt die Gemeinschaft der Gottheit nahe, genauer gesagt, sie lebt in der totalen, uranfänglichen Gottheit. Der orgiastische Charakter dieser Zwischenzeit zwischen den Jahren darf uns nicht über seine Heiligkeit täuschen. Schärer sagt, es handle sich nicht um Unordnung (auch wenn es so scheinen mag), sondern um eine *andere* Ordnung. Die Orgie läuft im Einklang mit den göttlichen Geboten ab, und die Teilnehmer erwecken in sich selbst die Ganzheit der Gottheit. In vielen anderen Religionen, sowohl primitiven als auch historischen, wurde, wie wohl bekannt ist, die periodisch wiederkehrende Orgie als Instrument par excellence betrachtet, um die vollkommene Ganzheit zu erreichen. Nur aus einer solchen Einheit kann eine neue Schöpfung geschehen – bei den Dayak ebenso wie bei den Mesopotamiern.

Uranfang und Totalität

Schon diese unzureichende Zusammenfassung eines ungeheuer reichen Materials hat es uns ermöglicht, die bedeutende Rolle des kosmogonischen Mythos in einer archaischen Gesellschaft zu erfassen. Der Mythos enthüllt das religiöse Denken der Dayak in seiner ganzen Tiefe und Komplexität. Wie daraus hervorgeht, haben das individuelle und das kollektive Leben eine kosmologische Struktur: Jedes Leben stellt einen Zyklus dar, dessen Modell ewige Schöpfung, Zerstörung und Neuerschaffung der Welt ist. Eine solche Anschauung ist nicht allein auf die Dayak beschränkt oder auch nur auf Völker, die einen ähnlichen Kulturtyp haben. Der Dayak-Mythos enthüllt eine Bedeutung, die die ethnographischen Grenzen übersteigt. Was in dieser Mythologie auffällt, ist die große Bedeutung, die der uranfänglichen Ganzheit zugemessen wird. Man könnte fast sagen, daß die Dayak von zwei Aspekten des Heiligen besessen sind: vom Uranfang und von der Ganzheit. Das bedeutet nicht, daß sie das Werk der Schöpfung verkleinern. Nichts vom indischen oder gnostischen Pessimismus findet sich in der Anschauung der Dayak über Kosmos und Leben. Die Welt ist gut und sinnvoll, weil sie aus dem Lebensbaum, das heißt aus der Ganzheit der Gottheit kam. Aber nur die uranfängliche, ganze Gottheit ist vollkommen. Wenn der Kosmos periodisch zerstört und wieder erschaffen werden muß, so nicht deshalb, weil die erste Schöpfung mißlang, sondern weil nur dieses Stadium, welches der Schöpfung vorausgeht, jene Fülle und Seligkeit darstellt, die in der erschaffenen Welt unerreichbar ist. Der Mythos zeigt aber auch anderseits die

Notwendigkeit der Schöpfung, des Zerbrechens der uranfänglichen Einheit. Die ursprüngliche Vollkommenheit kann periodisch wieder integriert werden, aber diese Vollkommenheit ist immer vergänglich. Der Dayak-Mythos legt dar, daß die Schöpfung – mit allem, was sie möglich gemacht hat: menschliche Existenz, Gesellschaft, Kultur – nicht für immer zerstört werden kann. Eine »heilige Geschichte« hat sich abgespielt, und diese Geschichte muß durch periodische Wiederholungen fortgesetzt werden. Es ist unmöglich, die Wirklichkeit in ihrer Keimform, so wie sie am Anfang war, einzufrieren und in der ursprünglichen göttlichen Einheit festzuhalten.

Dieser außerordentliche Wert, der der »Heiligen Geschichte« beigemessen wird, dem Urgrund und Modell aller menschlichen Geschichte, ist so bedeutungsvoll. Solch eine Wertzumessung läßt sich in vielen anderen primitiven Mythologien erkennen, sie wird aber in den Mythologien der Antike im Nahen Osten und in Asien besonders wichtig. Wenn wir eine Mythologie in ihrer Gesamtheit untersuchen, lernen wir die Einschätzung seiner eigenen heiligen Geschichte des jeweiligen Volkes kennen. Jede Mythologie präsentiert eine fortlaufende und zusammenhängende Reihe von urgeschichtlichen Ereignissen, aber verschiedene Völker beurteilen diese sagenhaften Ereignisse auf verschiedene Art, sie unterstreichen die Bedeutung einiger und lassen andere beiseite oder vernachlässigen sie zur Gänze. Wenn man die Zusammenhänge in jenem Mythos analysiert, den man als Mythos der Entfremdung des Schöpfergottes und seiner fortschreitenden Verwandlung in einen *deus otiosus* nennen könnte, bemerkt man einen ähnlichen Prozeß mit analoger Auswahl und Beurteilung: Aus einer Reihe von uranfänglichen schöpferischen Ereignissen werden nur einige erhöht, jene vor allem, die für das menschliche Leben Folgen haben. In anderen Worten, die zusammenhängende Reihe der Ereignisse, die die heilige Geschichte darstellen, wird unermüdlich in Erinnerung gerufen und gepriesen, während die vorhergehenden Stadien, alles, was vor dieser heiligen Geschichte geschah – zuerst und vor allem die majestätische und alleinige Gegenwart des Schöpfergottes – entschwindet. Wenn man sich noch an den Hochgott erinnert, so weiß man von ihm, daß er die Welt und den Menschen geschaffen hat, aber das ist fast alles. Ein solcher höchster Gott scheint durch die Tat der Schöpfung seine Rolle ausgespielt zu haben, im Kult kommt er fast nicht vor, über ihn gibt es wenige und eher einfache Mythen, und wenn er nicht gänzlich vergessen worden ist, so wird er nur in Fällen äußerster Not angerufen, wenn alle anderen göttlichen Wesen sich als gänzlich wirkungslos erwiesen haben.

Der »Große Vater« und die mythischen Ahnen

Diese Lehre der primitiven Mythen ist besonders aufschlußreich. Sie zeigt uns nicht nur, daß der Mensch, indem er sich den Gottheiten des Lebens und der Fruchtbarkeit zuwandte, sich sozusagen immer mehr und mehr verkörperte. Sie zeigt auch, daß der frühe Mensch auf seine Art schon eine Geschichte annahm, in der er sowohl Mittelpunkt als auch Opfer war. Was seinen mythischen Vorfahren geschah, wurde für ihn wichtiger, als was vor ihrem Erscheinen gewesen war. Man kann diesen Prozeß mit vielen Beispielen belegen. In früheren Werken habe ich eine Anzahl solcher Mythen behandelt[2]. Hier möchte ich aber die mythischen Traditionen eines Volkes untersuchen, das sich seit mehr als einem halben Jahrhundert des besonderen Interesses der Anthropologen, Soziologen und Psychologen erfreut, nämlich der Aranda-Stämme in Mittelaustralien. Ich beziehe mich ausschließlich auf das von T. G. H. Strehlow[3] gesammelte Material, des Sohnes des berühmten Missionars Carl Strehlow, dessen Schriften im Mittelpunkt lebhafter Auseinandersetzungen zur Zeit Durkheims gestanden sind. Ich glaube, ich habe die beste Autorität ausgewählt, denn Aranda war die erste Sprache, die von T. G. H. Strehlow gesprochen wurde, und er hat diese Stämme mehr als dreißig Jahre lang intensiv studiert.

Der Aranda-Überlieferung zufolge haben Himmel und Erde immer bestanden und wurden immer von übernatürlichen Wesen bewohnt. Im Himmel gibt es eine Emu-füßige Gestalt, die eine Emu-füßige Frau und Emu-füßige Kinder hat. Dies ist der Große Vater *(kneritja)*, der auch der Ewige Jüngling *(altjira nditja)* genannt wird. Diese übernatürlichen Wesen leben in einem immergrünen Land, das reich an Blumen und Früchten ist und von der Milchstraße durchzogen wird. Alle sind ewig jung, der Große Vater ist in seiner Erscheinung ebenso jung wie seine Kinder. Alle sind so unsterblich wie die Sterne, denn der Tod kann ihre Wohnung nicht betreten.

Strehlow glaubt, es wäre unmöglich, diesen Emu-füßigen Großen Vater als ein analoges überirdisches Wesen zu den Himmelsgöttern Südostaustraliens zu betrachten. Er hat die Erde tatsächlich nicht geschaffen oder gemacht, noch hat er die Pflanzen, die Tiere, den Menschen oder die totemistischen Ahnen ins Leben gesetzt, noch hat er jemals die Taten der Ahnen inspiriert oder geregelt. Der Große Vater und die anderen Himmelsbewohner waren niemals an dem interessiert, was auf der Erde geschah. Bösewichter mußten nicht den Großen Vater, sondern den Zorn der totemistischen Ahnen und die Bestrafung durch die Stammesoberen fürchten, denn alle schöpferischen und bedeutungsvollen Handlungen wurden von den erdgeborenen totemistischen Ahnen ausgeführt. Man sieht hier, kurz gesagt, eine drastische Transformation eines Himmelswesens in einen *deus otiosus.* Der nächste Schritt wäre sein gänzliches Vergessenwerden. Dies war vermutlich außerhalb des westlichen Aranda-Gebietes eingetreten, wo Strehlow keinen vergleichbaren Glauben an Himmelswesen finden konnte.

Es gibt jedoch einige charakteristische Züge, die diesem müßigen und transzendenten Großen Vater und Ewigen Jüngling einen Platz in der Kategorie der höchsten Wesen zuweisen: zuerst seine Unsterblichkeit, seine Jugend und seine selige Existenz, dann seine ontologische Präzedenz in bezug auf die totemistischen Heroen. Tatsächlich war er da oben im Himmel schon lange gewesen, ehe die totemistischen Ahnen aus der Unterwelt hervorkamen. Schließlich wird die religiöse Bedeutung des Himmels wiederholt betont, zum Beispiel in den Mythen bestimmter Heroen, die die Unsterblichkeit durch einen Aufstieg in den Himmel erreicht haben, in den mythischen Traditionen von Bäumen oder Leitern, die Himmel und Erde verbinden, und besonders in dem weitverbreiteten Glauben der Aranda, daß der Tod entstanden sei, weil die Verbindungen mit dem Himmel gewaltsam unterbrochen worden waren. Strehlow berichtet über die Überlieferung, daß eine Leiter Erde und Himmel verbinde, und beschreibt die Plätze, wo nach der Legende gigantische Bäume gewachsen, auf denen einige mythische Ahnen zum Himmel geklettert seien. Einen ähnlichen Glauben findet man in vielen anderen archaischen Überlieferungen, besonders in Mythen, die berichten, daß nach der Unterbrechung der Verbindung zwischen Himmel und Erde die Götter sich in den höchsten Himmel zurückgezogen hätten, wodurch sie mehr oder weniger *dii otiosi* wurden. Von diesem Augenblick an konnten nur noch wenige privilegierte Personen – Heroen, Schamanen, Medizinmänner – zum Himmel aufsteigen. Wir wissen nicht, wieviel von diesem mythischen Thema den Aranda vertraut war, Tatsache ist, daß trotz der gegenseitigen Gleichgültigkeit zwischen den Aranda und den himmlischen Wesen das religiöse Prestige des Himmels weiter fortlebt, zusammen mit der Erringung der Unsterblichkeit durch einen Aufstieg zum Himmel. Man ist versucht, aus diesen mythischen Fragmenten ein gewisses Heimweh nach einer unwiderruflich verlorenen Urzeit herauszulesen.

Jedenfalls hat die Urzeit, die durch den himmlischen Großen Vater repräsentiert wird, keine unmittelbare Bedeutung für die Aranda, im Gegenteil, sie scheinen ausschließlich daran interessiert, was in einem bestimmten Augenblick auf der Erde geschah. Diese Geschehnisse sind von höchster Bedeutung; in unserer Terminologie heißt das, daß sie einen religiösen Wert haben. Die Ereignisse, die sich in der mythischen Zeit, in der »Traumzeit« abgespielt haben, sind insoweit religiös, als sie eine paradigmatische Geschichte darstellen, der der Mensch folgen und die er wiederholen muß, um die Fortdauer der Welt, des Lebens und der Gesellschaft zu sichern.

Während der Große Vater und seine Familie in einer Art von paradiesischer Existenz im Himmel lebten, ohne jegliche Verantwortung, existierten auf der Oberfläche der Erde seit urdenklicher Zeit amorphe, halbembryonische Kinder. Sie konnten sich nicht zu Männern und Frauen entwickeln, sie konnten aber auch nicht alt werden oder sterben, denn weder Leben noch Tod war auf der Erde bekannt. Unter der Oberfläche der Erde existierte Leben in Fülle in der Form von Tausenden von schlummernden übernatürlichen Wesen. Sie waren unerschaffen und wurden tatsächlich »aus ihrer eigenen Ewigkeit geboren« genannt *(altijirana nambakala)*. Sie erwachten endlich aus ihrem Schlaf und brachen durch auf die Erde. Ihre Geburtsplätze sind mit Leben und Kraft getränkt. Eines dieser übernatürlichen Wesen ist die Sonne; als sie aus dem Boden durchbrach, wurde die Erde mit Licht überflutet.

Die Formen dieser chtonischen Wesen waren verschieden, einige kamen in Tierform heraus, andere als Männer und Frauen, aber alle hatten etwas Gemeinsames: Die theriomorphen handelten und dachten wie Menschen, und die menschlichen konnten sich jederzeit in ein bestimmtes Tier verwandeln. Diese unterirdischen Wesen, die man gewöhnlich totemistische Ahnen nannte, begannen auf der Oberfläche der Erde zu wandern und das Land zu verändern, sie gaben der zentralaustralischen Landschaft ihre eigentlichen Züge. Solche Arbeiten stellen recht eigentlich eine Kosmogonie dar, die Ahnen schufen zwar die Erde nicht, aber sie gaben einer präexistenten *prima materia* ihre Form. Die Anthropogonie wiederholt die Kosmogonie: Einige der totemistischen Ahnen wurden Kulturheroen, sie schnitten die halbembryonischen Massen entzwei und formten jedes einzelne Kind, indem sie die Webhäute zwischen seinen Fingern und Zehen aufschlitzten und Ohren, Augen und Mund aufschnitten. Andere Kulturheroen lehrten die Menschen Werkzeuge und Feuer zu machen, Essen zu kochen und brachten ihnen auch soziale und religiöse Einrichtungen.

Als Folge aller dieser Arbeiten überwältigte eine ungeheure Müdigkeit die Ahnen, sie sanken in den Boden oder wurden zu Steinen, Bäumen oder Kultgegenständen *(tjurunga)*. Die Orte, wo sie sich zur Ruhe legten, werden so wie ihre Geburtsplätze als bedeutende heilige Stätten betrachtet und mit dem gleichen Namen benannt *(pmara kutata)*. Das Verschwinden der Ahnen, das der Urzeit ein Ende setzte, ist jedoch nicht endgültig. Obwohl sie in ihren ursprünglichen Schlummer unter der Erdoberfläche zurückgekehrt sind, wachen sie über die Taten der Menschen. Außerdem werden sie ständig wiedergeboren; wie Strehlow gezeigt hat, stellt die unsterbliche Seele eines jeden Individuums ein Teilchen aus dem Leben der Ahnen dar.

Diese sagenhafte Epoche, als die Ahnen auf der Erde wanderten, gilt den Aranda als paradiesisches Zeitalter. Sie stellen sich die neugeformte Erde, wo man die verschiedenen Tiere leicht fangen konnte und Wasser und Früchte in Fülle vorhanden waren, als Paradies vor, in dem die Ahnen auch frei von der Vielzahl der Hemmungen und Beschränkungen waren, die unweigerlich alle menschlichen Wesen behindern, die zusammen in organisierten Gemeinschaften leben. Dieses uranfängliche Paradies können die Aranda immer noch nicht vergessen; die kurzen Zeiten der rituellen Orgie, wenn alle Verbote aufgehoben sind, können in einem gewissen Sinn als flüchtige Heimkehr zur Freiheit und Seligkeit der Ahnen verstanden werden.

Solch ein irdischer und paradiesischer Urzustand – der sowohl Geschichte als auch Propädeutik ist – ist den Aranda wichtig. In dieser mythischen Zeit wurde der Mensch, was er heute ist, nicht nur, weil er damals von den Ahnen geformt und belehrt wurde, sondern weil er fortlaufend alles wiederholen muß, was die Ahnen in *illo tempore* taten. Die Mythen enthüllen diese Heils- und Schöpfungsgeschichte, außerdem lernt jeder junge Aranda während der Initiation nicht nur, was in *principio* geschah, sondern entdeckt letztlich auch, daß er damals schon da war, daß er auf irgendeine Weise an den ruhmreichen Ereignissen teilgenommen hat. Die Initiation enthüllt die Anamnese: Am Ende der Zeremonie entdeckt der Novize, daß der Held der Mythen, die ihm mitgeteilt worden sind, er selbst ist. Man zeigt ihm ein heiliges und strengbewachtes Ritualobjekt, einen *tjurunga*, und ein alter Mann sagt ihm: Dies ist dein eigener Körper – denn jener *tjurunga* stellt den Körper eines deiner Ahnen dar. Diese dramatische Enthüllung der Identität zwischen dem Ewigen Ahnen und der Person, in der er wiedergeboren ist, könnte man mit dem *tat twam asi* der Upanishaden vergleichen. Dieser Glauben ist nicht auf die Aranda beschränkt. Wenn ein Unambal in Nordostaustralien zum Beispiel darangeht, das Bildnis eines *Wondjina* auf der Steinwand neu zu malen (die Wondjina sind das Gegenstück zu den zentralaustralischen totemistischen Ahnen), sagt er: »Ich will mich nun erfrischen und stärken. Ich male mich selbst neu, damit der Regen kommen kann.«

Auf die Unwiderruflichkeit des Todes, die eine Folge der gewaltsamen Unterbrechung zwischen Himmel und Erde ist, antwortete der Aranda mit einer Theorie der Seelenwanderung, dank derer die Ahnen – und das heißt sie selber – immer wieder ins Leben zurückkehren sollen. Man kann daher zwei Arten von Urzuständen unterscheiden, denen zwei Arten von Nostalgie entsprechen: 1. der Urzustand, der durch den himmlischen Großen Vater und die himmlische Unsterblichkeit, die gewöhnlichen Menschen unerreichbar ist, dargestellt wird; 2. die sagenhafte Zeit der Ahnen, als das Leben im allgemeinen und das menschliche Leben im besonderen entstand. Die Aranda sehnen sich vor allem nach dem irdischen Paradies des zweiten Urzustandes.

Zwei Urzeitalter

Ein ähnlicher Prozeß ist auch in anderen Religionen bekannt, sogar in sehr komplexen. Ich möchte etwa an das Urzeitalter der Tiamat erinnern und den Übergang zur schöpferischen Urzeit, die durch den Sieg Marduks gekennzeichnet ist, zusammen mit der Kosmogonie, der Anthropogonie und der Gründung einer neuen göttlichen Hierarchie. Oder man könnte das Urzeitalter des Uranos mit der

Errichtung der Suprematie von Zeus vergleichen, oder auf den Übergang vom fast vergessenen Dyaus zu Varuna und später zu den aufeinanderfolgenden Vorherrschaften von Indra, Schiwa und Wischnu hinweisen. In allen diesen Fällen kann man sagen, daß die Schöpfung einer neuen Welt impliziert ist, wenn es sich auch nicht um eine eigentliche Kosmogonie handelt. Es ist immer das Auftauchen einer neuen religiösen Welt, die in engerem Zusammenhang mit den menschlichen Verhältnissen zu sein scheint.

Bedeutungsvoll an der Ersetzung eines existentiellen Urzustandes durch einen eher spekulativen ist die Tatsache, daß dieser Prozeß eine radikalere Inkarnation des Heiligen in das Leben und in die menschliche Existenz als solche darstellt. Dieser Prozeß ist in der Geschichte der Religionen ziemlich häufig und auch der judäo-christlichen Tradition nicht ganz fremd. Wir können sagen, daß wir in Bonhoeffer das letzte Beispiel der Inkarnation des Heiligen in die profane Existenz eines geschichtlichen Menschen besitzen. Man könnte auch die neueste amerikanische Theologie, die Gott-ist-tot-Theologie, als noch eine neue, drastisch säkularisierte Variante des Mythos des *deus otiosus* identifizieren.

Wir können daher zwei Urzeitalter unterscheiden: ein präkosmisches, unhistorisches und ein kosmogonisches oder historisches. Der kosmogonische Mythos eröffnet die Heilsgeschichte, er ist ein historischer Mythos – allerdings nicht im judäo-christlichen Sinn des Wortes –, denn er hat die Funktion eines exemplarischen Modells und wird als solches periodisch wieder aktualisiert. Wir können auch zwei Arten von religiöser Nostalgie unterscheiden: das Verlangen, die urzeitliche Ganzheit, die vor der Schöpfung bestand, wieder zu integrieren (den Dayak-Typus), und das Verlangen, jene Urzeit wiederzuerlangen, die unmittelbar nach der Schöpfung begann (den Aranda-Typus). Im letzteren Fall gilt das Verlangen der Heilsgeschichte eines Stammes. Mit solchen Mythen der Heilsgeschichte – die in vielen traditionellen Gesellschaften noch lebendig sind – hat es die judäo-christliche Idee der Geschichte aufzunehmen.

Paradies und Utopie: Mythische Geographie und Eschatologie

Die Mode des Messianismus

In den vergangenen Jahren haben Arbeiten über die verschiedenen Millennien und Utopien beträchtlich zugenommen. Dies trifft nicht nur auf die Studien über primitive messianische und prophetische Bewegungen zu, deren bekannteste der »Cargo-Kult« ist – sondern auch auf die Erforschung der Messianismen judäo-christlichen Ursprungs vom Beginn unserer Zeitrechnung bis zur Renaissance und Reformation und auch auf Werke über die religiöse Bedeutung geographischer Entdeckungen und der Kolonisation, besonders der beiden Amerika. Schließlich wurden in den letzten Jahren verschiedene Versuche einer Synthese veröffentlicht: Historiker, Soziologen und Philosophen haben versucht, die verschiedenen Formen von Utopien und Millenniarismen zu vergleichen und zu einer endgültigen Synthese zu kommen.

Diese enorme Bibliographie will ich hier nicht darstellen, es gnügt, an verschiedene Versuche einer Synthese zu erinnern: an die Arbeiten von Norman Cohn über die Millennium-Bewegungen; die Arbeiten von Lanternari, Guariglia und Mühlmann über primitive Millennium-Bewegungen; die Forschungen von Alphonse Dupront über den Geist der Kreuzzüge und die Monographien mehrerer amerikanischer Gelehrter über die eschatologische Bedeutung der Kolonisierung[1].

Das Interesse westlicher Wissenschaftler an Millennium-Bewegungen und Utopien ist bedeutungsvoll, man könnte sogar sagen, daß dieses Interesse einen der charakteristischesten Züge zeitgenössischen westlichen Denkens darstellt. Die Gründe dafür sind mannigfaltig. Zuerst wird die Neugierde von jenen messianistischen Kulten erregt, von denen »primitive« Gesellschaften in den letzten Jahrzehnten der

Kolonialzeit hin- und hergeworfen worden sind. Dann gibt es die neuesten Forschungen über die Bedeutung prophetischer Bewegungen im mittelalterlichen Europa, vor allem Gioacchino da Fiore und die Gioacchinisten im transalpinen Europa. Und schließlich gibt es die genauen Analysen der religiösen Bedeutung der Kolonisierung der Neuen Welt, die unter dem Zeichen der Eschatologie stattfand.

Daß solche Forschungen unternommen und solche Fragen gestellt wurden, verrät Gedankengänge, die uns sehr viel über die geistige Situation des heutigen westlichen Menschen sagen. Zu Anfang möchte ich darauf hinweisen, daß man heute im Gegensatz zu den Systemen mit einer deterministischen Erklärung der Geschichte die Bedeutung des religiösen Faktors erkennt, besonders in Bewegungen, die von Gefühlsspannung und Raserei getragen werden – die prophetischen, die eschatologischen und die Millennium-Bewegungen. Es gibt aber meiner Meinung nach etwas noch Bedeutsameres: Das Interesse an den Ursprüngen der heutigen westlichen Welt – das heißt an den Ursprüngen der Vereinigten Staaten und der Nationen Lateinamerikas – verrät das unter den Intellektuellen dieses Kontinents vorhandene Verlangen, sich zurückzuwenden und ihre Urgeschichte zu finden, ihre *Uranfänge*. Dieses Verlangen, zu den eigenen Anfängen zurückzukehren, eine urzeitliche Situation wiederzuerreichen, zeigt auch die Sehnsucht an, neu zu beginnen, die Sehnsucht nach dem irdischen Paradies, das zu finden die Ahnen der heutigen Amerikaner den Atlantik überquert hatten. (Es sind tatsächlich noch selten zuvor mehr Bücher mit dem Wort »Paradies« im Titel veröffentlicht worden als über die Kolonisation der beiden Amerika. Ich möchte nur auf folgende Werke verweisen: *Visão do Paradiso: os motivos edeñicos no descobrimento e colonizacão do Brasil* von Sergio Buarque de Hollanda, Rio de Janeiro 1959; *The Quest for Paradise* von Charles L. Sanford, 1961; *Wilderness and Paradise in Christian Thought* von George H. Williams, 1962, mit dem Untertitel *Vom Garten Eden und der Wüste Sinai zum Amerikanischen Westen.)*

All dies verrät das Verlangen, die religiösen Ursprünge

wiederzuerreichen und damit eine Urgeschichte der heutigen transatlantischen Staaten. Die Bedeutung des Phänomens ist allerdings noch komplexer, man kann auch eine Sehnsucht nach einer Erneuerung alter Werte und Strukturen, die Hoffnung auf eine radikale *renovatio* entdecken, ebenso wie man die neuesten Experimente in der Kunst als den Willen interpretieren könnte, alle Formen, die durch die Geschichte abgenützt erscheinen, zu zerstören, aber ebenso als die Hoffnung, die künstlerische Erfahrung *ab initio* neu zu beginnen.

Um zu unserem Thema zurückzukehren – Paradies und Utopie – so habe ich zweierlei Beispiele gewählt. Zuerst möchte ich auf die eschatologischen und paradiesischen Elemente in der Kolonisierung Nordamerikas durch die Pioniere und die fortschreitende Verwandlung des »Amerikanischen Paradieses« hinweisen, die der Anlaß für die Mythe vom unendlichen Fortschritt, vom amerikanischen Optimismus und dem Kult der Jugend und des Neuen waren. Dann möchte ich den brasilianischen Stamm der Tupi-Guarani betrachten, die zur Zeit der Entdeckung Südamerikas bereits den Atlantischen Ozean auf der Suche nach einem Paradies überquert hatten – einige Gruppen setzen diese Suche noch heute fort.

Die Suche nach dem irdischen Paradies

Christoph Kolumbus zweifelte nicht daran, daß er sich dem irdischen Paradies genähert hätte. Er glaubte, daß die Flüsse, die er im Golf von Paria antraf, ihren Ursprung in den vier Flüssen des Garten Edens hätten. Für Kolumbus war die Suche nach dem irdischen Paradies keine Schimäre; der große Navigator schrieb seiner geographischen Entdeckung eine eschatologische Bedeutung zu. Die Neue Welt stellte mehr dar als einen neuen Kontinent, der der Verbreitung des Glaubens eröffnet wurde, die Tatsache seiner Entdeckung hatte eine eschatologische Bedeutung.

Kolumbus war davon überzeugt, daß die Prophezeiung von der Verbreitung des Evangeliums über die ganze Erde vor dem Ende der Welt – das nicht ferne sein konnte – erfüllt werden müsse. In seinem *Buch der Prophezeiungen* bestätigte Kolumbus, daß diesem Ereignis, nämlich dem Ende der Welt, die Eroberung des neuen Kontinents, die Bekehrung der Heiden und die Vernichtung des Antichrist vorausgehen werde. Und er nahm eine Hauptrolle in diesem zugleich historischen und kosmischen Drama für sich in Anspruch. In einer Ansprache an Prinz Juan rief er aus: »Gott hat mich zum Boten des neuen Himmels und der neuen Erde gemacht, von dem Er in der Apokalypse nach St. Johannes gesprochen hat, nachdem Er davon durch den Mund des Propheten Jesaja gesprochen hatte, und Er zeigte mir, wo sie zu finden wären[2].«

In dieser messianischen und apokalyptischen Atmosphäre fanden die transozeanischen Expeditionen und geographischen Entdeckungen statt, die Westeuropa erschütterten und verwandelten. In ganz Europa glaubten die Menschen an eine unmittelbar bevorstehende Regeneration der Welt, obwohl die Ursachen und Gründe für diese Regeneration vielfältig und oftmals widerspruchsvoll waren.

Die Kolonisierung der beiden Amerika begann unter einem eschatologischen Zeichen: Die Menschen glaubten, die Zeit wäre gekommen, die christliche Welt zu erneuern, und die wahre Erneuerung wäre die Rückkehr zum irdischen Paradies oder zumindest der Neubeginn der heiligen Geschichte, die Wiederholung der wunderbaren Ereignisse, von denen die Bibel erzählt. Aus diesem Grunde ist die Literatur dieser Periode ebenso wie die Predigten, Memoiren und Korrespondenzen voll von paradiesischen und eschatologischen Anspielungen. In den Augen der Engländer verlängerte und vervollkommnete die Kolonisierung Amerikas bloß eine heilige Geschichte, die mit dem Anfang der Reformation begonnen hatte. Der Drang der Pioniere gegen Westen setzte tatsächlich nur den triumphalen Marsch der Weisheit von Ost nach West fort. Seit einiger Zeit waren protestantische Theologen bereits geneigt gewesen, den Westen mit geistigem und moralischem Fortschritt gleichzusetzen. Einige Theologen hatten Abrahams Bundeslade an die

Engländer übertragen. Der anglikanische Theologe William Crashaw schrieb: »Der Gott Israels ist ... der Gott Englands.« Im Jahre 1583 behauptete Sir Humphrey Gilbert, wenn England »weite und angenehme Länder« in Besitz genommen habe, so zweifellos dank der Tatsache, daß das Wort Gottes, die Religion, die im Osten begonnen, nach und nach den Westen erreicht hätte, wo, wie er hinzufügte, »sie sehr wahrscheinlich enden würde«.

Sonnensymbolismus

Dies ist ein eher häufiges Motiv der englischen Literatur dieser Periode. Der Theologe Thomas Burnet schrieb in seiner *Archaeologiae* (1692): »Die Gelehrsamkeit, wie die Sonne, begann ihre Bahn im Osten und wandte sich dann nach Westen, wo wir uns seit langem ihres Lichtes erfreuen.« Und Bischof Berkeley macht in seinem berühmten Gedicht, das mit den Zeilen beginnt: »Nach Westen zieht die Bahn des Reiches ...«, von der Sonnenanalogie Gebrauch, um die geistige Funktion Englands aufzuwerten[3].

Berkeley schloß sich damit bloß einer europäischen Tradition an, die bereits mehr als zwei Jahrhunderte alt war. Der ägyptische Hermetismus und der solare Symbolismus, von Marsilio Ficino und den italienischen Humanisten erneuert, waren nach den Entdeckungen von Kopernikus und Galilei außerordentlich beliebt gewesen. Diese Entdeckungen illustrierten für die Zeitgenossen vor allem den Triumph der Sonne und des Heliozentrismus. Neueste Forschungen haben die religiösen Andeutungen enthüllt, die in der Astronomie und Kosmographie der Renaissance meist versteckt oder verschleiert waren. Für die Zeitgenossen von Kopernikus und Galilei war der Heliozentrismus mehr als eine wissenschaftliche Theorie: Er markierte den Sieg des Sonnensymbolismus über das Mittelalter, die Rache der hermetischen Tradition – die man als verehrungswürdig und uranfänglich betrachtete und von der man glaubte, daß sie Moses, Orpheus, Zoroaster, Pythagoras und Plato vorausging – über den Provinzialismus der mittelalterlichen Kirche.

Das Thema des Sonnensymbolismus in der Renaissance ist zu komplex, als daß man es hier betrachten könnte, aber dieser kurze Hinweis ist nötig, um zu verstehen, warum auf die solaren Analogien von jenen Autoren solcher Nachdruck gelegt wurde, die auch die religiöse Bedeutung der Kolonisierung der Neuen Welt herausstrichen. Die ersten englischen Kolonisten in Amerika betrachteten sich als von der Vorsehung auserwählt, eine »Stadt auf einem Berg« zu errichten, die ganz Europa als Beispiel für die wahre Reformation dienen sollte. Sie waren der Sonne gefolgt und setzten so in wunderbarer Weise den traditionellen Weg der Religion und Kultur von Ost nach West fort. Sie sahen es als ein Zeichen göttlicher Vorsehung an, daß Amerika den Europäern bis zur Zeit der Reformation verborgen geblieben war. Die ersten Siedler zweifelten nicht daran, daß mit ihnen der Schlußakt der moralischen Regeneration und allgemeinen Erlösung beginnen würde, da sie die ersten waren, die der Sonne auf ihrer Bahn zu den paradiesischen Gärten des Westens gefolgt waren. Darum schrieb der anglikanische Dichter George Herbert in *Church Militant:*

> *Religion stands tip-toe in our land*
> *Ready to pass to the American strand*[4].

Und dieser »amerikanische Strand« war voll von paradiesischen Eigenschaften. Ulrich Hugwald hatte prophezeit, daß die Menschheit nach der Entdeckung Amerikas »zu Christus, zur Natur und zum Paradies« zurückkehren werde.

Mehr als jede andere moderne Nation waren die Vereinigten Staaten das Produkt der protestantischen Reformation, die ein irdisches Paradies suchte, in dem die Reform der Kirche vervollkommnet werden würde[5]. Der Zusammenhang von Reformation und Wiedererlangung des irdischen Paradieses ist einer sehr großen Zahl von Autoren aufgefallen, von Heinrich Bullinger bis Charles Dumoulin. Für diese Theologen beschleunigte die Reformation das Kommen des großen Zeitalters der paradiesischen Seligkeit. Hervorzuheben ist, daß das Millennium-Thema seine größte Popularität unmittelbar vor der Kolonisierung Amerikas und der Revolution Cromwells hatte. Es ist daher nicht überraschend, daß die populärste religiöse Doktrin in den Kolonien besagte, Amerika sei unter allen Völkern für die zweite Herabkunft Christi auserwählt worden und das Millennium, obwohl essentiell geistiger Natur, würde von einer paradiesischen Verwandlung der Erde begleitet werden, als Zeichen der inneren Vollkommenheit. So schrieb der hervorragende Puritaner Increase Mather, Präsident der Harvard Universität von 1685 bis 1701: »Wenn dieses Königreich Christi die ganze Erde erfüllt hat, dann wird diese Erde zum paradiesischen Zustand zurückversetzt werden[6].«

Das amerikanische Paradies

Manche Siedler sahen zudem schon in verschiedenen Gebieten Amerikas das Paradies. Als John Smith 1614 an der Küste von Neu-England entlangreiste, verglich er sie mit Eden: »Himmel und Erde haben niemals besser zusammengewirkt, um einen Ort zur Ansiedlung von Menschen zu schaffen . . . wir sind glücklich in ein Land gekommen, so wie Gott es geschaffen hat.« George Alsop stellt Maryland als den einzigen Ort dar, der das »irdische Paradies« sein könnte. Seine Bäume, seine Pflanzen, seine Früchte, seine Blumen, schrieb er, sprechen in »Hieroglyphen von unserem adamitischen oder Urzustand«. Ein anderer Schreiber entdeckte das »zukünftige Eden« in Georgia – einem Gebiet, das auf demselben Breitengrad wie Palästina liegt: »Jenes verheißene Kanaan, das durch Gottes eigene Wahl gezeigt wurde, um die Mühen eines auserwählten Volkes zu segnen.« Für Edward Johnson war Massachusetts der Ort, »an dem der Herr einen neuen Himmel und eine neue Erde« schaffen wird. Gleichermaßen informierte der Puritaner John Cotton aus Boston jene, die sich von England nach Massachusetts einschifften, daß ihnen ein Privileg des Himmels zuteil werde, dank »dem großen Gnadenbrief, der dem Adam und seinen Nachkommen im Paradies gegeben worden« sei.

All dies reflektiert jedoch nur einen Aspekt des Millennium-Erlebnisses der ersten Siedler. Für viele neue Einwanderer stellte die Neue Welt eine Wüste dar, die von dämonischen Wesen bewohnt wurde. Dies minderte jedoch nicht ihre eschatologische Begeisterung, denn man sagte ihnen in den Predigten, daß das gegenwärtige Elend nur eine moralische und geistige Prüfung sei, ehe sie das irdische Paradies, das ihnen versprochen worden war, erreichen würden. Die Siedler glaubten, in der Situation der Israeliten nach der Überquerung des Roten Meeres zu sein, ebenso wie in ihren Augen ihr Dasein in England der ägyptischen Gefangenschaft vergleichbar gewesen war. Nach der schrecklichen Prüfung der Wüste würden sie Kanaan erreichen, wie Cotton Mather schrieb: »Die Wildnis, durch die wir zum Gelobten Land dringen, ist ganz mit feurigen fliegenden Schlangen erfüllt.«

Später wurde jedoch eine neue Idee geboren: Das Neue Jerusalem würde zum Teil durch Arbeit erzielt werden. Jonathan Edwards (1703–1758) glaubte, daß Neu-England durch Arbeit in eine Art »Paradies auf Erden« verwandelt werden würde. Man sieht also, wie die Millennium-Gläubigkeit der Siedler nach und nach in die Idee des Fortschritts mündet. Im ersten Stadium wurde eine Beziehung zwischen dem Paradies und den irdischen Möglichkeiten, die sich in der Neuen Welt zeigten, hergestellt. Während des nächsten Stadiums wurde die eschatologische Spannung vermindert, indem man die Zeit des Elends und der Dekadenz, die den »letzten Tagen« vorausgehen sollten, ausließ, und so kam man schließlich zur Idee einer fortschreitenden und ununterbrochenen Verbesserung.

Ehe sich aber die amerikanische Idee des Fortschritts herauskristallisierte, erlitt die Millennium-Gläubigkeit der Siedler andere Verwandlungen. Die erste bedeutsame Krise in dieser puritanischen Eschatologie wurde vom Kampf der europäischen Mächte um die Kolonien ausgelöst. Rom und die katholischen Völker wurden mit dem Antichrist identifiziert, von dessen Zerstörung das Kommen des zukünftigen Königreiches abhing.

Während eines bestimmten Zeitabschnitts wurde die

englische koloniale Literatur von einem einzigen Thema beherrscht: der Invasion Amerikas durch den Antichrist, der die Hoffnung auf den ruhmreichen Triumph Christi zu zerstören drohte. Für John Winthrop war es die erste Pflicht Neu-Englands, »einen Wall gegen das Königreich des Antichrist aufzubauen, das die Jesuiten eben in diesen Regionen errichten«. Andere Autoren bestätigten, daß die Neue Welt ein wahres Paradies gewesen sei, ehe die Katholiken ankamen.

Die Rivalität unter den europäischen Mächten um die Herrschaft in den transatlantischen Reichen war offensichtlich weitgehend wirtschaftlich bedingt, sie wurde aber durch eine fast manichäische Eschatologie verbittert: Alles schien auf einen Konflikt zwischen Gut und Böse reduziert. Koloniale Autoren sprachen von der Drohung, die die Franzosen und die Spanier für die englischen Kolonien darstellten, als von einer »neuen babylonischen Gefangenschaft« oder einer »ägyptischen Sklaverei«. Die Franzosen und die Spanier waren Tyrannen, Sklaven des Antichrist. Das katholische Europa wurde als eine gefallene Welt dargestellt, eine Hölle, im Vergleich zum Paradies der Neuen Welt. Man sagte »Himmel oder Europa« und meinte »Himmel oder Hölle«. Die Prüfungen der Siedler in der Wüste in Amerika hatten als Hauptziel die Errettung des Menschen von den fleischlichen Sünden der heidnischen Alten Welt.

Die Rückkehr zum Urchristentum

Solange sich der Kampf zwischen Gut und Böse in konkreten Formen abspielte – in den Augen der Kolonisten als Kampf zwischen Protestantismus und Katholizismus –, blieb England frei von Angriffen, aber nach 1640 zeichnete sich eine Spannung zwischen den Kolonisten und dem Mutterland ab. Für die Perfektionisten in den Kolonien war die englische Reformation unvollkommen. Schlimmer noch, die religiöse Praxis in England wurde als das Werk des Antichrist betrachtet. In der kolonialen apokalyptischen Bilderwelt begann England Rom zu ersetzen. Die unmittelbare Folge dieser Substitution war, daß die Kolonisten – als das auserwählte Volk – anfingen, ihre Mission in der Wüste nicht nur als die Fortsetzung einer traditionellen religiösen Tätigkeit, sondern als etwas vollkommen Neues zu betrachten. In der Hoffnung, weit entfernt von der europäischen Hölle neugeboren zu werden, glaubten die Kolonisten, daß sie daran wären, das Schlußstadium der Geschichte zu beginnen. John Eliot, der Apostel der Indianer, kündigte 1647 »den Tagesanbruch, wenn nicht den Sonnenaufgang des Evangeliums in Neu-England« an.

Eine solche Sprache zeigt einen vollkommenen Bruch mit der europäischen Vergangenheit an, und man muß sich klarmachen, daß dieser Bruch schon lange vor der amerikanischen Revolution und Unabhängigkeit vollzogen war. Neu-England betrachtete sich seit 1646 als freier Staat und nicht als »eine Kolonie oder ein Teil Englands«. Die Gründe dafür waren vorwiegend religiöser Art. Cotton Mather erwartete in Neu-England die Wiederkehr der frühen Tage der Christenheit. »Kurz gesagt«, schrieb er, »das erste Zeitalter war das Goldene Zeitalter. Um zu ihm zurückzukehren muß ein Mann ein Protestant und, wie ich hinzufügen möchte, ein Puritaner sein.« Diese Rückkehr zum Goldenen Zeitalter des Christentums würde eine Verwandlung der Erde mit sich bringen. Increase Mather erklärte, »die Wiederherstellung der Urkirche würde die Erde in ein Paradies verwandeln«.

Der Bruch mit England und der europäischen Vergangenheit wurde noch durch die Intensität betont, mit der sich die Siedler auf das Millennium vorbereiteten, indem sie zu den Tugenden der Urkirche zurückkehrten. Für die Puritaner war die erste christliche Tugend die Einfachheit – Intelligenz, Kultur, Gelehrsamkeit, gute Sitten, Luxus waren Schöpfungen des Teufels. John Cotton schrieb: »Je kultivierter und intelligenter du bist, um so mehr bist du bereit, für Satan zu arbeiten.« Der Überlegenheitskomplex der Siedler und der Missionare begann sich bereits zu bilden. Die Rückkehr zum Urchristentum, die das Paradies auf Erden wiederherstellen sollte, brachte die Verachtung für die Gelehrsamkeit der

Jesuiten ebenso wie die Kritik an der englischen Aristokratie mit sich – die kultiviert, elegant, geschmeidig und an Macht und Autorität gewöhnt war. Extravaganz oder Luxus in der Kleidung wurde zur schwersten Sünde des »gentleman«. In seinem Buch *Simple Cobbler of Aggawam* (1647) setzte Nathanael Ward das einfache Leben und die moralische Überlegenheit der Kolonisten zu den korrupten Sitten Englands in Kontrast und zog diese zum Zeugen für den Fortschritt zum paradiesischen Stand der Urkirche heran.

Mit ihrer Unterlegenheit in Kleidung und Kultur proklamierten die Kolonisten ihre moralische Überlegenheit über die Engländer. Nach Charles L. Sanford muß der Ursprung des amerikanischen Überlegenheitskomplexes – der sich in der Außenpolitik ebenso wie in dem enthusiastischen Streben zeigt, den »American way of life« über den ganzen Planeten zu verbreiten – in der Tätigkeit der Siedlermissionare gesucht werden. Ein religiöser Symbolismus stand an der Grenze zum Wilden Westen in Blüte, der bis weit ins 19. Jahrhundert die Eschatologie der ersten Siedler fortsetzte. Die ungeheuren Wälder, die Einsamkeit der unendlichen Ebenen, die Seligkeit des ländlichen Lebens werden im Kontrast zu den Sünden und Lastern der Stadt gesehen. Eine neue Idee entsteht: Das amerikanische Paradies ist von dämonischen Kräften, die aus dem verstädterten Europa kommen, infiziert worden. Die Kritik an der Aristokratie, dem Luxus und der Kultur geht nun unter in der Kritik an den Städten und dem Stadtleben. Die großen Erweckungsbewegungen begannen im Westen und erreichten die Städte erst später. Und auch in den Städten war die Erweckungsbewegung populärer unter den Armen als unter der reichen und gebildeten Bevölkerung. Die Grundidee war, daß der Niedergang der Religion durch städtische Laster, besonders durch Trunkenheit und Luxus, verursacht worden sei, wie man sie der Aristokratie europäischer Herkunft zuschrieb. Denn die Hölle war offensichtlich – und blieb es für lange Zeit – »der Weg Europas«.

Die religiösen Ursprünge des »American Way of Life«

Wie bereits erwähnt, wurde die eschatologische Millennium-Bewegung und die Erwartung des irdischen Paradieses am Ende einer radikalen Säkularisation unterworfen. Der Mythos vom Fortschritt und der Kult des Neuen und der Jugend waren die bemerkenswertesten Folgen, man entdeckt jedoch auch in der drastisch säkularisierten Form die religiöse Begeisterung und die eschatologischen Erwartungen, die die Vorfahren inspirierten. Denn sowohl die ersten Kolonisten als auch die späteren europäischen Einwanderer reisten nach Amerika als dem Land, in dem sie neugeboren werden, ein neues Leben beginnen würden. Das Neue, das die Amerikaner auch heute noch fasziniert, ist eine Sehnsucht mit religiösem Untergrund. Im Neuen hofft man auf eine »re-naissance«, man sucht ein neues Leben.

Neu-England, Neu-York, Neu-Haven – alle diese Namen drücken nicht nur Heimweh nach dem verlassenen Vaterland aus, sondern vor allem die Hoffnung, daß in diesen neuen Ländern und in diesen neuen Städten das Leben neue Dimensionen bieten würde. Und nicht nur das Leben: Alles in diesem Kontinent, den man als ein irdisches Paradies betrachtete, mußte größer, schöner, stärker sein. In Neu-England, das als dem Garten Eden gleich beschrieben wurde, waren angeblich die Rebhühner so groß, daß sie nicht mehr fliegen konnten, und die Truthühner so fett wie Lämmer. Diese amerikanische Vorliebe für das Grandiose, die ebenfalls religiösen Ursprung hat, wird auch von den hellsten Köpfen geteilt.

Die Hoffnung auf ein neues Leben – und die Erwartung einer Zukunft, die nicht nur besser, sondern selig ist – kann auch im amerikanischen Kult der Jugend gesehen werden. Nach Charles L. Sanford haben die Amerikaner seit der Epoche der Industrialisierung ihre Unschuld mehr und mehr in ihren Kindern gesucht. Derselbe Autor glaubt, daß die Begeisterung für neue Dinge, die den Siedlern in den Wilden Westen folgte, den Individualismus gegenüber der Autorität bestärkte, aber auch zur amerikanischen Mißachtung von Geschichte und Tradition beigetragen habe.

Damit will ich diese kurzen Betrachtungen über die Metamorphose der Millennium-Eschatologie der ersten Siedler beenden. Ich habe gezeigt, wie die ersten Entdecker, als sie auf der Suche nach dem irdischen Paradies über den Ozean aufbrachen, sich bewußt waren, daß sie eine gewichtige Rolle in der Geschichte der Erlösung spielten; wie Amerika, nachdem es mit dem irdischen Paradies identifiziert worden war, zum privilegierten Ort wurde, an dem die Puritaner die Reformation vervollkommneten, von der man annahm, daß sie in Europa verfehlt worden sei; wie die Einwanderer glaubten, sie wären der Hölle Europas entkommen, und wie sie sich in der Neuen Welt ein Neugeborenwerden erhofften. Gleichermaßen habe ich gezeigt, bis zu welchem Ausmaß das moderne Amerika das Resultat dieser messianischen Hoffnungen ist, dieses Vertrauens, das Paradies hier auf der Erde zu erreichen, dieses Glaubens an die Jugend und an die Einfachheit von Geist und Seele.

Man könnte die Analyse fortsetzen und zeigen, wie der langdauernde Widerstand der amerikanischen Eliten gegen die Industrialisierung des Landes und ihre Begeisterung für die Tugenden des Ackerbaues mit eben dieser Sehnsucht nach dem irdischen Paradies erklärt werden kann. Sogar als die Industrialisierung und die Urbanisierung überall triumphiert hatten, behielten die Lieblingsbilder und Klischees, die die ersten Siedler verwendet hatten, ihr Prestige. Um zu beweisen, daß Urbanisierung und Industrialisierung nicht notwendigerweise (wie in Europa) Laster, Armut und die Auflösung der Sitten mit sich bringen, vervielfältigten die Fabriksbesitzer ihre philanthropischen Tätigkeiten, erbauten Kirchen, Schulen und Spitäler. Es mußte um jeden Preis klargemacht werden, daß Wissenschaft, Technik und Industrie weit entfernt davon waren, die geistigen und religiösen Werte zu bedrohen, sondern vielmehr deren Triumph garantierten. Ein Buch, das 1842 erschien, trug den Titel *The Paradise Within the Reach of All Men, by Power of Nature and Machinery.* Man könnte auch die Sehnsucht nach dem

Paradies, das Verlangen, die »Natur« ihrer Vorfahren wiederzufinden, in der heutigen Tendenz entdecken, die Metropolen zu verlassen und Zuflucht in *suburbia* zu finden – in luxuriösen und friedlichen Nachbarschaften, die mit größter Sorgfalt in paradiesischen Landschaften angelegt sind.

Hier soll aber keine Analyse der Metamorphose des amerikanischen Millennium-Ideals gegeben werden. Was jedoch, wie es bereits andere Autoren getan haben, betont werden muß, ist, daß die Gewißheit der eschatologischen Mission, noch einmal die Vollkommenheit der Urchristenheit zu erreichen und das Paradies auf Erden wiederherzustellen, kaum leicht in Vergessenheit geraten wird. Es ist sehr wahrscheinlich, daß das Verhalten des durchschnittlichen Amerikaners von heute, sowie die politische und kulturelle Ideologie der Vereinigten Staaten, noch immer die Folgen der puritanischen Gewißheit reflektieren, zur Wiederherstellung des irdischen Paradieses aufgerufen zu sein.

Die Adamitischen Sehnsüchte der amerikanischen Schriftsteller

Eine ähnliche Eschatologie kann man in der sogenannten Revolte gegen die historische Vergangenheit entdecken, einer Revolte, die von beinahe allen bedeutenden amerikanischen Schriftstellern der ersten zwei Drittel des 19. Jahrhunderts beleuchtet wird. Die paradiesischen Elemente – wenigstens jene judäo-christlichen Ursprungs – sind nun mehr oder minder unterdrückt, aber man findet die Sehnsucht nach einem neuen Anfang und die Begeisterung dafür und für eine »adamitische« Unschuld, eine selige Vollkommenheit, die der Geschichte vorausgeht. In seinem Buch *The American Adam* (1955) hat R. W. B. Lewis eine große Zahl illustrativer Zitate gesammelt, die eine überreiche Auswahl bieten. In *Earth's Holocaust*, einer Phantasie aus dem Jahre 1844, präsentiert Nathanael Hawthorne die Vision eines kosmischen Feuers, das die Wappen der alten aristokratischen Familien, die

Gewänder und Zepter der Könige sowie andere Symbole alter Institutionen und schließlich die Gesamtheit der europäischen Literatur und Philosophie zerstört. »Jetzt«, erklärt der zelebrierende Priester, »werden wir das Gewicht der Gedanken toter Menschen loswerden[7].« Und im *House of the Seven Gables* (1850) ruft ein gewisser Holgrave aus: »Werden wir denn niemals, niemals diese Vergangenheit loswerden? Sie liegt auf der Gegenwart wie der Körper eines toten Riesen!« Er beklagt sich, »daß wir in den Büchern toter Menschen lesen, über die Witze toter Menschen lachen und über die Trauer toter Menschen weinen!« Hawthorne bedauert durch sein Sprachrohr Holgrave, daß die öffentlichen Gebäude – »unsere Hauptstädte, Regierungssitze, Gerichtsgebäude, Rathäuser und Kirchen aus solchen dauerhaften Materialien wie Steinen und Ziegeln« gebaut sind. »Es wäre besser, sie zerfielen einmal alle zwanzig Jahre oder so als Hinweis für das Volk, die Institutionen, die sie symbolisieren, zu prüfen und zu reformieren.«

Man findet die gleiche zornige Abweisung der historischen Vergangenheit bei Thoreau. Alle Objekte, Werte und Symbole, die mit der Vergangenheit verbunden sind, sollten verbrannt werden. »Ich betrachte England heute«, schreibt Thoreau, »als einen alten Herrn, der mit viel Gepäck reist, Plunder, der sich in vielen Jahren angesammelt hat und den er nicht den Mut hat, zu verbrennen.« Lewis zeigt, wie hartnäckig die Vorstellung von einem amerikanischen Adam war, wie tief der Glaube, daß die Menschheit in Amerika die einzigartige Chance habe, die Geschichte neu zu beginnen.

Die adamitische Sehnsucht lebt auch in verborgener Form in vielen Autoren dieser Periode weiter. Thoreau illustriert in bewundernswerter Weise, was ein »adamitisches Leben« bedeuten kann. Er betrachtete sein Morgenbad im Teich als »eine religiöse Übung, und eine der besten Sachen, die ich gemacht habe«. Es war für ihn ein Ritus der Wiedergeburt. Thoreaus Liebe zu Kindern hat ebenfalls »adamitischen« Charakter: »Jedes Kind fängt die Welt neu an« schreibt er, vielleicht ohne zu wissen, welch große Entdeckung er gemacht hatte.

Eine solche Sehnsucht nach dem »Adamitischen«, nach dem Ursprünglichen, spiegelt einen »archaischen« Mentalitätstyp wider, der der Geschichte widersteht und sich für die »Heiligkeit« von Leben und Körper begeistert. Whitman, der sich »Sänger adamitischer Gesänge« nennt, erklärt, daß der Geruch seines Körpers »feiner als Gebete« und sein Kopf »mehr als Kirchen, Bibeln und Glaubenswahrheiten« sei. Lewis erkennt scharfsinnig einen »adamitischen Narzißmus« in solchen fast ekstatischen Proklamationen. »Wenn ich ein Ding über alle anderen schätze, dann ist es mein eigener Körper«; oder: »Göttlich bin ich, innen und außen, und was ich auch berühre, ich mache mich heilig« – ekstatische Ausrufe, die einen an manche tantrische Texte erinnern. Lewis entdeckt in Whitman auch das paradigmatische Motiv – die Vergangenheit ist tot, sie ist eine Leiche – aber in Whitmans Augen war die Vergangenheit so vollkommen ausgebrannt worden, daß sie praktisch vergessen war. Für Whitman und seine Zeitgenossen gab es eine allgemeine Hoffnung, daß der Mensch in einer neuen Gesellschaft neugeboren werde, daß, wie Lewis sagt, »das Rennen in Amerika neu gestartet werde«. Whitman drückt mit Kraft und Glanz seine zeitgenössische Besessenheit vom Ursprünglichen, vom absoluten Anfang aus. Er genoß es, Homer zu zitieren, während er am Meer entlang wandelte, weil Homer zum Uranfang gehörte; er war nicht ein Produkt der Geschichte – er hatte die europäische Dichtkunst gegründet.

Eine Reaktion auf diese neue Version des Paradiesmythos mußte jedoch kommen. Der alte Henry James, der Vater von William und Henry, erklärte kühn: »Der erste und beste Dienst, den Eva Adam leistete, war, daß sie ihn aus dem Paradies hinauswarf.« In anderen Worten, erst nachdem er das Paradies verloren hatte, begann der Mensch er selbst zu werden: offen für die Kultur, der Verbesserung fähig, die der menschlichen Existenz, dem Leben und der Welt Sinn und Wert gab. Aber die Geschichte dieser Entmythologisierung der amerikanischen paradiesischen und adamitischen Sehnsucht würde zu weit vom Thema dieser Diskussion wegführen.

Die Guarani auf der Suche nach dem verlorenen Paradies

Im Jahre 1912 traf der brasilianische Ethnologe Curt Nimuendaju an der Küste, in der Nähe von São Paulo, auf eine Gruppe von Guarani-Indianern, die dort auf der Suche nach dem verlorenen Paradies angehalten hatten.

»Sie tanzten unermüdlich mehrere Tage lang, in der Hoffnung, daß ihre Körper durch die fortgesetzte Bewegung leicht werden und zum Himmel fortfliegen würden können, dem Heim ›unserer Großmutter‹, die ihre Kinder im Osten erwartet. Enttäuscht, aber mit ungebrochenem Glauben kehrten sie dann zurück und waren überzeugt, daß sie, mit europäischen Kleidern versehen und mit europäischem Essen ernährt, zu schwer für das himmlische Abenteuer geworden wären[8].«

Diese Suche nach dem verlorenen Paradies war die letzte in einer Reihe von Wanderungen, die die Guarani seit vielen Jahrhunderten unternommen hatten. Der erste Versuch, das »Gelobte Land« zu finden, geht auf das Jahr 1515 zurück[9]. Besonders von 1539 bis 1549 fand eine große Wanderung der Tupinamba-Gruppe zum Land der »Großen Ahnen« statt. Sie brachen in der Gegend von Pernambuco auf, schreibt Alfred Métraux, und kamen in Peru an, »wo sie auf spanische Konquistadores trafen. Diese Indianer hatten auf der Suche nach dem ›Land Unsterblichkeit und ewigen Ruhe‹ den ganzen südamerikanischen Kontinent an seiner breitesten Stelle durchquert. Den Spaniern erzählten sie seltsame Geschichten von halbimaginären, mit Gold gefüllten Städten. Und ihre Geschichten, die vermutlich von ihren persönlichen Träumen gefärbt waren, erregten die Einbildung der Spanier und bestimmten weitgehend die unglückliche Expedition des Pedro de Ursua, des angeblichen Eroberers von Eldorado. Die Spanier und die Indianer jagten derselben Schimäre nach; der Hauptunterschied war, daß die Indianer eine ewige Glückseligkeit anstrebten, während die Spanier mit großen Leiden die Mittel für ein vorübergehendes Glück zu erlangen suchten.«

Nimuendaju trug eine reiche Dokumentation über diese sagenhaften Pilgerfahrten der Guaranistämme, die das »Land ohne Übel« suchten, zusammen. Alfred Métraux und Egon Schaden sammelten später mehr und eingehendere Informationen[10]. Diese kollektive Suche nach dem Paradies dauerte mehr als vier Jahrhunderte und kann zweifelsohne unter die einzigartigen religiösen Phänomene der Neuen Welt gerechnet werden. Tatsächlich dauern die Bewegungen, die Nimuendaju 1912 beschrieb, noch heute an, aber nur ein einziger Guaranistamm, die Mbüá, sucht das Paradies noch immer im Osten, die anderen Stämme glauben, daß es im Mittelpunkt der Erde oder im Zenit zu finden sei.

Später wird noch Gelegenheit sein, zu den verschiedenen Ortsbestimmungen und Topographieangaben dieses Paradieses zurückzukehren. Für jetzt will ich ein Charakteristikum der Religion aller Tupi-Guarani-Stämme auswählen: die beachtliche Rolle, die Schamanen und Propheten spielen. Sie waren es, die nach bestimmten Träumen und Visionen die Expeditionen nach dem Land-ohne-Übel in Bewegung setzten und führten. Auch in jenen Stämmen, die nicht von der Sehnsucht nach dem Paradies verzehrt wurden, gelang es den Schamanen, die ganze Bevölkerung aufzustören, indem sie bestimmte typische paradiesische Bilder bei der Erzählung ihrer Träume und Ekstasen verwendeten. Ein Jesuit des 17. Jahrhunderts schrieb über die Tupinamba:

»Die Schamanen überreden die Indianer, nicht zu arbeiten, nicht auf die Felder zu gehen, und versprechen ihnen, daß die Ernten von allein wachsen werden, daß es nicht zuwenig, sondern viel Nahrung in ihren Hütten geben wird, daß die Spaten den Boden allein umgraben, die Pfeile sich ihre Besitzer suchen und viele Feinde fangen werden. Sie sagen voraus, daß die Alten wieder jung werden.«

Man erkennt hier das paradiesische Syndrom des Goldenen Zeitalters. Um sein Kommen zu beschleunigen, wiesen die Indianer alle profane Tätigkeit zurück und tanzten Tag und Nacht, von ihren Propheten angefeuert. Tanzen ist das beste Mittel, um in Ekstase zu geraten oder um wenigstens näher an die Gottheit heranzukommen.

Mehr als andere archaische Völker waren die Tupi-Guarani begierig danach, Offenbarungen übernatürlicher Wesen mittels der Träume der Schamanen zu erlangen. Mehr als die benachbarten Stämme taten sie ihr Möglichstes, um ständigen Kontakt mit der übernatürlichen Welt zu halten, damit sie rechtzeitig die für die Erreichung des Paradieses unumgänglich nötigen Informationen erhielten. Woher kommt diese einzigartige religiöse Sensitivität – diese Besessenheit vom Paradies, diese Angst, die göttlichen Botschaften nicht rechtzeitig zu verstehen und daher Gefahr zu laufen, in der unmittelbar bevorstehenden kosmischen Katastrophe unterzugehen?

Das Ende der Welt

Die Antwort auf diese Fragen kann im Mythos gefunden werden. In der Mythologie aller Guarani-Stämme, die noch in Brasilien übriggeblieben sind, gibt es die Überlieferung, daß ein Feuer oder eine Flut eine frühere Welt zerstört habe – und daß die Katastrophe sich in der näheren oder ferneren Zukunft wiederholen werde. Der Glaube an eine zukünftige Katastrophe kommt jedoch unter den anderen Tupi-Gruppen selten vor[11]. Sollte man dies als Einfluß des Christentums betrachten? Nicht unbedingt, da ähnliche Ideen für viele andere archaische Völker bezeugt sind. Und, was noch wichtiger ist, in manchen Fällen ist es schwer zu sagen, ob die kosmische Katastrophe in der Vergangenheit stattgefunden hat und ob sie auch in der Zukunft wiederholt werden wird, und zwar weil die Grammatik der betreffenden Sprachen keinen Unterschied zwischen Vergangenheit und Zukunft macht. Ich muß schließlich auf einen Tukuma-Mythos hinweisen, in der die zukünftige Katastrophe das Werk des Kulturheros Dyoí ist. Durch die Änderungen in den Stammestraditionen als Resultat der Kontakte mit den weißen Christen ist er angeblich beleidigt worden. Diesen Glauben kann man zum Teil mit jenem der Guarani vergleichen. Man kann sich allerdings kaum vorstellen, daß ein Mythos, der wegen der kulturellen Einflüsse der Weißen das unmittelbar bevorstehende Weltende ankündigt, auf christliche Ursprünge zurückgehen sollte.

Wie dem immer sei, das Ende der Welt stellen sich die einzelnen Guarani-Stämme unterschiedlich vor. Die Mbüá erwarten eine drohende Flut oder ein Feuer kosmischen Ausmaßes oder eine unendliche Finsternis über der Erde. Den Nandeva zufolge wird die Katastrophe durch eine Explosion der Erde hervorgerufen, wobei man sich die letztere als eine Scheibe vorstellt. Die Kaiová schließlich stellen sich vor, daß das Weltende durch Ungeheuer hervorgerufen wird – fliegende Pferde und Affen mit flammenden Pfeilen. Es ist wichtig hervorzuheben, daß die Beschreibung und die Suche nach dem Paradies in unmittelbarem Zusammenhang mit der Angst vor der herannahenden Katastrophe stehen. Die Wanderungen wurden durch das Verlangen und die Hoffnung ausgelöst, das Land-ohne-Übel vor der Apokalypse zu erreichen. Auch die Namen, die die einzelnen Guarani-Stämme dem Paradies geben, lassen erkennen, daß dieses der einzige Platz ist, an dem man vor der allgemeinen Zerstörung sicher sein wird. Die Nandeva nennen es *yvý-nomi-mybré*, »das Land, wo man sich versteckt«, der Ort, wo man während des Kataklysmus Zuflucht findet. Das Paradies wird auch *yvý-mará-ey*, das »Land-ohne-Übel«, oder einfach *yváy*, »Himmel«, genannt. Das Paradies ist der Ort, wo man sich nicht fürchtet – und seine Einwohner kennen weder Hunger noch Krankheit noch Tod.

Bevor ich mich der Struktur des Paradieses und den Mitteln, es zu erreichen, zuwende, möchte ich zuerst die Gründe betrachten, die nach Ansicht der Guarani unweigerlich zum Weltende führen. Im Gegensatz zu einem weitverbreiteten Glauben, dem auch Judentum und Christentum anhängen, ist das Weltende nicht das Resultat der Sünden der Menschheit. Für die Guarani sind Menschheit und Erde müde und suchen nach Ruhe. Nimuendaju glaubt, daß die Ideen der Apapocuva über die Vernichtung der Welt das Produkt des »indianischen Pessimismus« sind. Ein Indianer sagte zu ihm: »Heute ist die Erde alt, unser Volk will sich nicht mehr vermehren. Wir werden die Toten wiedersehen, Dunkelheit wird einfallen, die Fledermäuse werden uns berühren, und wir alle, die wir noch auf der Erde sind, werden unser Ende finden.« Die Idee ist die einer kosmischen Ermüdung, einer allgemeinen Erschöpfung. Nimuendaju berichtet auch von den ekstatischen Erfahrungen eines Schamanen: In einem Augenblick der Ekstase in Gegenwart des höchsten Gottes, Nanderuvuvu, hatte er gehört, wie die Erde den Herrn bat, seiner Schöpfung ein Ende zu setzen. »Ich bin erschöpft«, seufzte die Erde, »ich bin überfüllt mit den Kadavern, die ich verschlungen habe. Laß mich ruhen, Vater.« Die Gewässer flehten den Schöpfer ebenfalls an, ihnen Ruhe zu gewähren und die Bäume . . . und so die ganze Natur.

Selten findet man in der ethnographischen Literatur einen so bewegenden Ausdruck der kosmischen Ermüdung und der Sehnsucht nach dem Ende. Es ist nun richtig, daß die Indianer, die Nimuendaju 1912 antraf, nach drei- oder vierhundert Jahren des Umherziehens und fortwährenden Tanzes auf der Suche nach dem Paradies erschöpft waren, aber er glaubt, daß der Begriff des Weltendes eingeboren ist und nicht auf christliche Einflüsse zurückgeführt werden kann. Er betrachtet den Pessimismus der Guarani als eine Folge der portugiesischen Eroberung – vor allem des Terrors, den die Sklavenjäger ausübten. Einige Gelehrte haben die Interpretationen Nimuendajus in Frage gestellt. Man könnte sich fragen, ob das, was er den »indianischen Pessimismus« nennt, seine Wurzeln vielleicht in dem unter primitiven Völkern weitverbreiteten Glauben hat, den man kurz so zusammenfassen könnte: Die Welt degeneriert einfach dadurch, daß sie existiert, sie muß periodisch regeneriert, neugeschaffen werden. Das Weltende ist daher nötig, damit eine neue Schöpfung vor sich gehen kann.

Es ist wahrscheinlich, daß die Apapocuva-Guarani diesen Glauben bereits vor der portugiesischen Eroberung und der christlichen Mission besaßen. Der Schock der Eroberung muß das Verlangen, einer Welt des Elends und des Leidens zu entfliehen, sicherlich verstärkt und vertieft haben – aber der

Schock der portugiesischen Eroberung hat dieses Verlangen nicht geschaffen. Wie viele andere archaische Völker sehnten sich die Guarani danach, in einem reinen, frischen, reichen und gesegneten Kosmos zu leben. Das Paradies, das sie suchten, ist die in ihrer uranfänglichen Schönheit und Herrlichkeit wiederhergestellte Welt. Das »Land-ohne-Übel« oder das Haus der Nande (»unserer Großmutter«) existiert hier auf der Erde: Es liegt auf der anderen Seite des Meeres oder im Mittelpunkt der Erde. Es ist schwierig zu erreichen, aber es liegt in dieser Welt. Obwohl es in einem gewissen Maß übernatürlich scheint – da es paradiesische Dimensionen aufweist, zum Beispiel die Unsterblichkeit –, gehört es doch nicht zum Jenseits. Man kann nicht einmal sagen, daß es unsichtbar ist, es ist nur sehr gut verborgen. Man erreicht es nicht – oder, besser, nicht nur – im Geist und mit der Seele, sondern in Fleisch und Blut. Die in der Suche nach dem Paradies unternommenen kollektiven Wanderungen hatten eben dieses Ziel: das »Land-ohne-Übel« vor der Zerstörung der Welt zu erreichen, sich im Paradies niederzulassen und sich eines seligen Daseins zu erfreuen, während der erschöpfte und nicht wiedergeborene Kosmos auf sein gewaltsames Ende wartet.

Das »Land-ohne-Übel«

Das Paradies der Guarani ist daher eine Welt, die zugleich wirklich und verwandelt ist, wo das Leben nach demselben vertrauten Modell weitergeht, aber außerhalb von Zeit und Geschichte, ohne Elend und Krankheit, ohne Sünden und Ungerechtigkeit und ohne Altern. Dieses Paradies ist kein »geistiges« Reich: Wenn man heute, wie einige Stämme glauben, nur nach dem Tode, als »Geist«, hingelangen kann, so gelangten die Menschen früher *in concreto* hin. Das Paradies hat daher einen paradoxen Charakter: Einerseits bildet es den Gegensatz zu dieser Welt – Reinheit, Freiheit, Seligkeit, Unsterblichkeit und ähnliches. Anderseits ist es konkret, nicht »geistig«, in diese Welt eingeschlossen, da es geographische Wirklichkeit und Identität besitzt. In anderen

Worten, das Paradies ist für die Tupi-Guarani die vollkommene und reine Welt des »Anfangs«, wie sie gerade vom Schöpfer vollendet worden war und als die Ahnen der jetzigen Stämme unter den Göttern und Heroen lebten. Der ursprüngliche Mythos vom Paradies sprach nur von einer Art Insel der Seligen in der Mitte des Ozeans, auf der der Tod unbekannt war und die man mit Hilfe eines Seiles oder auf ähnliche Weise erreichte. (Dazu sei kurz vermerkt, daß das Bild eines Seiles, einer Liane oder von Stufen häufig verwendet wird, um den Übergang von einer Seinsebene zur anderen darzustellen – von der profanen zur heiligen Welt.) Am Anfang suchte man die sagenhafte Insel, um durch eine geistige Vereinigung mit den Göttern die Unsterblichkeit zu erlangen, man suchte sie nicht als Zuflucht vor der drohenden kosmischen Katastrophe. Die apokalyptische Umwandlung des Paradiesmythos fand später statt, vielleicht unter dem Einfluß der Jesuiten[12] oder einfach, weil die Guarani wie so viele andere primitive Völker fanden, die Welt sei zu alt geworden und müsse zerstört und neu erschaffen werden.

Der Grundbegriff der Religion der Guarani – von dem die Gewißheit, man könne das Paradies *in concreto* erreichen, abgeleitet wird – wird in dem Ausdruck *aguydjé* zusammengefaßt. Man kann dies als »höchste Seligkeit«, »Volkommenheit« und »Sieg« übersetzen. Für die Guarani bedeutet *aguydjé* das Ziel und Ende alles menschlichen Strebens. *Aguydjé* zu erreichen, heißt konkret, paradiesische Seligkeit in einer übernatürlichen Welt kennenzulernen, diese Welt ist aber vor dem Tod erreichbar, und zwar für jedes Stammesmitglied, vorausgesetzt, daß es sich den traditionellen Moral- und Religionsvorschriften unterwirft.

Dank der neuesten Arbeiten von Schaden gibt es nun genaue Informationen über die Vorstellungen des Paradieses bei den verschiedenen Guarani-Stämmen. Die Nandeva haben zum Beispiel zwei unterschiedliche Begriffe: Einer ist jenen Nandeva eigentümlich, die ihre Wanderungen vor langer Zeit begonnen und das Land-ohne-Übel nicht erreicht haben; der andere herrscht ausschließlich bei den Nandeva, die solche Wanderungen nicht unternommen haben. Jene, die das Paradies gesucht haben, ohne es zu finden – und ihre Wanderungen vor etwa zehn Jahren beendeten, als sie die Küste erreichten –, glauben nicht mehr, daß das Paradies auf der anderen Seite des Meeres liegt. Sie versetzen es in den Zenit und glauben, daß es nicht vor dem Tod erreicht werden kann.

Die anderen Nandeva-Völker, die die Wanderung bis zum Meer nicht unternommen haben, glauben, daß die Welt zur Zerstörung durch das Feuer verdammt ist, daß aber die Katastrophe nicht unmittelbar bevorsteht. Der Zufluchtsort ist das Paradies, das man sich als eine Art Insel der Seligen in der Mitte des Ozeans vorstellt. Vorausgesetzt, daß der Mensch bestimmte Rituale, vor allem Tänze und Lieder einhält, kann er die Insel in seinem Körper erreichen, vor dem Sterben. Man muß aber den Weg wissen – und dieses Wissen ist heute fast vollständig verlorengegangen. In alten Zeiten konnte man den Weg finden, weil die Menschen Vertrauen zu Nanderykey, dem Kulturheros, hatten: Er kam, um die Menschen zu treffen und sie auf die paradiesische Insel zu führen. Heute kann man das Paradies nur noch »im Geiste« erreichen, nach dem Tod.

Nach dem, was ein Schamane *(nanderu)* Egon Schaden erzählte, gleicht die paradiesische Insel »mehr dem Himmel als der Erde«. In der Mitte liegt ein großer See, und in der Mitte des Sees steht ein hohes Kreuz. (Das Kreuz stellt sehr wahrscheinlich einen christlichen Einfluß dar – aber die Insel und der See gehören zur Mythologie der Eingeborenen.) Die Insel ist reich an Früchten, die Einwohner arbeiten nicht, sie verbringen tanzend ihre Zeit und sterben nie. Die Insel ist nicht das Land der Toten, die Seelen der Toten kommen wohl dort an, sie lassen sich aber nicht nieder, sondern setzen ihre Reise fort. In alten Zeiten war es einfach, die Insel zu erreichen. Nach einem anderen Gewährsmann Schadens wich das Meer vor jenen, die den Glauben hatten, zurück und bildete eine Brücke, über die sie gehen konnten. Niemand starb auf der Insel, sie war wirklich ein »heiliges Land«.

Noch interessanter ist die Schilderung des Paradieses bei den Mbüá, dem einzigen Guarani-Stamm, der heute noch auf der Suche nach dem »Land-ohne-Übel« zur Küste schaut. Der Paradiesmythos spielt bei ihnen die größte Rolle, was bedeutungsvoll vor allem deswegen erscheint, weil die Mbüá niemals unter den Einfluß der Jesuitenmission geraten sind. Die Mbüá betrachten das Paradies nicht als sichere Zuflucht vor der kommenden Katastrophe, es ist ein sagenhafter Garten, reich an Früchten und Wild, in dem die Menschen ihr irdisches Leben fortsetzen. Durch ein gerechtes und frommes Leben im Einklang mit den traditionellen Vorschriften erlangt man das Paradies.

Der »Weg« zu den Göttern

In der dritten Guarani-Gruppe, den Kaiová, die vor wenigen Jahrzehnten noch zum Atlantik wanderten, gibt es eine Besonderheit: Die Bedeutung des Paradieses wächst in Krisenzeiten. Dann tanzen die Kaiová Tag und Nacht ohne Aufhören, um die Zerstörung der Welt zu beschleunigen und um eine Offenbarung des Weges zu erlangen, der zum »Land-ohne-Übel« führt. Tanz, Offenbarung, Weg zum Paradies – diese drei religiösen Bereiche gehören zusammen und sind außerdem für alle Guarani-Stämme, nicht nur für die Kaiová, charakteristisch. Das Bild und der Mythos des »Weges« – der Übergang von dieser zur heiligen Welt – spielen eine große Rolle. Der Schamane ist ein Kenner des »Weges«, er empfängt die übernatürlichen Weisungen, die es ihm ermöglichen, den Stamm auf seinen vielfältigen Wanderungen zu führen. Im Stammesmythos der Nandeva hatte die Urmutter den Weg zugedeckt, als sie zur Suche nach dem Vater der Zwillinge aufbrach. Während des Gebetes oder nach dem Tode folgt die Seele, wenn sie die himmlischen Regionen durchkreuzt, demselben geheimnisvollen und widersprüchlichen »Weg«, denn er ist sowohl natürlich als übernatürlich.

Als Egon Schaden die Kaiová bat, diesen täuschenden »Weg« darzulegen, zeichneten sie den Weg, den der Schamane bei seinen häufigen Reisen zum Himmel genommen hatte. Alle Guarani-Völker sprechen von sich als *tapédja*, »Völker der Pilger und Reisenden«. Die nächtlichen Tänze werden von Gebeten begleitet, und alle diese Gebete sind nichts anderes als »Wege«, die zu den Göttern führen. »Ohne einen Weg«, vertraute einer der Indianer Schaden an, »kann man den Ort, den man ersehnt, nicht erreichen.« Für die Kaiová symbolisiert der »Weg« zur Welt der Götter ihr ganzes religiöses Leben. Der Mensch braucht einen »Weg«, um mit den Göttern zu verkehren und sein Schicksal zu erfüllen. Nur in Krisenzeiten wird die Suche nach diesem »Weg« mit apokalyptischen Elementen erfüllt, dann tanzen sie Tag und Nacht, um eifrig den »Weg«, der ins Paradies führt, zu finden. Sie tanzen mit frenetischem Eifer, denn das Weltende ist nahe, und nur im Paradies kann man gerettet werden. In weniger dramatischen Zeiten spielt der »Weg« aber ebenfalls die Hauptrolle im Leben der Guarani. Nur wenn er den Weg, der in die Nachbarschaft der Götter führt, sucht und ihm folgt, glaubt ein Guarani, daß er seine Aufgabe auf der Welt erfüllt hat.

Die Originalität des Messianismus der Guarani

Ich möchte diese kurze Darlegung des Messianismus der Guarani mit einigen allgemeineren Bemerkungen abschließen. Als erstes muß ich feststellen, daß, im Gegensatz zu den prophetischen Bewegungen der nordamerikanischen Stämme, der Messianismus der Guarani nicht eine Folge des kulturellen Schocks des Zusammentreffens mit den europäischen Eroberern und der Auflösung der sozialen Strukturen ist. Den Mythos und die Suche nach dem »Land-ohne-Übel« gab es bei den Guarani lang vor der Ankunft der Portugiesen und der ersten christlichen Missionare. Der Kontakt mit den Eroberern stachelte die Suche nach dem Paradies an, gab ihr den dringlichen und tragischen – oder pessimistischen – Zug einer verzweifelten Flucht vor einer drohenden kosmischen Katastrophe, aber der Kontakt mit den Eroberern hat die Suche nicht inspiriert. Außerdem handelt es sich hier nicht um Stämme mitten in einer Kulturkrise, wie bei den Eingeborenen Nordamerikas, die seit zwei Jahrhunderten ständig von prophetischen und messianischen Bewegungen umgetrieben worden waren. Die Kultur und Gesellschaft der Guarani war weder desorganisiert noch vermischt.

Diese Tatsache ist nicht unwichtig zum Verständnis der prophetischen und messianischen Phänomene im allgemeinen. Die Bedeutung der historischen, soziologischen und wirtschaftlichen Zusammenhänge bei der Geburt und der Verbreitung messianischer Bewegungen ist oft und mit Recht betont worden. Völker erwarten das Ende der Welt oder eine kosmische Erneuerung oder das Goldene Zeitalter besonders in Zeiten schwerer Krisen; sie verkündigen das Kommen eines irdischen Paradieses, um sich gegen äußerstes Elend, den Verlust der Freiheit und den Zusammenbruch aller traditionellen Werte zu verteidigen. Das Beispiel der Tupi-Guarani beweist aber, daß ganze Völkerschaften dazu gebracht wurden, das Paradies zu suchen, und zwar jahrhundertelang, ohne daß soziale Krisen den Anstoß dazu gegeben haben. Wie bereits erwähnt, wird dieses Paradies nicht immer als ein rein »geistiges« Jenseits betrachtet, es gehört zu dieser Welt. Die Guarani sehnten sich danach, so wie ihre mythischen Ahnen im Anfang der Welt zu leben – in judäo-christlicher Sprache, wie Adam vor dem Fall im Paradies gelebt hat. Dies ist keine absurde oder besondere Idee. Zu bestimmten Zeiten in ihrer Geschichte haben viele andere primitive Völker geglaubt, es sei möglich, periodisch zu den ersten Tagen der Schöpfung zurückzukehren – es sei möglich, in einer aufgehenden vollkommenen Welt zu leben, so wie sie gewesen war, ehe die Zeit sie verschlang und die Geschichte sie erniedrigte.

Initiation und moderne Welt

Zu einer Definition

Der Terminus »Initiation« im weitesten Sinn bezeichnet eine Gesamtheit von Riten und mündlichen Lehren, die den Zweck haben, eine radikale Veränderung des religiösen und sozialen Status der Person zu bewirken, die eingeweiht werden soll. Im philosophischen Sprachgebrauch ist die Initiation gleich einer ontologischen Mutation des existentiellen Zustandes. Der Novize steigt aus seiner Prüfung als ein vollkommen anderes Wesen heraus: Er ist ein anderer geworden. Allgemein gesprochen, gibt es drei Kategorien oder Arten von Initiation[1].

Die erste Kategorie umfaßt die kollektiven Rituale, deren Funktion es ist, den Übergang von der Kindheit oder Jugend zum Erwachsenen zu bewirken und die für alle Mitglieder einer Gesellschaft obligatorisch sind. Die ethnologische Literatur bezeichnet diese Rituale als »Pubertätsriten«, »Stammeseinweihung« oder »Einweihung in eine Altersgruppe«.

Die zweite Kategorie umfaßt alle Riten zum Eintritt in eine Geheimgesellschaft, einen »Bund« oder eine Bruderschaft. Diese geschlossenen Gesellschaften sind auf ein Geschlecht begrenzt, sie hüten ihre Geheimnisse eifersüchtig. Die meisten sind geheime Bruderschaften, »Männerbünde«, es gibt aber auch weibliche Gesellschaften. In der antiken und nahöstlichen Welt waren die Mysterien für beide Geschlechter zugänglich. Obwohl sie im Typus etwas unterschiedlich sind, können wir die griechisch-orientalischen Mysterien der Kategorie der Geheimgesellschaften zurechnen.

Schließlich gibt es eine dritte Kategorie der Einweihung, im Zusammenhang mit einer mystischen Berufung. Auf der Ebene der primitiven Religionen wäre dies eine Berufung zum Medizinmann oder Schamanen. Das spezifische Charakteristikum dieser dritten Kategorie ist die Bedeutung der persönlichen Erfahrung. Ich darf hinzufügen, daß die Einweihung in Geheimgesellschaften und jene des schamanistischen Typs ziemlich viel gemeinsam haben. Was sie im Prinzip unterscheidet, ist das ekstatische Element, das in der schamanistischen Einweihung von größter Bedeutung ist. Außerdem ist hinzuzufügen, daß es eine Art gemeinsamen Nenners zwischen den drei Kategorien gibt, so daß sie, von einem bestimmten Gesichtspunkt aus gesehen, ziemlich gleichartig sind.

Pubertätsriten

Die Stammeseinweihung führt den Novizen in die Welt der geistigen und kulturellen Werte ein und macht ihn zu einem verantwortlichen Mitglied der Gesellschaft. Der junge Mann lernt nicht nur die Verhaltensmodelle, die Technik und Einrichtungen der Erwachsenen, sondern auch die Mythen und die heiligen Traditionen des Stammes, die Namen der Götter und die Geschichte ihrer Taten kennen. Vor allem erfährt er die mystischen Beziehungen zwischen dem Stamm und den übernatürlichen Wesen, so wie diese Beziehungen am Anfang der Zeiten hergestellt worden sind. In vielen Fällen bedeuten die Pubertätsriten die Enthüllung der Sexualität. Kurz, durch die Initiation gelangt der Kandidat in einen Zustand jenseits der »natürlichen Seinsweise« – der des Kindes – und erlangt Zugang zur Kulturwelt, er wird in die geistigen Werte eingeführt. In vielen Fällen wird die ganze Gemeinschaft aus Anlaß der Pubertätsriten religiös regeneriert, denn die Riten sind Wiederholungen von Handlungen und Taten, die von übernatürlichen Wesen in mythischer Zeit ausgeführt worden sind.

Jede Initiation nach Altersstufen verlangt eine gewisse Zahl von mehr oder weniger dramatischen Proben und Prüfungen, Trennung von der Mutter, Isolierung im Busch unter der Aufsicht eines Lehrers, das Verbot, bestimmte vegetabilische oder fleischliche Nahrungsmittel zu essen, Ausschlagen eines Schneidezahns, Beschneidung (erfolgt in manchen Fällen durch Subinzision), Anbringen von Schmucknarben. Die plötzliche Enthüllung heiliger Objekte (Schwirrhölzer, Bilder übernatürlicher Wesen und dergleichen) bilden auch eine Einweihungsprüfung. In vielen Fällen stellt die Pubertätseinweihung einen rituellen Tod dar, dem eine »Auferstehung« oder eine »Wiedergeburt« folgt. Bei manchen australischen Stämmen bedeutet schon das Ziehen eines Schneidezahnes den »Tod« des Neophyten, und diese Bedeutung kommt in der Beschneidung noch klarer zum Ausdruck. Die im Busch isolierten Novizen werden Geistern gleichgestellt: Sie können ihre Finger nicht benützen und müssen die Nahrung direkt mit dem Munde aufnehmen, wie es die Toten angeblich tun. Manchmal werden sie weiß angemalt, zum Zeichen, daß sie Geister geworden sind. Die Hütte, in der sie isoliert sind, stellt den Körper eines Ungeheuers oder eines Wassertieres dar: Man glaubt, daß die Neophyten vom Ungeheuer verschluckt worden sind, und sie bleiben in seinem Bauch, bis sie »wiedergeboren« oder »auferweckt« sind. Denn der Einweihungstod wird entweder als ein *descensus ad inferos* oder als ein *regressus ad uterum* gedeutet, und die »Auferstehung« wird manchmal als »Wiedergeburt« verstanden. In manchen Fällen werden die Neophyten symbolisch begraben, oder sie geben vor, sie hätten ihr vergangenes Leben, ihre Familienangehörigen, ihre Namen, ihre Sprache vergessen und müßten alles neu lernen. Die Einweihungsriten sind manchmal von großer Grausamkeit.

Geheimgesellschaften

Auch auf den archaischen Kulturstufen (wie zum Beispiel in Australien) kann die Pubertätsinitiation mehrere Stufen umfassen. In diesen Fällen kann die heilige Geschichte nur nach und nach enthüllt werden. Die Vertiefung der religiösen Erfahrung und des Wissens verlangt eine besondere Berufung oder ungewöhnliche Intelligenz und Willenskraft. Dies erklärt das Entstehen sowohl geheimer Gesellschaften als auch der Brüderschaften der Schamanen und Medizinmänner. Die Eintrittsriten in eine Geheimgesellschaft entsprechen in jeder Hinsicht denen der Stammeseinweihung: Abgeschiedenheit, Einweihungsprüfungen und Torturen, »Tod« und »Auferstehung«, Verleihung eines neuen Namens, Enthüllung einer Geheimlehre, Lernen einer neuen Sprache und anderes mehr. Man muß jedoch einige der für Geheimgesellschaften charakteristischen Neuerungen erwähnen: die große Wichtigkeit der Geheimhaltung, die Grausamkeit der Einweihungsprüfungen, die Vorherrschaft des Ahnenkultes (bei dem die Ahnen durch Masken repräsentiert werden) und die Abwesenheit eines Höchsten Wesens im Zeremonialleben der Gruppe. Für die Weiberbünde besteht die Einweihung in einer Reihe besonderer Prüfungen, die von Enthüllungen über Fruchtbarkeit, Empfängnis und Geburt gefolgt werden.

Der Tod bei der Einweihung bedeutet sowohl das Ende des »natürlichen«, vorkulturellen Menschen als auch den Übergang zu einer neuen Existenz, nämlich der eines Wesens, das »im Geist wiedergeboren« ist, das nicht ausschließlich in der »unmittelbaren« Wirklichkeit lebt. »Tod« und »Wiedergeburt« bei der Einweihung stellen also einen religiösen Prozeß dar, durch den der Neophyt ein anderer wird, nach dem Modell, das die Götter oder die mythischen Ahnen enthüllt haben. In anderen Worten, man wird ein wirklicher Mensch in dem Ausmaß, in dem man einem übermenschlichen Wesen gleicht. Die Bedeutung der Einweihung zum Verständnis des archaischen Geistes ist vor allem darin begründet, daß sie zeigt, daß der wirkliche Mensch – der geistige – nicht gegeben, nicht das Resultat eines natürlichen Prozesses ist. Er wird »gemacht« durch die alten Meister, in Übereinstimmung mit den Modellen, die die göttlichen Wesen in mythischen Zeiten enthüllt haben. Diese alten Meister bilden die geistigen Eliten der archaischen Gesellschaften. Ihre Hauptaufgabe ist es, den kommenden Generationen die tiefere Bedeutung der Existenz weiterzugeben, ihnen zu helfen, die Verantwortlichkeit »wirklicher Menschen« auf sich zu nehmen und so aktiv am kulturellen Leben teilzunehmen. Weil jedoch Kultur für die archaischen und traditionellen Gesellschaften die Summe jener Werte bedeutet, die von übernatürlichen Wesen stammt, so kann man die Funktion der Einweihung so zusammenfassen: Sie enthüllt jeder neuen Generation eine Welt, die dem mehr als Menschlichen offensteht, eine Welt, die sozusagen »transzendental« ist.

Schamanen und Medizinmänner

Die schamanistischen Einweihungen bestehen in ekstatischen Erfahrungen (zum Beispiel Träume, Visionen, Trancezustände) und in der Belehrung durch die Geister oder durch Meisterschamanen (etwa schamanische Techniken, Namen und Wirkung der Geister, Mythologie und Genealogie des Clans, Geheimsprache). Manchmal ist die Einweihung öffentlich und umschließt ein reiches und vielgestaltiges Ritual, wie etwa bei den Burjäten. Das Nichtvorhandensein eines Rituals dieser Art bedeutet jedoch keineswegs, daß es keine Einweihung gibt. Es ist absolut möglich, daß die Einweihung ausschließlich in den Träumen oder ekstatischen Zuständen des Kandidaten geschieht. In Sibirien und Zentralasien geht der junge Mann, der zum Schamanen berufen ist, durch eine psychopathische Krise, während der man annimmt, daß er von Dämonen und Geistern gefoltert wird, die die Rolle von Meistern der Einweihung spielen. Diese »Einweihungskrankheiten« zeigen gewöhnlich die folgenden Elemente: 1. Folterung und Abhacken der Glieder, 2. Abschaben des Fleisches und Reduktion auf ein Skelett, 3. Ersetzung aller Organe und Erneuerung des Blutes, 4. Aufenthalt in der Unterwelt und Belehrung durch Dämonen und die Seelen toter Schamanen, 5. Aufstieg zum Himmel, 6. Auferstehung, das heißt Zugang zu einer neuen Seinsweise, jener eines Eingeweihten, der fähig ist, persönlich mit den Göttern, den Dämonen und den Seelen der Toten zu verkehren. Ein ziemlich ähnliches Muster finden wir bei den Einweihungen australischer Medizinmänner[2].

Das wenige, das wir über Eleusis und die Einweihungen in den hellenischen Mysterien wissen, zeigt, daß das Zentralerlebnis des Mysten um die Enthüllung des Todes und der Wiederauferstehung des göttlichen Gründers des Kults kreiste. Durch diese Offenbarung gelangte der Myste zu einer neuen, erhabeneren Seinsweise, die ihm auch ein besseres Schicksal nach dem Tode sicherte.

Neuere Werke über die Initiation bei den »Primitiven«

Es mag interessant sein, kurz jene Resultate zu betrachten, die in den vergangenen dreißig oder vierzig Jahren beim Studium der verschiedenen Kategorien von Einweihungsriten erzielt worden sind. Ich werde nicht versuchen, jedem wesentlichen Beitrag, der in dieser Periode veröffentlicht wurde, gerecht zu werden, noch will ich die verschiedenen Methodologien besprechen. Ich möchte nur einige Autoren und Titel nennen, um die Richtungen der Forschung zu illustrieren. Gleich zu Beginn möchte ich festhalten, daß es – obwohl eine Anzahl von Studien über spezielle Einweihungsarten veröffentlicht worden sind – nur wenige Werke gibt, in denen der Initiationskomplex in allen seinen Manifestationen dargelegt wird. Man kann erwähnen: O. E. Briem, *Les Sociétés secrètes des Mystères* (1941), Will Erich Peuckert, *Geheimkulte* (1951), Mircea Eliade, *Das Mysterium der Wiedergeburt* (1961), *Birth and Rebirth* (1958), Frank W. Young, *Initiation Ceremonies* (1965), und die Bemerkungen von Geo Widengren beim Straßburger Symposion (wiedergegeben in *Einweihung*, herausgegeben von D. J. Bleeker).

Dasselbe gilt für die Studien über die »primitiven« Einweihungen im allgemeinen. Adolf E. Jensen hat ein anregendes und umstrittenes Werk, *Beschneidung und Reifezeremonien bei Naturvölkern* (1935) veröffentlicht, Richard Thurnwald einen bedeutenden Artikel über die Wiedergeburtsriten, und in neuerer Zeit haben einige amerikanische Anthropologen die Funktion der Pubertätsriten neu untersucht[3]. Es gibt jedoch anderseits eine große Zahl von regionalen Monographien. Unter vielen seien angeführt: Über Australien und Ozeanien: A. P. Elkin, *Aboriginal Men of High Degree* (1946), R. M. Berndt, *Kunapipi* (1951), die Studien von Felix Speiser[4], Ralph Piddington[5] und Donald F.

Thomson[6], die Bücher und Artikel von John W. Layard[7], Wilhelm Emil Mühlmann[8], Erhard Schlesier und Carl A. Schmitz[9]. Über die beiden Amerika zitiere ich die Werke von Martin Gusinde[10], De Goeje[11], Josef Haekel[12], Werner Müller[13] und einigen anderen. Über Afrika: die Monographien von E. Johanssen, *Mysterien eines Bantu-Volkes* (1925), L. Bittremieux, *La Société secrète des Bakhimba* (1934), und A. M. Vergiat, *Les rites secrets des primitifs de l'Oubangui* (1936), ferner das Werk von Audrey I. Richards über die Mädcheneinweihung bei den Bemba, *Chisingu* (1956), und besonders die Bände von Dominique Zahan über die Einweihung bei den Bambara[14].

Dank den neuesten Forschungen verfügen wir jetzt über genaue und manchmal überreichliche Informationen über die Inititationsriten bei einigen primitiven Völkern, wie zum Beispiel die Werke von Martin Gusinde über die Feuerländer, von Dominique Zahan und Audrey Richards über verschiedene afrikanische Stämme, von Carl Laufer über die Riten der Baining, von Piddington, Elkin und Berndt über australische Einweihungsszenarien. Unser Verständnis für die verschiedenen Formen der Einweihung ist durch die einleuchtenden Analysen von Werner Müller, Mühlmann, Zahan und anderen Geisteswissenschaftlern bemerkenswert bereichert worden.

Mysterienreligionen, indoeuropäische Geheimgesellschaften

Hinsichtlich der Mysterienreligionen zeigen die in neuerer Zeit veröffentlichten Werke einen gewissen Skeptizismus. A. D. Nock hat 1952 betont, daß unser Wissen über die hellenistischen Mysterien aus sehr später Zeit stammt und manchmal sogar christliche Einflüsse reflektiert[15]. G. F. Mylonas hat 1961 in seinem Buch *Eleusis and the Eleusinian Mysteries* erklärt, daß wir so gut wie nichts über die geheimen Riten wissen, über die wirkliche Einweihung in die Mysterien. Einige Beiträge zum Verständnis der griechischen und hellenistischen Einweihungen wurden beim Symposion in Straßburg vorgebracht, und Carl Kerény hat kürzlich ein konstruktiveres Buch über die eleusinischen Mysterien veröffentlicht[16].

Im Gegensatz dazu hat die Forschung auf einem Gebiet, das vor den dreißiger Jahren eher vernachlässigt worden war, bemerkenswerte Fortschritte gemacht, nämlich über die Pubertätsriten und die Geheimgesellschaften bei den verschiedenen indoeuropäischen Völkern. Man muß nur die Werke von Lily Weiser (1927) und Otto Höfler (1934) über die germanischen Initiationen, die Monographien von Geo Widengren und Stig Wikander über die indo-iranischen Einweihungsriten und -mythologien, und die Beiträge von Georges Dumézil über die Einweihungsszenarien der Germanen, Romanen und Kelten erwähnen, um sich über die Fortschritte klar zu werden[17]. Man sollte hinzufügen, daß der Klassizist W. F. Jackson Knight eine kleine Monographie, *Cumaean Gates* (Oxford 1936), veröffentlicht hat, in der er die Einweihungselemente im sechsten Buch der Äneis zu identifizieren versuchte. J. Gagé hat in neuerer Zeit die Spuren einer weiblichen Einweihung im alten Rom studiert[18]. Die brillante Arbeit von H. Jeanmaire, *Couroi et Courètes* (1939), verdient eine besondere Erwähnung. Der leider verstorbene Hellenist hat die Einweihungsszenarien in der Theseus-Sage überzeugend rekonstruiert, ebenso in den Tesmophorien und in den spartanischen Gesetzen des Lykurg. Jeanmaires Vorstoß blieb nicht der einzige. Angelo Brelich hat die Einweihungsbedeutung des sonderbaren griechischen Brauchs, nur eine Sandale anzulegen, aufgeklärt[19]. Darüber hinaus hat Brelich in seinem Buch *Gli Eroi Greci* (Rom 1955) die Ansichten von Jeanmaire über die weibliche Einweihung und die rituelle Bedeutung von Theseus' Eindringen in das Labyrinth wieder aufgenommen[20]. Ebenso ist es Marie Delcourt geglückt, einige Einweihungselemente in der Mythe und Legende des Hephaistos zu entziffern[21].

Außerdem hat Reinhold Merkelbach ein breitangelegtes Werk, *Roman und Mysterium in der Antike*, München und Berlin 1962, herausgebracht, in dem er zu zeigen versucht, daß die griechisch-römischen Romane – *Amor und Psyche* ebenso wie *Ephesiaca* oder *Aethiopica* – Mysterientexte sind, das heißt erzählerische Transpositionen von Initiationen. In einem langen Bericht darüber bestreitet Robert Turcan[22] zwar nicht die religiöse Bedeutung oder auch sogar die Anspielungen auf die Mysterien, die in manchen alexandrinischen Romanen zu finden sind. Er weigert sich aber, in diesen literarischen Texten voller Klischees und Reminiszenzen konkrete Hinweise auf die Mysterien zu sehen. Hier soll die Gültigkeit dieser beiden methodologischen Ausgangspunkte nicht diskutiert werden[23], es ist jedoch bedeutungsvoll, daß ein Klassizist von der Bedeutung Merkelbachs geglaubt hat, er könne in hellenistischen Texten Beweise geheimer religiöser Erfahrungen mit initiatorischer Struktur finden.

Einweihungsmodelle in mündlicher Literatur

Mündliche und geschriebene Literatur in einer solchen Perspektive zu betrachten, scheint mir ein für unsere Epoche charakteristischer Ausgangspunkt zu sein, und daher von Bedeutung für das Verständnis des modernen Menschen. Wir sind tatsächlich seit einiger Zeit Zeugen der vereinten Anstrengung von Historikern und Psychologen, in literarischen Werken Werte und Absichten zu entdecken, die über den eigentlichen künstlerischen Bereich hinausgehen. Wir können da auf die mittelalterlichen Romanzen verweisen, in denen Artus, der Fischerkönig, Parzival und andere Helden auf der Suche nach dem Gral eine Rolle spielen. Die Mediäisten haben auf den Zusammenhang zwischen den Themen und Figuren der keltischen Mythologie und den Szenarien und Helden des Artus-Kreises verwiesen. Die Mehrzahl dieser Szenarien hat eine Initiationsstruktur: Es gibt immer eine lange und dramatische »Suche« nach wunderbaren Dingen, die unter anderem mit sich bringt, daß der Held in die andere Welt kommt. Diese rätselhaften Romanzen haben manchmal eine kühne Interpretation gefunden. So hat etwa ein so gelehrter Wissenschaftler wie Jessie L. Weston nicht gezögert zu behaupten, daß die

Legende von Gral Spuren eines alten Einweihungsritus enthält[24].

Diese These wurde von den Spezialisten nicht übernommen. Bedeutend und wesentlich ist jedoch die kulturelle Resonanz des Buches von Weston. Dies nicht nur, weil T. S. Eliot *The Waste Land* schreiben konnte, nachdem er es gelesen hatte, sondern vor allem, weil dieses Buch die Aufmerksamkeit der Öffentlichkeit auf die Häufung von Einweihungssymbolen und Motiven in den Romanzen um König Artus gelenkt hat. Man muß nur die kenntnisreiche Synthese von Jean Marx, *La légende arthurienne et le Graal* (1952), oder etwa die Monographie von Antoinette Fierz-Monnier[25] lesen, um sich klar zu werden, daß diese Einweihungsmotive und Symbole durch ihr bloßes Vorhandensein eine wesentliche Rolle spielen, ganz unabhängig von jeder möglichen genetischen Einheit mit tatsächlichen Einweihungsszenarien. Sie haben, in anderen Worten, an einem imaginären Universum teil, und dieses Universum ist für die menschliche Existenz nicht weniger wichtig als die Welt des alltäglichen Lebens.

Ähnliche Interpretationen wurden auch in bezug auf andere mündliche Literatur vorgelegt. Lindsay schreibt über das neugriechische Epos *Digenis Akritas*: »Wenn wir tiefer in die Bedeutung von *Digenis* eindringen, erkennen wir in ihm den Einweihungsterminus *Zweimal geboren*, den man für die zweite Geburt des Jünglings verwendet, der die Prüfungen erfolgreich bestanden hat. Wir können unseren Helden als Repräsentanten des Einweihungsrituals bezeichnen, den Jüngling, der glorreich die dunklen Kräfte der Krise überwindet und daher sein Volk in seinem Tod und seiner Erneuerung symbolisiert. Eine solche Interpretation ist im Einklang mit den vielen Elementen des Fruchtbarkeitsrituals, die *Digenis* in den Balladen und Gesängen umgeben und die auch im Volksglauben über sein Grab und seine Herakles-Keule aufscheinen[26].«

In seinem bedeutenden Buch über tibetanische epische Poesie und den tibetanischen Barden hat R. A. Stein die Beziehungen zwischen den Schamanen und den Volksdichtern klargemacht. Er zeigt auch, daß der Barde seine Gesänge von einem Gott empfängt und daß er, um solche Offenbarungen zu empfangen, eine Einweihung erfahren muß[27]. Die Einweihungselemente in dem esoterischen Gedicht von den *Fedeli d'Amore* sind von Luigi Valli 1928 (vielleicht zu sehr) betont worden und von R. Ricolfi 1933 in vielleicht angemessenerer Weise[28]. Henry Corbin hat in meisterlicher Art einen Text des Avicenna als eine »Einweihungsanrufung« interpretiert. Derselbe Autor hat in vielen seiner Schriften die Beziehungen zwischen Philosophie, Gnosis und Einweihung weiter erhellt[29].

Wie zu erwarten war, wurden auch Volkssagen von ähnlichen Ausgangspunkten aus studiert. Bereits 1923 hat P. Saintyves manche Volkssagen als die »Texte« interpretiert, die geheime Pubertätsriten begleiteten. Der sowjetische Volkskundeforscher Wladimir I. Propp ging 1946 sogar noch weiter: Er wollte in Volkssagen gewisse Riten einer »totemistischen Initiation« erkennen[30]. Ich habe an anderer Stelle darauf hingewiesen, warum diese Hypothese nicht plausibel erscheint[31], es ist jedoch signifikant, daß sie überhaupt formuliert wurde. Hinzuzufügen ist noch, daß der niederländische Gelehrte Jan de Vries das Fortbestehen von Einweihungsthemen in den Heldensagen und sogar in manchen Kinderspielen bewiesen hat[32]. In einem umfangreichen Werk über den Symbolismus der Volkssagen hat die Schweizer Autorin Hedwig von Beit die Einweihungsmotive im Licht Jungscher Psychologie studiert[33].

Die Beiträge der Psychoanalytiker und Literaturkritiker

Es war anzunehmen, daß die Psychoanalytiker von diesem Thema angezogen werden würden. Freud hatte Otto Rank eifrig zur Erforschung der Heldenmythen ermutigt. Von dieser Zeit an ist die psychoanalytische Literatur über die Riten und Symbole der Einweihung ständig angewachsen. Wir möchten hier einen der bedeutendsten Beiträge zur psychoanalytischen Interpretation von Pubertätsriten anführen, der zugleich auch einer der originellsten ist: *Symbolic Wounds* (1954, Neuausgabe 1962) von Bruno Bettelheim. Vor allem ist jedoch die analytische Interpretation literarischer Werke instruktiv. Maud Bodkins hat 1934 das Buch *Archetypal Patterns in Poetry* veröffentlicht, in dem sie Jungs Ideen über den »Archetypus der Neugeburt« anwendet und den *Ancient Mariner* von Coleridge und *Waste Land* von Eliot als poetische Projektionen eines (unbewußten) Einweihungsprozesses erklärt.

Ebenso hat Jean Richer in *Nerval: Expérience et création* (1963) mit großer Schärfe die Einweihungsstrukturen in *Aurélie* analysiert. Gerard de Nerval war sich tatsächlich der rituellen Bedeutung seiner Erfahrung bewußt. »Sobald ich mir sicher war, daß ich einem Prozeß der geheimen Initiation unterworfen sei«, schreibt Nerval, »kam eine unbesiegbare Kraft in meinen Geist. Ich betrachtete mich als einen Helden unter dem Auge der Götter.« Nach Richer beherrscht das Thema vom Abstieg Orpheus in die Unterwelt das gesamte literarische Schaffen Nervals. Wie bekannt, stellt der *descensus ad inferos* die Einweihungsprüfung par excellence dar. Obwohl es sicher ist, daß Nerval eine große Zahl von okkulten und hermetischen Büchern gelesen hat, so ist es doch schwer zu glauben, daß ein Dichter seiner Bedeutung die Initiationsstruktur gewählt hat, nur weil er einige Bücher über das Thema gelesen hatte. Es ist außerdem bedeutungsvoll, daß Nerval sich genötigt fühlte, seine wahren oder imaginären Erlebnisse in einer Einweihungsterminologie auszudrücken.

Die Literarhistoriker haben auch ähnliche Themen bei Schriftstellern, die nicht mit okkulter Literatur vertraut waren, gefunden. Dies trifft zum Beispiel auf Jules Verne zu. Einige seiner Romane – vor allem *Die Reise zum Mittelpunkt der Erde*, *Die geheimnisvolle Insel*, *Das Schloß in den Karpathen* – sind als Einweihungsromane interpretiert worden. Man braucht nur den Essay von Léon Cellier über den Einweihungsroman in Frankreich während der Romantik zu lesen, um den Beitrag zu verstehen, den die

Literaturwissenschaft zu dieser Untersuchung beisteuern kann[34].

Auch amerikanische Literaturkritiker sind auf diesem Gebiet ziemlich weit fortgeschritten, man kann sogar sagen, daß viele Kritiker literarische Schöpfungen von Perspektiven aus interpretieren, die sie von den Religionswissenschaftlern geborgt haben. Mythe, Ritual, Einweihung, Helden, ritueller Tod, Regeneration, Wiedergeburt gehören nun zur Grundterminologie der literarischen Exegese. Es gibt eine beträchtliche Zahl von Büchern und Artikeln, die die Initiationsszenarien, die in Geschichten, Kurzgeschichten und Romanen verborgen sind, analysieren. Solche Szenarien wurden nicht nur in *Moby Dick* identifiziert[35], sondern auch in *Walden* von Thoreau[36], *Huckleberry Finn* von Mark Twain, in den Romanen von Cooper und Henry James und in Faulkners *Der Bär*[37]. In dem Buch *Radical Innocence* (1963) widmet der Autor Ihab Hassan der »Dialektik der Initiation« ein ganzes Kapitel, in dem er die Werke von Sherwood Anderson, Scott Fitzgerald und Faulkner als Beispiele verwendet.

Wahrscheinlich wurden auch die Biographien einiger bedeutender Schriftsteller – ihre Krisen, Leiden und Prüfungen – im Licht einer solchen »Dialektik der Initiation« interpretiert. Das Einweihungsmodell, das Richer in *Aurélie* entziffert hat, mag vielleicht anzeigen, daß Gerard de Nerval eine Krisis überstand, die an Tiefe mit einem Übergangsritus vergleichbar ist. Der Fall Nerval ist keine Ausnahme. Ich weiß nicht, ob etwa Goethes Jugend von einer ähnlichen Perspektive her analysiert und interpretiert worden ist. In *Dichtung und Wahrheit* hat der alte Goethe die stürmischen Erfahrungen seiner »Sturm- und Drangzeit« in Ausdrücken beschrieben, die an eine »schamanistische« Art der Einweihung erinnern. Goethe spricht von der Unbeständigkeit, Exzentrizität und Unverantwortlichkeit jener Jahre. Er gibt zu, daß sein Leben ohne Ziel und Bedeutung gewesen sei. Er lebte in einem »Zustand des Chaos«, in »solcher vielfachen Zerstreuung, ja Zerstückelung meines Wesens«. Wie bekannt, sind das Zerreißen und In-Stücke-Schneiden und auch der »Zustand des Chaos« (psychische und geistige

Unbeständigkeit) charakteristische Züge der schamanistischen Einweihung. Und ebenso wie der schamanistische Novize sich durch seine Einweihung zu einer stärkeren und schöpferischeren Persönlichkeit reintegriert, so kann man sagen, daß Goethe nach seiner Sturm-und-Drang-Periode seine Unreife besiegte und Meister sowohl seines Lebens als auch seiner Schöpferkraft wurde.

Bedeutung für die moderne Welt

Ich will hier nicht die Gültigkeit oder die Resultate solcher Versuche beurteilen. Es ist aber, um es zu wiederholen, bedeutungsvoll, daß gewisse literarische Werke, alte und moderne, von Historikern, Kritikern und Psychologen dahingehend interpretiert worden sind, daß sie eine unmittelbare, wenn auch unbewußte Beziehung zum Prozeß der Einweihung haben. Dies ist aus mehreren Gründen bedeutungsvoll. Vor allem inspirieren und leiten Initiationen in ihren komplexesten Formen die geistige Tätigkeit. In mehreren traditionsgebundenen Kulturen sind die Poesie, das Drama und die Weisheit die direkten Resultate einer angestrebten Einweihung. Es wird tatsächlich sehr wertvoll sein, den Beziehungen zwischen der Initiation und den »edelsten« und schöpferischsten Ausdrücken einer Kultur nachzugehen. Ich habe an anderer Stelle die Einweihungsstruktur der sokratischen Maieutik dargelegt[38]. Man könnte eine ähnliche Annäherung zwischen der Funktion der Einweihung und Husserls phänomenologischen Bestrebungen herbeiführen. Die phänomenologische Analyse ist geneigt, die »profane« Erfahrung zu unterdrücken, das heißt die Erfahrung des »natürlichen Menschen«. Was nun Husserl die »natürliche Haltung« des Menschen genannt hat, entspricht in den traditionsgebundenen Kulturen dem »profanen« Stadium vor der Einweihung. Durch die Pubertätsriten erhält der Novize Zugang zur heiligen Welt, also zu dem, was man in seiner Kultur als wirklich und sinnvoll betrachtet, ebenso wie durch die phänomenologische Reduktion das Subjekt-als-cogito die Erkenntnis der Wirklichkeit der Welt erlangt.

Solche Untersuchungen sind jedoch auch für das Verständnis des modernen westlichen Menschen bedeutungsvoll. Das Verlangen, Einweihungsszenarien in der Literatur, den Künsten und dem Kino zu entziffern, bezeugt nicht nur eine Neubewertung der Initiation als eines Prozesses der geistigen Regeneration und Verwandlung, sondern auch eine gewisse Sehnsucht nach einer entsprechenden Erfahrung. Im Westen ist eine Initiation im traditionellen und genauen Sinn des Wortes seit langem verschwunden. Einweihungssymbole und Szenarien überleben aber auf der Stufe des Unbewußten, besonders in Träumen und imaginären Welten. Es ist nicht ohne Bedeutung, daß diese Überreste heute mit einem Interesse studiert werden, das man sich noch vor fünfzig oder sechzig Jahren schwer hätte vorstellen können. Freud hat gezeigt, daß gewisse existentielle Tendenzen und Entscheidungen nicht bewußt sind. Die starke Neigung zu einer Literatur und zu Kunstwerken, die eine Einweihungsstruktur aufweisen, ist daher höchst aufschlußreich. Der Marxismus und die Tiefenpsychologie haben die Wirksamkeit der sogenannten Entmystifizierung erwiesen, wenn man die wahre – oder ursprüngliche – Bedeutung einer Handlung oder einer kulturellen Schöpfung entdecken will. In unserem Fall müssen wir eine umgekehrte Entmystifizierung versuchen, das heißt, wir müssen die scheinbar profanen Welten und Sprachen der Literatur, der Künste und des Films »entmystifizieren«, um ihre »heiligen« Elemente zu erschließen, obwohl es natürlich ein unbeachtetes, verkleidetes und degradiertes »Heiliges« ist. In einer entheiligten Welt wie der unseren ist das »Heilige« vor allem in den imaginären Welten gegenwärtig und wirksam. Aber die imaginären Erfahrungen sind ein Teil der Ganzheit des Menschen, nicht weniger wichtig als seine nächtlichen Erfahrungen. Das heißt, daß das Verlangen nach Einweihungsprüfungen und -szenarien, das in so vielen literarischen und künstlerischen Werken entziffert werden kann, die Sehnsucht des modernen Menschen nach einer totalen und endgültigen Erneuerung enthüllt, einer *renovatio,* die imstande wäre, seine Existenz radikal zu verändern.

Aus diesen Gründen stellen die Untersuchungen, die ich in aller Kürze vorgelegt habe, nicht nur Beiträge dar, die für Wissenschaftsgebiete wie die Religionsgeschichte, die Ethnologie, die Orientalistik oder die Literaturkritik interessant sind, sie können auch als charakteristischer Ausdruck der kulturellen Konfiguration der modernen Zeit interpretiert werden.

Prolegomenon zu einem religiösen Dualismus: Dyaden und Polaritäten

Geschichte eines Problems

Der religiöse und philosophische Dualismus hat sowohl in Asien als auch in Europa eine lange Geschichte. Dieses ungeheure Problem will ich hier nicht besprechen. Vom Anfang des Jahrhunderts an wurden jedoch der Dualismus und andere verwandte Probleme, wie Polarität, Antagonismus und Entsprechung, von einer neuen Perspektive aus gesehen, und die Resultate dieser Untersuchungen und die Hypothesen, zu denen sie Anlaß gaben, üben immer noch große Anziehung aus. Diese Änderung der Grundeinstellung wurde sicherlich durch die Monographie von Durkheim und Mauss, *De quelques formes primitives de classification: contribution à l'étude des représentations collectives*[1], in die Wege geleitet. Die Autoren haben die Probleme des Dualismus oder der Polarität nicht unmittelbar betrachtet, sie haben jedoch gewisse Typen der sozialen Klassifikation eingeführt, die letztlich auf einem ähnlichen Prinzip beruhen, nämlich der zweifachen Teilung von Natur und Gesellschaft. Dieser Artikel fand vor allem in Frankreich eine außergewöhnliche Resonanz, er war eine der ersten und brillantesten Manifestationen einer Soziologie, die zum Rang einer totalitären Doktrin erhoben wurde, und die man Soziologismus nennen könnte. Durkheim und Mauss glaubten, sie hätten bewiesen, daß Ideen nach einem von der Gesellschaft gelieferten Modell organisiert werden. Für sie bestand eine enge Solidarität zwischen dem sozialen und dem logischen System. Wenn das Universum in mehr oder weniger komplexe Zonen unterteilt ist (Himmel und Erde, hoch und tief, rechts und links, vier Kardinalpunkte und anderes), so ist der Grund dafür, daß die Gesellschaft in Stämme und Totems unterteilt ist.

Man braucht hier diese Theorie nicht zu diskutieren, es genügt zu sagen, daß Durkheim und Mauss nicht bewiesen haben – was sie auch gar nicht konnten –, daß die Gesellschaft die Ursache oder das Modell der zweifachen und dreifachen Klassifikation sei[2]. Man kann bloß sagen, daß die Klassifizierung des Universums und der Gesellschaft denselben Prinzipien unterliegen. Wenn man den »Ursprung« des Prinzips finden will, das in einem vorexistenten Chaos Ordnung herstellt, müßte man danach eher in der primären Erfahrung der Orientierung im Raum suchen.

Immerhin fand die Monographie von Durkheim und Mauss beträchtliches Echo. Rodney Needham zitiert in der Einleitung seiner englischen Übersetzung sehr viele Autoren und Werke, die von diesem Text angeregt wurden. Einer der bestbekannten ist der Artikel von Robert Hertz über den Vorrang der rechten Hand. Der Autor kommt zum Schluß, daß der Dualismus, den er als Grundprinzip im Denken der Primitiven ansieht, ihre gesamte soziale Organisation beherrscht. Das Vorrecht, das der rechten Hand zuteil wird, muß also durch die religiöse Polarität erklärt werden, die das Heilige (Himmel, männlich, rechts) und das Profane (Erde, weiblich, links) voneinander trennt und es einander entgegensetzt[3]. Der hervorragende Sinologe Marcel Granet zögerte nicht, im Jahre 1932 zu schreiben, daß »die wenigen Seiten dieser Monographie von Durkheim und Mauss einen Markstein in der Geschichte der sinologischen Studien darstellen sollten[4]«.

Im ersten Viertel dieses Jahrhunderts wurden, dank der wachsenden Kenntnis von soziologischen und politischen Einrichtungen, die Forscher von der beträchtlichen Anzahl sozialer Organisationen eines binaren Typs und durch die vielfachen Formen von »Dualitäten« beeindruckt und angezogen. Zugleich mit dem Soziologismus von Durkheim und seinen Nachfolgern gelangte eine »diffusionistische« Schule in England zur Vorherrschaft. Ihren Anhängern zufolge sind die soziologischen Organisationen des binaren Typs das Resultat historischer Ereignisse, genauer gesagt, der Vermischung zweier Völker, von denen eines, der siegreiche

Eindringling, im Zusammenwirken mit den ursprünglichen Einwohnern ein Sozialsystem entwickelt habe. Auf diese Art erklärte W. H. R. Rivers den Ursprung der dualen Organisation in Melanesien[5].

Ich will hier die Ideologie und die Methoden der englischen Diffusionisten-Schule nicht analysieren. Sie war jedoch nicht isoliert. Eine ganze Schule, die von Ratzel vorweggenommen, von Fritz Gräbner und Wilhelm Schmidt aber geprägt und entwickelt wurde, versuchte, die zeitliche Dimension und daraus folgend historische Methoden in die Ethnologie einzuführen. Rivers und seine Schüler verbanden sich mit dieser Bewegung, ohne jedoch die historisch-kulturelle Methodologie von Gräbner und Schmidt zu teilen. Zwei fundamentale Einsichten inspirierten diese Forschungen: einerseits die Überzeugung, daß die »Primitiven« keine Naturvölker, sondern von der Geschichte geprägt sind, und daß anderseits – was das Prinzip einer ärmlichen, fast nicht vorhandenen Schöpferkraft der archaischen und traditionsgebundenen Gesellschaften voraussetzt – die Ähnlichkeiten zwischen verschiedenen Kulturen fast ausschließlich mit Diffusion zu erklären sind.

Nach dem Tod von Rivers nahm der Diffusionismus in England unter dem Einfluß von Grafton Elliot Smith und W. J. Perry die Form des »Panägyptionismus« an. In seinem *Children of the Sun* (1925) konstruiert Perry die Entfaltung der Universalgeschichte wie folgt: In Indien, Indonesien, Ozeanien und Nordamerika war die früheste Form der sozialen Organisation die duale, ausgenommen die Sammler, die in Familiengruppen zusammengeschlossen waren. Die Stammeszweiteilung wurde einem Komplex von spezifischen kulturellen Elementen integriert, von denen die wichtigsten das totemistische Clan-System, die Bewässerungstechnik, die Megalithen und die polierten steinernen Werkzeuge waren. Nach Smith und Perry waren alle diese kulturellen Elemente ägyptischen Ursprungs. Von der fünften Dynastie an hätten die Ägypter lange Reisen auf der Suche nach Gold, Perlen, Kupfer, Gewürzen und anderem unternommen. Diese »Kinder der Sonne« hätten überall, wohin sie gelangten, ihre

Gesellschaftsordnung mit sich gebracht und den Ureinwohnern ihre Zivilisation (Bewässerung, Megalithen und dergleichen) auferlegt. Kurz, die Gleichförmigkeit der uraltesten Welt, charakterisiert durch die Wirtschaftsstufe der Sammler und der Jäger, zeige, laut den Panägyptikern, die geringe Schöpferkraft der Primitiven. Zugleich verrate die Quasi-Gleichheit der traditionsgebundenen Gesellschaften mit ihrer dualen Struktur ihre unmittelbare Abhängigkeit von der ägyptischen Kultur, was wiederum den ärmlichen Charakter der menschlichen Schöpferkraft überhaupt bezeuge.

Es wäre instruktiv, einmal die Gründe für die erstaunliche, wenn auch nur kurzwährende Blüte der panägyptischen diffusionistischen Schule zu analysieren. Mit Grafton Elliot Smith und W. J. Perry hatte die »Historisierung« der primitiven Kulturen ihren Höhepunkt erreicht. Alle archaischen Welten, in ihrer reichen Vielfalt von Ozeanien bis Nordamerika, wurden mit einer »Geschichte« bedacht, es war jedoch überall dieselbe Geschichte, von denselben menschlichen Gruppen hervorgebracht – den »Kindern der Sonne« oder ihren Vertretern, Imitatoren oder Epigonen. Diese »Geschichte« – uniform von einem Ende der Welt zum anderen – sollte ihr einziges Zentrum und ihre einzige Quelle im Ägypten der fünften Dynastie gehabt haben. Und einer der für Perry überzeugendsten Gründe für diese Einförmigkeit war die Verbreitung der dualen Organisation, die eine antagonistische Zweiteilung der Gesellschaft verrate.

Historizismus und Reduktionismus

Kurz gesagt, von der dualen Einteilung der Gesellschaft und der Welt mit all den Kosmologien, Mythologien und Ritualen, die auf der dualen Klassifikation basieren, wurde in den zwanziger Jahren angenommen, sie hätte entweder einen sozialen Ursprung gehabt (Durkheim und seine Schüler) oder einen »historischen«. Im letzteren Falle wäre sie das Resultat der Vermischung zweier ethnischer Gruppen: einer Minorität zivilisierter Eroberer und einer Masse von Ureinwohnern, die in einem primitiven Stadium verharrt hätten (Elliot Smith und die Panägyptiker). Nicht alle »Historizisten« schlossen sich diesen Exzessen der extremen Diffusionisten an. Wenn sie jedoch auf eine bestimmte Art von »Dualismus« trafen, so waren sie versucht, ihn »historisch« zu erklären, als die Folge des Zusammentreffens und der Vermischung zweier verschiedener Völker. So erklärte zum Beispiel André Piganiol in seinem Buch *Essai sur les origines de Rome* (1916) die Bildung der römischen Nation als die Vereinigung der Lateiner, also der Indoeuropäer, mit den Sabinern, die nach der Meinung des französischen Gelehrten eine mediterrane Volksgruppe waren.

»Was ihre Religion betrifft, so wären die Indoeuropäer für die Verbrennung, die Sabiner für die Grabbeisetzung verantwortlich . . . Die Indoeuropäer hätten den Feueraltar, den Kult des männlichen Feuers, der Sonne und des Vogels und die Abneigung gegen Menschenopfer eingeführt. Die Sabiner hätten als Altäre mit Blut beschmierte Steine gehabt, den Mond und die Schlange verehrt und Menschenopfer dargebracht[6].«

Von 1944 an hat Georges Dumézil geduldig diese Konstruktionen abgebaut[7]. Wir wissen jetzt, daß die beiden unterschiedlichen Begräbnisarten – Verbrennung und Beisetzung – nicht eine ethnische Dualität reflektieren, sie bestehen vielmehr oftmals gleichzeitig. Im Hinblick auf den Krieg zwischen Romulus und seinen Römern und Titus Tatius und seinen Sabinern hat Dumézil gezeigt, daß ein solcher Krieg ein immer wieder auftretendes Thema der indoeuropäischen Mythologie ist. Er verglich ihn mit einem anderen mythischen Krieg, dem Krieg zwischen den göttlichen Gruppierungen der skandinavischen Überlieferung: den Asen und den Wanen. Wie der Krieg zwischen Römern und Sabinern endete auch der Krieg zwischen Asen und Wanen nicht mit einer entscheidenden Schlacht. Ihrer abwechselnden Halbsiege müde, schlossen Asen und Wanen Frieden. Die führenden Wanen – die Götter Njördhr, Freyr und die Göttin Freia – wurden in die Gesellschaft der Asen aufgenommen, denen sie als göttliche Repräsentanten Fruchtbarkeit und Reichtum brachten. Von da an gab es keinen Konflikt mehr zwischen Asen und Wanen. (Man kann hinzufügen, daß auch dieser skandinavische mythische Krieg von einigen Gelehrten »historisiert« wurde, die den langen Krieg zwischen den beiden Göttergesellschaften als die drastisch mythisierte Erinnerung an einen Krieg zwischen verschiedenen Bevölkerungen erklärten, die sich später zu einer einzigen Nation vermischten, wie das die Sabiner und Latiner im antiken Italien getan hätten.)

Wie diese wenigen Beispiele nun hinreichend zu beweisen scheinen, haben die Gelehrten einen konkreten »Ursprung« – Gesellschaftsordnung oder historische Ereignisse – für alle Formen von Dualität, Polarität und Antagonismus gesucht. Seit neuestem sind jedoch Anstrengungen unternommen worden, um über die soziologischen und historizistischen Gesichtspunkte hinauszugehen. Der Strukturalismus zum Beispiel interpretiert die verschiedenen Typen der Opposition als Ausdruck eines rigorosen und fest umrissenen Systems, obwohl dieses System auf der unbewußten Ebene des Geistes operiert. Bei Trubetzkoi wird die Phonologie zum Studium der unbewußten Struktur der Sprache. Claude Lévi-Strauss hat das sprachliche Modell auf die Analyse der Familie angewandt, indem er von dem Prinzip ausging, daß Verwandtschaft ein Kommunikationssystem vergleichbar der Sprache ist. Die Gegenpaare (Vater/Sohn, Mann/Frau) sind in einem System artikuliert, das nur in einer synchronen Perspektive verständlich wird. Lévi-Strauss verwendet dasselbe linguistische Modell in seiner strukturellen Untersuchung des Mythos. Ihm zufolge ist es »das Ziel des Mythos, ein logisches Modell für die Lösung eines Widerspruchs zu bieten«, und weiters geht »das mythische Denken von der Kenntnisnahme gewisser Widersprüche aus und führt zu ihrem Ausgleich[8]«.

Kurz gesagt, für die Strukturalisten haben Polarität, Opposition und Antagonismus keinen sozialen Ursprung und können auch nicht mit historischen Ereignissen erklärt werden. Sie sind vielmehr Ausdruck eines vollkommen folgerichtigen Systems, das die unbewußte Tätigkeit des Geistes speist. Letztlich handelt es sich um eine Struktur des

Lebens, und Lévi-Strauss behauptet, daß diese Struktur mit der Materie identisch ist. In anderen Worten, es gibt keine Auflösung der Kontinuität zwischen den Polaritäten und Oppositionen, die auf den Ebenen der Materie, des Lebens, der Psyche, der Sprache oder der Gesellschaftsordnung erfaßt werden, und jenen auf der Ebene mythologischer und religiöser Schöpfungen. Soziologismus und Historizismus werden durch einen viel ehrgeizigeren materialistischen Reduktionismus ersetzt, der allerdings subtiler als der klassische oder positivistische Materialismus ist.

Als Religionshistoriker möchte ich mich eines anderen Ausgangspunktes bedienen. Um die Funktion der Polaritäten im religiösen Leben und Denken archaischer und traditionsgebundener Gesellschaften zu verstehen, bedarf es einer hermeneutischen Anstrengung, nicht einer Entmystifizierung. Unsere Unterlagen – seien sie nun Mythen oder Theologien, Systeme der Teilung des Raums oder von zwei antagonistischen Gruppen ausgeführte Rituale, göttliche Dualitäten oder religiöser Dualismus – stellen, jede nach ihrer spezifischen Art, ebenso viele Schöpfungen des menschlichen Geistes dar. Wir haben kein Recht, sie anders zu behandeln, als wir zum Beispiel griechische Tragödien oder eine der großen Religionen behandeln würden. Wir haben kein Recht, sie auf etwas anderes zu reduzieren als was sie sind, nämlich geistige Schöpfungen. Ihr Sinn und ihre Bedeutung müssen erfaßt werden. Ich werde daher einige Dokumente aus verschiedenen Kulturen präsentieren, die ich so ausgesucht habe, daß sie die erstaunliche Vielfalt von Lösungen illustrieren, die für das Rätsel der Polarität und der Zerreißung, des Antagonismus und der Aufeinanderfolge, des Dualismus und der Vereinigung der Gegensätze angeboten werden[9].

Zwei Typen der Heiligkeit

Ich möchte zuerst daran erinnern, daß die religiöse Erfahrung eine Zweiteilung der Welt in das Heilige und in das Profane voraussetzt. Die Struktur dieser Zweiteilung ist zu komplex, als daß man sie hier diskutieren könnte, außerdem hängt das Problem nicht unmittelbar mit dem Thema zusammen. Es genügt zu sagen, daß es hier nicht um einen embryonischen Dualismus geht, denn das Profane wird durch die Dialektik der Hierophanie in das Heilige verwandelt. Viele Prozesse der Entsakralisierung verwandeln anderseits wiederum das Heilige in das Profane. Wir finden jedoch die exemplarische Opposition des Heiligen und des Profanen in der endlosen Liste binarer Antagonismen, zusammen mit den Oppositionen männlich-weiblich, Himmel-Erde, und anderem. Wenn man näher hinsieht, wird offensichtlich, daß es sich, wenn der sexuelle Antagonismus in einem religiösen Zusammenhang ausgedrückt wird, weniger um ein Problem der Opposition heilig-profan als um eines des Antagonismus zwischen zwei Arten der Heiligkeit handelt, deren eine ausschließlich den Männern gehört, die andere den Frauen. So ist es in Australien ebenso wie anderswo das Ziel der Pubertätsinitiation, den Jüngling von der Welt der Mutter und der Frauen zu trennen und ihn in die »heilige Welt« einzuführen, deren Geheimnisse eifersüchtig von den Männern gehütet werden. In ganz Australien haben jedoch die Frauen ihre eigenen geheimen Zeremonien, die manchmal für so mächtig gehalten werden, daß kein Mann sie ungestraft ausspionieren kann[10]. Ja, mehr noch, einigen mythischen Überlieferungen zufolge gehörten die allergeheimsten kultischen Objekte, die heute ausschließlich den Männern zugänglich sind, ursprünglich den Frauen. Solche Mythen deuten nicht nur auf einen sexuellen Antagonismus zwischen den Geschlechtern, sondern sind auch ein Zugeständnis der ursprünglichen Superorität der weiblichen Heiligkeit[11].

Ähnliche Überlieferungen gibt es in anderen archaischen Religionen, und ihre Bedeutung ist gleichartig, das heißt, es gibt eine qualitative Differenz und daher einen Antagonismus zwischen den jedem Geschlecht spezifischen Heiligkeiten. Bei den Malekula bezeichnet der Ausdruck *ileo* eine den Männern spezifische Heiligkeit, ihr Gegenteil, *igah*, bedeutet jedoch nicht »profan«, sondern beschreibt eine andere Art von Heiligkeit, die ausschließlich den Frauen zugehört. Jene Dinge, die mit *igah* erfüllt sind, werden von den Männern sorgfältig gemieden, denn diese Dinge paralysieren oder vernichten sogar ihre Reserven an *ileo*. Wenn die Frauen ihre heiligen Zeremonien feiern, sind sie so mit *igah* erfüllt, daß ein Mann, wenn er auch nur ihren Kopfschmuck sähe, »wie ein Kind« würde und seinen Rang in der männlichen Geheimgesellschaft verlöre. Sogar die Dinge, die von den Frauen während ihrer Rituale berührt werden, sind gefährlich und daher tabu für Männer[12].

Diese antagonistische Spannung zwischen zwei Arten der Heiligkeit drückt letztlich die Unreduzierbarkeit zweier Seinsarten in der Welt aus; jene des Mannes und die der Frau. Es wäre jedoch falsch, diese religiöse Spannung zwischen den Geschlechtern mit psychologischen oder physiologischen Termini zu erklären. Gewiß gibt es zwei unterschiedliche Seinsweisen in der Welt, es gibt aber auch die Eifersucht und das unbewußte Verlangen jedes Geschlechts, die »Mysterien« des anderen zu durchdringen und sich seiner »Kräfte« zu bemächtigen. Im Religiösen bedeutet Auflösung des sexuellen Antagonismus nicht immer eine rituelle Wiedervollziehung des *hieros gamos*, in vielen Fällen wird der Antagonismus durch eine rituelle Androgynisierung überwunden[13].

Südamerikanische Göttliche Zwillinge

Ich möchte meine Untersuchung mit Material aus Südamerika beginnen, und zwar aus zwei Gründen: Erstens gehören die betrachteten Stämme einem archaischen Stadium der Kultur an, zweitens findet man hier mehr oder weniger klar ausgedrückt eine Anzahl von »klassischen Lösungen« für das durch die Entdeckung der Dichotomie und des Antagonismus gestellte Problem. Ich brauche nicht hinzuzufügen, daß diese wenigen Beispiele den Reichtum des südamerikanischen Materials keineswegs erschöpfen. Grob gesagt, die Themen, die uns interessieren, sind: 1. die binare Unterteilung des Raumes und der Wohnung, 2. der Mythos der Göttlichen Zwillinge, 3. die auf die ganze Welt, einschließlich des geistigen Lebens des Menschen, angewandte Dichotomie, 4. der göttliche Antagonismus, der eher eine okkulte Entsprechung reflektiert und der das Modell für menschliches Verhalten und menschliche Institutionen darstellt. Häufig sind mehrere oder sogar alle diese Motive in ein und derselben Kultur bezeugt.

Ich werde nicht für jeden Stamm die speziellen Konfigurationen des heiligen Raums und seiner Kosmographie erwähnen, ich habe diesem Thema eine Monographie gewidmet. Es genügt, sich dessen bewußt zu sein, daß die zu untersuchenden Mythologien und kosmologischen Begriffe eine *imago mundi* voraussetzen. Was den Mythos von den Göttlichen Zwillingen betrifft, so ist er in Südamerika weitverbreitet. Der Vater der Zwillinge ist gewöhnlich die Sonne. Als ihre Mutter heimtückisch ermordet wird, werden die Knaben aus ihrer Leiche genommen, und es gelingt ihnen nach vielen Abenteuern, sie zu rächen[14]. Die Zwillinge sind nicht immer Rivalen. In einigen Varianten wird einer der Helden von seinem Bruder aus den Knochen, dem Blut oder Teilen seines Körpers wieder zum Leben erweckt[15]. Die beiden Kulturheroen stellen nichtsdestoweniger die universale Dichotomie dar. Die Kaingang in Brasilien führen ihre ganze Kultur und alle ihre Einrichtungen auf diese mythischen Ahnen, die Zwillinge, zurück. Sie haben nicht nur den Stamm in zwei exogame Hälften geteilt, sondern die ganze Natur ist auf die beiden Helden aufgeteilt. Die Mythologie, die das exemplarische Modell für die Kaingang liefert, illustriert auf dramatische Weise diese universale Zweiteilung, die durch die Tätigkeit der beiden Helden verständlich und sinnvoll gemacht wird[16].

Gewisse Züge zeigen einen Unterschied in der Natur der Göttlichen Zwillinge. Bei den Cubeo im Inneren Guayanas mischt sich zum Beispiel Hömanihikö, der die Erde geschaffen hat, nicht in die Angelegenheiten der Menschen ein. Er lebt im Himmel, wo er die Seelen der Menschen empfängt. Sein Bruder Mianikötöibo, der mißgestaltet ist, bewohnt einen Berg[17]. Nach den Apinayé lebten am Anfang Sonne und Mond in Menschengestalt auf der Erde. Sie zeugten die zwei Ahnengruppen des Stammes und brachten sie in einem zweigeteilten Dorf unter – die Sonnengruppe im Norden, die Mondgruppe im Süden. Die Mythen bezeugen einen gewissen Antagonismus zwischen den Brüdern; von der Sonne sagt man, sie sei gescheit, während der Mond eher als dumm gilt[18].

Der Antagonismus ist bei den Caliñas, Karaiben an der nördlichen Küste Guayanas, deutlicher ausgeprägt. Amana, die Göttin des Wassers, Mutter und Jungfrau zugleich, und der Mythe nach »ohne Nabel«, das heißt: nicht geboren[19], gebar Zwillinge, Tamusi in der Morgendämmerung, Yolokantamulu bei Sonnenuntergang. Tamusi hat Menschengestalt und wird als mystischer Ahne der Caliñas angesehen. Er hat alle guten und nützlichen Dinge geschaffen. Tamusi wohnt im leuchtenden Teil des Mondes, er ist der Herr eines Paradieses, des Landes ohne Abend, wo die Seelen der Frommen hinkommen. Niemand kann ihn aber wegen des gleißenden Lichtes, das ihn umgibt, sehen. Tamusi kämpft heldenhaft gegen die feindlichen Mächte, die die Welt schon mehrmals vernichtet haben und sie wieder zerstören werden, aber nach jeder Zerstörung hat er die Welt wieder neu geschaffen. Sein Bruder wohnt ebenfalls in den himmlischen Regionen, aber am anderen Ende des Paradieses, im Land ohne Morgen. Er ist der Schöpfer der Dunkelheit und aller Übel, die die Menschheit befallen. In einem gewissen Sinn symbolisiert er die aktiven Kräfte der Muttergöttin Amana. Haekel sieht in ihm die notwendige Entsprechung der lichten Aspekte der Welt, personifiziert durch Tamusi. Yolokantamulu ist jedoch nicht der absolute Gegner seines Bruders, der böse Geist der Caliñas ist Yawané. Von den Göttlichen Zwillingen ist jedoch Tamusi der bedeutendere und wird zu einer Art höherem Wesen[20].

Eine solche totale Dichotomie der Natur erstreckt sich jedoch oftmals auch auf die geistigen Aspekte des Menschen[21]. Bei den Apapocuva, einem Tupi-Guarani-Stamm im südlichen Brasilien, erhält jedes Kind eine Seele, die aus einer der drei himmlischen Regionen herabsteigt – Osten, Zenit und Westen –, wo es seine Vorexistenz neben einer Gottheit hatte (»unsere Mutter« im Osten, »unser ältester Bruder« im Zenit, Tupan, der jüngere Zwillingsbruder, im Westen). Nach dem Tod geht die Seele an ihren Ursprungsort zurück. Diese Seele, die Nimuendaju die »Pflanzenseele« nennt, stellt die Verbindung zur höheren Welt dar. Um diese Seele »leicht« zu machen, muß sich der Mensch des Fleischessens enthalten. Einige Zeit nach der Geburt erhält das Kind aber eine zweite Seele, die »Tierseele«, die seinen Charakter bestimmen wird. Die unterschiedlichen Temperamente der einzelnen Menschen werden nach der Gattung, die in der »Tierseele« gegenwärtig ist, bestimmt, und nur die Schamanen können die Gattung erkennen[22].

Laut Nimuendaju spiegelt der Begriff der zwei Seelen die Dichotomie der Natur wider, die exemplarisch von den beiden mythischen Zwillingen dargestellt wird, deren entgegengesetzte und antagonistische Charaktere den Mitgliedern der beiden Hälften mitgegeben sind. Dies stimmt wohl, aber die Sache geht noch weiter: Man begegnet hier einer schöpferischen Reinterpretation eines weitverbreiteten kosmologischen Schemas und mythischen Themas. Die den Primitiven vertrauten Ideen, daß der Ursprung der Seele göttlich ist und daß die höchsten kosmogonischen Götter eine himmlische Natur haben oder den Himmel bewohnen, hat dem Begriff der universalen Dichotomie einen neuen religiösen Wert hinzugefügt. Man kann in diesem Beispiel weiters eine neue religiöse Bewertung der Welt lesen: Der Antagonismus zwischen den Zwillingen wird im Antagonismus der Seelen widergespiegelt, aber nur die »Pflanzenseele« wird als göttlichen Ursprungs angesehen, und das bedeutet eine religiöse Entwertung des Tieres. Die Heiligkeit der Tiere stellt jedoch ein essentielles Element archaischer Religionen dar. Man kann hier ein Bemühen feststellen, unter vielen anderen in der Welt vorhandenen »Heiligkeiten« das rein »geistige«, göttliche Element himmlischen Ursprungs zu isolieren.

Diese Auffassung kann mit der Grundidee der Caliñas verglichen werden, daß alles, was auf der Erde existiert, ein geistiges Gegenstück im Himmel habe[23]. Wir haben auch in diesem Fall eine originale und kühne Anwendung des Themas der universalen Dichotomie, die ein geistiges Prinzip festlegt, das imstande ist, gewisse Widersprüche in der Welt zu erklären. Die Theorie der Caliñas von den himmlischen Gegenstücken ist keine Ausnahme, man findet sie in beiden Amerika ebenso wie anderswo. Die Idee »geistiger Gegenstücke« hat tatsächlich eine große Rolle in der allgemeinen Geschichte des Dualismus gespielt.

Polarität und Entsprechung bei den Kogi

Die auf das Thema bezüglichen Begriffe sind wahrscheinlich nuancenreicher und besser in ein allgemeines System gebracht worden, als man aus manchen älteren Quellen schließen würde. Wenn sich ein qualifizierter Feldforscher bemüht, nicht nur das Verhalten und die Rituale, sondern auch die Bedeutung, die sie für die Eingeborenen haben, zu berichten, enthüllt er eine ganze Welt von Sinn und Werten. Ich möchte als Beispiel den Gebrauch erwähnen, den die Kogi in der Sierra Nevada von den Ideen der Polarität und der Entsprechung machen, um die Welt, die Gesellschaft und den Einzelmenschen zu erklären[24]. Der Stamm ist in die »Menschen von oben« und die »Menschen von unten« geteilt, und das Dorf, ebenso wie die Kulthütte, ist in zwei Hälften getrennt. Die Welt ist gleichfalls in zwei Teile, die vom Lauf der Sonne bestimmt werden, geteilt. Außerdem gibt es viele andere polare und antagonistische Paare: männlich–weiblich, rechte Hand–linke Hand, warm–kalt, Licht–Dunkel und andere. Diese Paare werden mit bestimmten Tierarten und Pflanzen, Farben, Windrichtungen, Krankheiten und ebenso mit den Begriffen von Gut und Böse in Verbindung gebracht.

Der dualistische Symbolismus wird in allen magisch-religiösen Praktiken offensichtlich. Die Gegensätze koexistieren jedoch in jedem einzelnen Individuum wie in bestimmten Stammesgöttern. Die Kogi glauben, daß die Funktion und die Dauer des Prinzips des Guten (das vor allem mit der Richtung rechts identifiziert wird) von der gleichzeitigen Existenz eines Prinzips des Bösen (links) determiniert wird. Das Gute existiert nur, weil das Böse aktiv ist. Wenn das Übel verschwände, hörte auch das Gute zu bestehen auf. Diese Idee war schon Goethe teuer, ist aber auch in anderen Kulturen bekannt: Man muß Sünden begehen, um den aktiven Einfluß des Bösen zu verkündigen. Nach den Kogi ist das Hauptproblem der menschlichen Existenz, wie diese beiden Gegensätze ins Gleichgewicht gebracht und zugleich als komplementäre Mächte erhalten werden können. Der Grundbegriff lautet *yulúka*, was man mit »in Übereinstimmung sein«, »gleich sein«, »identifiziert werden« übersetzen kann. Das Wissen, wie man die schöpferischen und zerstörerischen Energien »in Übereinstimmung« bringen kann, ist das Leitprinzip des menschlichen Verhaltens.

Dieses Schema der komplementären Opposition ist seinerseits in ein viergeteiltes System des Universums integriert: Den vier Kardinalrichtungen entsprechen andere Begriffe, mythische Persönlichkeiten, Tiere, Pflanzen, Farben und Tätigkeiten. Der Antagonismus scheint im vierteiligen System wieder auf (zum Beispiel rot und weiß, »lichte Farben«, entsprechen dem Süden und Osten und sind der »bösen Seite«, die von »dunklen Farben« des Nordens und Westens gebildet wird, entgegengesetzt). Die viergeteilte Struktur beherrscht den Makro- und den Mikrokosmos. Die Welt wird von vier mythischen Riesen getragen; die Sierra Nevada ist in vier Zonen geteilt; die nach einem traditionellen Plan gebauten Dörfer haben vier Eingänge, wo es vier heilige Stätten für Opfer gibt. Das Kulthaus schließlich hat vier Herde, um die sich die Mitglieder der vier Hauptclans scharen. (Hier scheint jedoch neuerlich die antagonistische Zweiteilung auf: Die »rechte Seite« – rot – ist für jene, »die weniger wissen« bestimmt, während auf der »linken Seite« – lichtblau – jene sitzen, »die mehr wissen«, denn die letzteren werden öfter mit den negativen Mächten des Universums konfrontiert.)

Die vier Kardinalrichtungen werden durch den »Mittelpunkt« ergänzt, der eine wichtige Rolle im Leben der Kogi spielt. Er ist der Mittelpunkt der Welt, die Sierra Nevada, deren Replik das Zentrum des Kulthauses ist, in dem die

Hauptopfergaben begraben werden. Dort läßt sich der Priester *(máma)* nieder, wenn er »mit den Göttern sprechen« will.

Dieses Schema wird schließlich in ein dreidimensionales System mit sieben Markierungspunkten entwickelt: Norden, Süden, Osten, Westen, Zenit, Nadir und Mittelpunkt. Die letzteren drei stellen die kosmische Achse dar, die die Welt, die man sich als Ei vorstellt, durchschneidet und trägt. Wie Reichel-Dolmatoff erklärt, bringt das kosmische Ei ein dynamisches Element mit sich, nämlich den Begriff der neun Stufen. Die Welt und der Mensch sind von der Urmutter geschaffen worden. Sie hat neun Töchter, von denen jede eine bestimmte Art von Ackerboden darstellt: schwarz, rötlich, lehmig, sandig und so fort. Diese Ackerböden werden als ebenso viele Lagen im Inneren des kosmischen Eies angesehen und symbolisieren Wertstufen. Die Menschen leben auf der fünften Erde, dem schwarzen Boden – der im Mittelpunkt liegt. Die großen pyramidenartigen Hügel der Sierra Nevada werden als »Welten« oder »Häuser« von ähnlichem Aufbau gedacht. Die hauptsächlichsten Kulthäuser sind ihre mikrokosmischen Repliken, sie liegen daher im »Mittelpunkt der Welt«.

Die Assoziationen hören noch nicht auf. Das kosmische Ei gilt als Uterus der Urmutter, in dem die Menschen leben. Die Erde ist ebenfalls ein Uterus, ebenso die Sierra Nevada und jedes Kulthaus, Haus und Grab. Die Höhlen und Erdspalten stellen die Öffnungen der Mutter dar. Die Dächer der Kulthäuser symbolisieren die Sexualorgane der Mutter, sie sind die »Türen«, die den Zugang zu den höheren Stufen ermöglichen. Der Priester hebt den Körper des Toten neunmal auf, um zu zeigen, daß er wieder, diesmal aber rückwärts, durch die neun Monate der Schwangerschaft geht. Das Grab selbst jedoch stellt den Kosmos dar, und der Begräbnisritus ist ein Akt der »Kosmisierung«.

Ich habe diese Beispiele gewählt, weil es die Funktion der Polarität im Denken eines archaischen Volkes bewundernswert illustriert. Wie dargelegt, wird die binare Unterteilung des Raumes auf das gesamte Universum angewandt, die

Oppositionspaare sind gleichzeitig Entsprechungen. Das Prinzip der Polarität scheint das Grundgesetz der Natur und des Lebens zu sein, und ebenso die Rechtfertigung der Moral. Für die Kogi besteht menschliche Vollkommenheit nicht darin, »Gutes zu tun«, sondern darin, das Gleichgewicht zwischen den beiden antagonistischen Mächten des Guten und des Bösen sicherzustellen. Auf der kosmischen Stufe entspricht dieses innere Gleichgewicht dem »Mittelpunkt der Welt«. Diesen Punkt kann man am Schnittpunkt der vier Kardinalrichtungen und der vertikalen Zenit-Nadir-Achse in der Mitte des kosmischen Eis finden, das mit dem Uterus der Urmutter identisch ist. Die verschiedenen Systeme der Polaritäten drücken also die Strukturen der Welt und des Lebens, ebenso wie die besondere Seinsweise des Menschen aus. Die menschliche Existenz wird als eine »Rekapitulation« des Universums angenommen und verstanden, und das kosmische Leben wird umgekehrt dadurch verständlich und sinnvoll gemacht, daß man es als eine »Chiffre« begreifen kann.

Ich möchte keine weiteren Beispiele aus Süd- und Mittelamerika bringen. Wie ich glaube, habe ich einerseits die Vielfalt geistiger Schöpfungen, die durch das »Lesen« der Natur und der menschlichen Existenz im Licht der Polarität hervorgebracht werden, hinreichend betont und anderseits gezeigt, daß die speziellen Ausformungen der binaren und dualistischen Begriffe ihre tiefe Bedeutung erst erschließen, wenn sie in das allumfassende System integriert werden, dessen Teil sie sind.

Unter den nordamerikanischen Stämmen begegnet man einer ähnlichen, aber komplexeren Situation. Man findet dort ebenfalls die Zweiteilung des Dorfes und der Welt und das daraus resultierende kosmologische System (die vier Richtungen, die Zenit-Nadir-Achse, den »Mittelpunkt« und anderes), ebenso wie verschiedene mythologische und rituelle Ausformungen religiöser Polaritäten, Antagonismen und Dualismen. Diese Begriffe sind natürlich weder allgemein noch gleichmäßig verbreitet. Manche nordamerikanische Völkergruppen kennen bloß eine rudimentäre zweiteilige

Kosmogonie, und andere Stämme kennen die »dualistischen« Begriffe nicht, obwohl sie Klassifizierungssysteme eines binaren Typs anwenden. Gerade dieses Problem ist jedoch interessant, nämlich die unterschiedlichen religiösen Einschätzungen des Grundthemas der Polarität und des Dualismus in verschiedengearteten kulturellen Zusammenhängen.

Kampf und Versöhnung: Mänäbush und die Medizinhütte

Bei den zentralen Algonkin spielt der Kulturheros – Nanabozho (Ojibwa und Ottawa), Mänäbush (Menomini) oder Wisaka (Kri, Saux) – eine hervorragende Rolle[25]. Er stellt die Erde nach der Flut wieder her und gibt ihr ihre heutige Gestalt, er schafft die Jahreszeiten und bringt das Feuer[26]. Mänäbush ist vor allem wegen seines Kampfes mit den »unteren« Mächten des Wassers berühmt, mit dem jenes kosmische Drama begann, unter dessen Folgen die Menschen heute noch leiden[27]. Der Kampf erreichte seinen Höhepunkt, als die Wassermächte den jüngeren Bruder Mänäbushs, den Wolf, ermordeten und damit den Tod in die Welt brachten. Der Wolf erschien zwar nach drei Tagen wieder, aber Mänäbush sandte ihn zum Lande des Sonnenuntergangs, wo er der Herr der Toten wurde. Um den Mord an seinem Bruder zu rächen, erschlug Mänäbush den Häuptling der Wassermächte. Seine Gegner ließen daraufhin eine neue Flut los, die von einem schrecklichen Winter gefolgt wurde, ohne jedoch den Helden überwinden zu können. Darauf wurden die Mächte besorgt und schlugen eine Versöhnung vor: die Errichtung der Medizinhütte, in deren Mysterien Mänäbush als erster eingeweiht werden sollte.

Es ist bedeutungsvoll, daß das Thema der Versöhnung nur in esoterischen Mythen bekannt ist, die ausschließlich den in den geheimen Midēwiwin-Kult Eingeweihten enthüllt wurden[28]. Nach der esoterischen Version des Mythos wurde also die kosmische Katastrophe abgewendet, weil die Unterweltsmächte – die mit der Erschlagung des Wolfs den

Tod auf die Erde gebracht hatten – dem Mänäbush eine geheime und mächtige Zeremonie anboten, durch die das Los der Sterblichen gebessert werden konnte. Die Einweihung in den Midēwiwin gibt zwar nicht vor, die menschlichen Verhältnisse ändern zu können, sie sichert jedoch hier auf Erden Gesundheit, langes Leben und eine neue Existenz nach dem Tode. Das Initiationsritual folgt dem wohlbekannten Szenarium von Tod und Auferstehung: Der Novize wird »getötet« und sofort durch die heilige Muschel wieder auferweckt[29]. In anderen Worten, dieselben Mächte, die den Menschen seiner Unsterblichkeit beraubt hatten, wurden letztlich gezwungen, ihm eine Technik zu geben, die ihn stärken, sein Leben verlängern und ihm zugleich eine »geistige« Nachexistenz sichern kann. Während der geheimen Zeremonien stellt der Novize Mänäbush dar, die Priester die Mächte. Die Einweihungshütte betont den dualistischen Symbolismus. Sie ist in zwei Abteilungen geteilt: Der weißgemalte Norden ist der Sitz der unteren Mächte, in der südlichen, rot gemalten Hälfte, findet man die oberen Mächte. Die zwei Farben symbolisieren Tag und Nacht, Sommer und Winter, Leben und Tod (der von der Auferstehung gefolgt wird) und anderes mehr. Die Verbindung dieser beiden polaren Prinzipien stellt die Ganzheit der kosmischen Wirklichkeit dar.

Wir haben hier ein ausgezeichnetes Beispiel für die sogenannte Aufwertung der negativen Elemente der Polarität. Dem schöpferischen Genius der Menomini ist es gelungen, eine neue und wirkungsvolle Lösung der Krise zu finden, die durch das Bewußtsein von der schrecklichen Allgegenwart von Leiden, Unglück und Tod hervorgerufen wird. Ich werde gleich andere Lösungen mit variierender Ähnlichkeit besprechen, für den Augenblick ist es aber instruktiv, den mytisch-rituellen Komplex der Menomini-Einweihungshütte in der ganzen Religion der Algonkin festzulegen, damit man die allgemeinen religiösen Ideen erkennt, aus denen die Menomini ihr besonderes System entwickelt haben. Andere Algonkin-Stämme haben tatsächlich, wie Werner Müller gezeigt hat, eine andere Tradition, in der der Kulturheros keine Rolle im Ritual der Einweihungshütte spielt.

Die Ojibwa in Minnesota behaupten etwa, daß die Hütte vom Großen Geist *(Manitu)* errichtet wurde, um den Menschen das ewige Leben zu sichern. Manitu ist in der Einweihungshütte symbolisch anwesend *(midēwigan)*. Die Hütte gibt die Welt wieder: Ihre vier Wände symbolisieren die vier Kardinalrichtungen, das Dach das Himmelsgewölbe, der Boden die Erde[30]. In beiden Typen von Einweihungshütten – der Menomini und der Ojibwa – betont der kosmische Symbolismus die Tatsache, daß die erste Einweihung im gesamten Universum vor sich ging. Der dualistischen Struktur der Hütte, die Mänäbush nach seiner Versöhnung mit den unteren Mächten auf der Erde errichtet hat, steht der vierfache Symbolismus der von Manitu gebauten Hütte entgegen: vier Türen, vier Farben, und so fort. Im Ritualkomplex des Mänäbush ist der Große Geist nicht anwesend oder fast überdeckt, und umgekehrt spielt der Kulturheros keine Rolle in der Zeremonie des *midēwigan*. In beiden Typen der Initiation ist jedoch das persönliche Schicksal des Novizen das Hauptanliegen: bei den Ojibwa das ewige Leben nach dem Tode, das der Große Geist schenkt, bei den Menomini Gesundheit und ein langes Leben (und wahrscheinlich ein neues Leben nach dem Tod), die man von Mänäbush als Folge einer Reihe dramatischer Ereignisse, die zu einer Zeit stattfanden, als die Welt nahezu zerstört wurde, erhält. Man sollte sich auch merken, daß es im esoterischen Mythos der Große Manitu ist, der den unteren Mächten rät, eine Versöhnung zu suchen. Ohne seine Intervention wäre der Kampf wahrscheinlich weitergegangen, bis sowohl die Welt als auch die unteren Mächte vollkommen vernichtet gewesen wären.

Hochgott und Kulturheros

Man sieht also, was in dem mythisch-rituellen Komplex der Menomini neu ist im Vergleich zur Einweihungshütte der Ojibwa: Bei den Ojibwa hat der Große Gott die Hütte gebaut, um den Menschen ewiges Leben zu sichern. Die Menomini haben die Hütte mit Hilfe von Mänäbush durch die unteren Mächte erhalten, und die Einweihung bringt Gesundheit, langes Leben und eine Existenz nach dem Tode. Der vierfache Symbolismus der Ojibwa-Hütte, der ein wohlausgewogenes Universum ohne Spaltungen reflektiert, dessen Rhythmen in geregelter Weise unter der Kontrolle des Großen Gottes fortgehen, wird durch den dualistischen Symbolismus der Menomini ersetzt. Dieser Symbolismus reflektiert auch den Kosmos, aber es ist eine von allen möglichen Antagonismen zerrissene Welt, die vom Tod beherrscht wird, die infolge des Konfliktes zwischen Mänäbush und den Wassermächten am Rande der Zerstörung steht, in der der Große Gott nicht anwesend und der einzige Beschützer des Menschen der Kulturheros ist, der eher dem Menschen ähnelt, wie wir aus seiner wilden Kampfeslust und seinem zwiespältigen Verhalten sehen. Der dualistische Symbolismus der Hütte bei den Menomini drückt sicherlich auch die Integration der Gegensätze im Kosmischen ebenso wie in der menschlichen Existenz aus. In diesem Fall stellt die Integration aber eine verzweifelte Anstrengung dar, die Welt vor der endgültigen Zerstörung zu retten, den Fortgang des Lebens zu sichern und vor allem einen Sinn im gefährdeten und widerspruchsvollen menschlichen Leben zu finden.

Um besser verständlich zu machen, wie sich die religiösen Ideen der Algonkin entwickelt haben, ziehe ich den kosmischen Symbolismus des Großen Hauses der Delaware (Lenape), einem Algonkin-Stamm an der Atlantikküste, heran, sowie die Theologie, die sich in ihren Neujahrszeremonien ausdrückt. Das Große Haus wird jedes Jahr im Oktober in einer Waldlichtung errichtet. Es ist eine rechteckige Hütte, mit vier Türen und einem Holzpfosten in der Mitte. Der Boden symbolisiert die Erde, das Dach den Himmel und die vier Wände die vier Himmelsrichtungen. Das Große Haus ist eine *imago mundi*, und das Ritual feiert den Neuanfang (die Neuerschaffung) der Welt. Man nimmt an, daß der höchste Gott, der Schöpfer, den Kult eingeführt hat. Er bewohnt den zwölften Himmel und läßt seine Hand auf der *axis mundi* ruhen, die im Großen Haus ihr Gegenstück hat. Der Gott ist aber auch in den beiden Gesichtern anwesend, die in die Pfosten geschnitzt sind. Jedes neue Fest des Großen Hauses schafft die Erde wieder neu, es verhindert auch, daß die Erde durch eine kosmische Katastrophe vernichtet wird. Das erste Große Haus soll tatsächlich nach einem Erdbeben errichtet worden sein. Die jährlich durch die Neujahrszeremonie vollbrachte Neuschöpfung der Erde sichert den Fortbestand und die Fruchtbarkeit der Welt. Im Gegensatz zu den in den Hütten der Menomini und Ojibwa praktizierten Initiationen, die Einzelmenschen betreffen, regeneriert die Zeremonie des Großen Hauses den Kosmos in seiner Gesamtheit[31].

Die ethnische Gruppe der Algonkin zeigt uns also drei Typen kultischer Häuser und drei Kategorien des Rituals, die von drei religiösen Systemen abhängen. Es ist bedeutungsvoll, daß das archaischste System, jenes der Delaware, um die periodische Regeneration des Kosmos kreist, während das jüngste, vom Kulturheros und dem dualistischen Symbolismus beherrschte, hauptsächlich eine Besserung der menschlichen Lage anstrebt. In diesem zweiten Fall ist der »Dualismus« die Folge einer mythischen Geschichte, war aber nicht durch irgendwelche wesentliche Charakteristika der Protagonisten vorausbestimmt. Der Antagonismus zwischen Mänäbush und den unteren Mächten war, wie dargelegt, als Folge eines Geschehnisses – des Mordes am Wolf – aufgeflammt, der auch ebensogut nicht stattgefunden haben könnte.

Der Dualismus der Irokesen: Die mythischen Zwillinge

Bei den Irokesen kann man von einem »Dualismus« im eigentlichen Sinn sprechen. Es herrscht vor allem die Idee, daß alles, was auf Erden besteht, einen Prototyp – einen »älteren Bruder« – im Himmel hat. Der kosmogonische Prozeß beginnt im Himmel, aber man kann sagen, daß er eher zufällig beginnt. Ein junges Mädchen, Awenhai (»Fruchtbare Erde«), bat den Himmelsfürsten, sie zu heiraten. Er vermählte sich mit Awenhai, und sie wurde durch seinen Atem schwanger. Da der Gott das Wunder nicht verstand und eifersüchtig war, riß er den Baum, dessen Blüten die himmlische Welt erleuchteten – denn die Sonne existierte noch nicht –, mit seinen Wurzeln aus und schleuderte seine Frau durch das Loch. Er warf auch die Prototypen einiger Tiere und Pflanzen hinaus, die zu den Tieren und Pflanzen, die heute auf der Erde sind, wurden, während ihre »älteren Brüder« im Himmel blieben. Dann stellte der Gott den Baum wieder auf seinen Platz zurück.

Die Moschusratte brachte etwas Schlamm vom Grund des Urozeans und breitete ihn auf dem Rücken einer Schildkröte aus. Auf diese Art wurde die Erde geschaffen, und Awenhai brachte eine Tochter zur Welt, die erstaunlich rasch wuchs. Das Mädchen heiratete bald, aber der Bräutigam legte einen Pfeil neben ihren Bauch und verschwand. Die schwangere Tochter Awenhais hörte Zwillinge in ihrem Schoß streiten. Einer wollte nach unten, während der andere nach oben herauskommen wollte. Schließlich wurde der ältere auf normale Weise geboren, während sein Bruder durch die Achselhöhle herauskam und so den Tod seiner Mutter verursachte. Er war aus Feuerstein gemacht und wurde darum Tawiskaron (»Feuerstein«) genannt. Awenhai fragte die Zwillinge, wer ihre Tochter getötet habe. Beide beschworen ihre Unschuld, Awenhai glaubte jedoch nur »Feuerstein« und vertrieb seinen Bruder. Aus dem Körper ihrer Tochter machte Awenhai die Sonne und den Mond und hing sie an einen Baum in der Nähe der Hütte.

Während Awenhai sich Tawiskaron zuwendete, half sein Vater dem älteren Bruder. Er fiel eines Tages in einen See und traf auf dem Grunde seinen Vater, die große Schildkröte. Von ihm erhielt er einen Bogen und zwei Kornähren (eine reif, um gesät, die andere roh, um geröstet zu werden). Nachdem er zur Oberfläche zurückgekehrt war, vergrößerte er die Erde und schuf Tiere. Dann erklärte er: »Von nun an sollen die Menschen mich Wata Oterongtongnia (junger Ahornbaum) nennen.« Tawiskaron versuchte, seinen Bruder nachzuahmen, aber als er einen Vogel schaffen wollte, wurde es eine

Fledermaus. Als er Oterongtongnia Menschen und Tiere machen sah, versuchte er, das gleiche zu tun, aber seine Geschöpfe waren armselig und mißgestaltet. Mit Hilfe der Großen Mutter schloß Tawiskaron dann die von seinem Bruder geschaffenen Tiere in eine Höhle ein, aber Oterongtongnia gelang es, einige davon zu befreien. Da er nicht imstande war zu erschaffen, bemühte sich Tawiskaron, die Schöpfung seines Bruders zu zerstören. Er ermöglichte das Eindringen von Ungeheuern aus einer anderen Welt, aber Oterongtongnia gelang es, sie zurückzutreiben. Oterongtongnia schleuderte die Sonne und den Mond an das Firmament, und seither leuchten sie für alle Menschen, während Tawiskaron die Berge und Klippen hervorbrachte, um das Leben der Menschen schmerzlicher zu machen.

Dann lebten die Zwillinge in einer Hütte zusammen. Eines Tages entzündete Oterongtongnia ein so mächtiges Feuer, daß sich kleine Splitter aus dem Feuersteinkörper seines Bruders lösten. Tawiskaron raste aus der Hütte, aber Oterongtongnia verfolgte ihn und warf Steine auf ihn, bis der andere zusammenbrach. Die Rocky Mountains sind die Überbleibsel von Tawiskaron[32].

Dieser Mythos begründet und durchzieht das gesamte religiöse Leben der Irokesen. Es ist ein dramatischer Mythos, der einzige nordamerikanische, den man mit dem iranischen Dualismus des Zurvaniten-Typs vergleichen könnte. Der Kult und der Kalender spiegeln im Detail die Opposition der mythischen Zwillinge wider. Trotzdem erreicht dieser unauflösbare Antagonismus nicht den Paroxismus der Iranier, und zwar aus dem einfachen Grunde, weil die Irokesen sich weigern, den »bösen« Zwilling als den Ausbund des »Übels« zu identifizieren, dem ontologisch Bösen, das das iranische religiöse Denken beherrschte.

Der Kult: Antagonismus und Aufeinanderfolge

Das »Lange Haus« ist die Kulthütte. Es hat zwei Türen: Im Nordosten kommen die Frauen herein, die sich im Osten niedersetzen, im Südwesten die Männer, die sich im Westen niederlassen. Der Kalender der Feste umfaßt zwei Jahreszeiten: Sommer und Winter. Die Winterzeremonien werden von den Männern gefeiert, sie sagen Dank für die erhaltenen Gaben. Die Sommerrituale sind in der Verantwortlichkeit der Frauen, sie flehen um Regen und Fruchtbarkeit. Der Antagonismus wird auch in den Details der Zeremonien sichtbar. Die beiden Clan-Hälften, die Rehe und die Wölfe, die die mythischen Zwillinge darstellen, würfeln miteinander – das Spiel symbolisiert den Konflikt zwischen den Zwillingen. Die heiligen Tänze, die zu Ehren des »Großen Geistes« abgehalten werden, gehören zu Oterongtongnia und zu jener Hälfte des Tages, in der die Sonne in den Zenit steigt. Die sogenannten Gesellschaftstänze, die der Zerstreuung dienen, gehören zu Tawiskaron und zum Abend[33].

Werner Müller hat gezeigt, daß der tatsächlich monotheistische Aspekt dieser Zeremonien das Resultat einer Reform ist, die auf die Anfänge des 19. Jahrhunderts zurückgeht. Nach einer ekstatischen Offenbarung beschloß ein Prophet des Stammes der Seneca, Handsome Lake, die Religion seines Volkes zu reformieren. Er ersetzte die beiden mythischen Zwillinge durch den Großen Gott Haweniyo (»Große Stimme«) und den Teufel Haniseono (»der in der Erde wohnt«). Der Prophet versuchte jedoch, das religiöse Leben auf den Großen Gott zu konzentrieren, und verbot daher die dem bösen Zwilling geweihten Rituale, die er in »Gesellschaftstänze« umwandelte.

Diese Reform mit ihrer stark monotheistischen Tendenz kann zum Teil auf die ekstatischen Erlebnisse Handsome Lakes zurückgeführt werden, es gab aber auch noch andere Aspekte. Die Europäer warfen den Irokesen vor, sie »beteten den Teufel an«. Offensichtlich gab es jedoch niemals eine Anbetung des Teufels, weil der böse Zwilling nicht die Inkarnation des Bösen ist, sondern nur der negative, dunkle Aspekt der Welt. Wie eben ausgeführt, spiegeln und beherrschen die mythischen Zwillinge die Formen oder »Zeiten«, die zusammen das lebendige und fruchtbare Universum konstituieren. Man trifft wieder auf die komplementären Paare Tag und Nacht, Winter und Sommer, Säen und Ernten sowie auf die Polaritäten Mann-Frau, heilig-profan und andere.

Wie rigoros das dualistische Prinzip alle religiösen Begriffe der Irokesen durchdringt, geht aus einem der wichtigsten Rituale hervor: dem Tragen der Masken im Frühling und im Herbst und ihre Heilfunktion[34]. Die Mitglieder einer der Bruderschaften, die »Falschen Gesichter«, betreten die Häuser und vertreiben Krankheiten. Die andere Bruderschaft (die »Gesichter des Maisstrohs«) feiern ihre Rituale während der Zeremonien im Langen Haus. Die Masken besprühen die Teilnehmer mit »Medizinwasser« und verstreuen Asche gegen die Krankheiten.

Dem Mythos zufolge wurden Krankheit und andere Plagen durch ein übermenschliches Wesen, den Doppelgänger von Tawiskaron, hervorgebracht. Am Anfang der Welt kämpfte er gegen den Schöpfer, wurde aber besiegt und mit der Aufgabe betraut, die Leute zu heilen und ihnen zu helfen. Er lebt in den Felsen am Rande der Welt, wo Fieber, Tuberkulose und Kopfweh geboren werden. Unter seinen Aufwärtern sind die »Falschen Gesichter«, deformierte Wesen mit großen Köpfen und äffischen Zügen, die wie ihr Herr fern von den Menschen wohnen und Wüstengebiete heimsuchen. Der Mythos stellt sie als die mißlungenen Schöpfungen Tawiskarons dar, die die von seinem Bruder geschaffenen Wesen nachzuahmen trachten. Im Ritual werden sie von maskierten Männern dargestellt, die im Frühling und im Herbst die Krankheiten aus den Dörfern vertreiben.

Obwohl also der Feind vom Großen Gott besiegt worden ist, so dauert das »Böse« in der Welt an. Der Schöpfer will oder kann das »Böse« nicht gänzlich vernichten, aber er erlaubt ihm auch nicht, seine Schöpfung zu verderben. Er nimmt also den unvermeidlichen negativen Aspekt des Lebens hin, zwingt jedoch seinen Gegner, selbst die Folgen seiner Tätigkeit zu bekämpfen.

Diese Ambivalenz des »Bösen« – das als eine verhängnisvolle Neuerung betrachtet, aber hinfort als unvermeidliche Modalität des Lebens und der menschlichen Existenz hingenommen wird – wird gleicherweise im Weltbegriff der Irokesen sichtbar. Man stellt sich vor, daß das Universum einen zentralen Teil hat, das Dorf und die bebauten Felder, der von Menschen bewohnt wird. Dieser Mittelteil wird von einer äußeren Wüste voller Steine, Sümpfe und »Falscher Gesichter« umgeben. Solch eine *imago mundi* ist in den archaischen und traditionsgebundenen Kulturen wohlbekannt. Dieser Weltbegriff ist grundlegend für das Denken der Irokesen und verschwand auch nicht, als der Stamm in einer Reservation untergebracht wurde. »Innerhalb der Irokesen-Reservation regiert der ›gute‹ Bruder, dort gibt es die Häuser und Felder, wo man sicher ist. Außerhalb aber regieren der ›böse‹ Bruder und seine Helfer, die weißen Menschen, dort gibt es die Wüste der Fabriken, der Gebäude und der gepflasterten Straßen.«

Pueblo: Antagonistische und komplementäre göttliche Paare

Bei den Pueblo überläßt der Große Gott seinen Platz göttlichen Paaren, die manchmal antagonistisch, aber immer komplementär sind. Bei diesen Maispflanzern werden wir Zeugen des Übergangs von der archaischen Dichotomie – angewandt auf Gesellschaft, Wohnung und die ganze Natur – zu einer wirklichen und rigorosen »dualistischen« Ausprägung der Mythologie und des religiösen Kalenders. Der Ackerbaurhythmus verstärkt noch die schon vorhandene Zweiteilung zwischen Frauenarbeit (Nahrungssuche und Gartenbau) und Männerarbeit (Jagd) und systematisiert die kosmisch-rituellen Dichotomien (zwei Jahreszeiten, zwei Götterarten und so fort).

Einige Beispiele können als Ausgangspunkt und Modell dienen. Laut Stevenson und Cushing verwandelte sich das Urwesen Awonawilona, genannt »Er-Sie« oder »Behälter des Alls«, in die Sonne und brachte aus seiner eigenen Substanz zwei Samen hervor, mit denen er die Großen Wasser besamte, aus denen der »Allbedeckende Vater-Himmel« und die »Vierfach umfassende Mutter Erde« entstanden. Aus der

Vereinigung dieser kosmischen Zwillinge entstanden alle Formen des Lebens. Die Erdmutter behielt jedoch alle diese Schöpfungen in ihrem Körper, im »Vierfachen Schoß der Welt«. Die Menschen, das heißt die Zuni, wurden im Tiefsten dieses Höhlenschoßes geboren. Nur mit Hilfe eines weiteren Paares Göttlicher Zwillinge, der Kriegsgötter Ahayutos, und von ihnen geleitet, kamen sie an die Oberfläche. Die Ahayutos wurden von der (Vater-)Sonne geschaffen, um die Ahnen der Zuni ans Licht und schließlich zum »Mittelpunkt der Welt«, ihrem jetzigen Wohngebiet, zu führen[35].

Während dieser Reise zum Mittelpunkt entstanden verschiedene Götter: Die Cocos (Katchinas) – Regengötter – und die Tiergötter, die Häuptlinge der Medizingesellschaften. Charakteristisch für den Zuni-Mythos ist nun, daß die Zwillinge keine Gegner sind. Sie spielen außerdem keine wichtige Rolle im Ritual, das religiöse Leben wird im Gegenteil von einer systematischen Opposition zwischen den Kulten der Regengötter (im Sommer) und der Tiergötter (im Winter) beherrscht[36]. Diese beiden Kulte werden von vielen religiösen Bruderschaften kontrolliert. Der »Dualismus« der Zuni zeigt sich im Festkalender. Die beiden Götterklassen folgen in der religiösen Wirklichkeit aufeinander, dem Gang der Jahreszeiten entsprechend. Die Opposition zwischen den Göttern – die durch abwechselnde Vorherrschaft der beiden religiösen Bruderschaften verwirklicht wird – spiegelt den kosmischen Rhythmus wider.

Ein anderer Pueblo-Stamm, die Acoma, interpretiert die Opposition der Götter und die kosmische Polarität wieder auf andere Weise. Für die Acoma wie für die Zuni ist der höchste Gott ein *deus otiosus.* Das Urwesen Uchtsiti wird tatsächlich in den Mythen und im Kult durch zwei Schwestern ersetzt, Jatiki und Nautsiti. Vom Augenblick, an dem sie aus der Unterwelt auftauchen, stehen sie in Opposition zueinander. Jatiki offenbart eine mystische Gemeinsamkeit mit Ackerbau, Ordnung, dem Heiligen und der Zeit. Nautsiti ist mit der Jagd, der Unordnung, der Gleichgültigkeit gegenüber dem Heiligen und dem Raum verbunden. Die beiden Schwestern trennen sich und teilen dadurch die Menschheit in zwei Kategorien: Jatiki ist die Mutter der Pueblo, Nautsiti die der nomadischen Indianer (Navajo, Apachen und anderen). Jatiki erschafft den Kaziken, der die Priesterrolle übernimmt, Nautsiti gründet die Klasse der Kriegshäuptlinge[37].

Nach der Mythologie einer anderen Pueblo-Gruppe, der Sia, existierte der Schöpfer, die Spinne Sussistinnako, ursprünglich in der unteren Welt. Sussistinnako machte eine Sandzeichnung und begann zu singen und schuf dadurch zwei Frauen, Utset (»Osten«) und Nowutset (»Westen«), die schließlich die Mütter der Indianer und aller anderen Völker wurden (oder, nach einer anderen Variante, der Pueblo und der Navajo). Die Spinne schuf weiter mit ihrem Gesang, aber die beiden Frauen übten ebenfalls ihre schöpferischen Kräfte aus und gerieten dadurch mehr und mehr in Gegensatz zueinander. Sie ließen sich in zahllose Wettbewerbe ein, um zu zeigen, wer die überlegenere sei. Als Folge davon begannen auch die Völker, die den beiden Frauen anhingen, miteinander zu kämpfen. Schließlich überfiel Utset Nowutset, tötete sie und schnitt ihr Herz heraus. Aus dem Herzen kamen Ratten (oder ein Eichhörnchen und eine Taube), die in die Wüste fortliefen, gefolgt von den Leuten der Nowutset. Die Spinne schickte die Sonne und den Mond und einige Tiere an die Oberwelt und stellte ein Schilfrohr auf, damit auch die Menschen nach oben kommen konnten. Die Menschen kletterten in dem Schilfrohr hinauf und kamen an der Oberfläche eines Sees heraus. Utset gab ihnen Stücke ihres eigenen Herzens zum Einpflanzen, und dadurch entstand der Mais. Sie sagte: »Dieser Mais ist mein Herz und er soll für mein Volk wie Milch aus meinen Brüsten sein.« Utset setzte schließlich Priester ein und versprach ihnen Hilfe aus ihrer unterirdischen Wohnung[38].

Es genügt, wenn man die religiösen Begriffe der Pueblo mit jenen der Irokesen vergleicht, um den großen Unterschied zu ersehen. Obwohl sie zum selben Kulturtyp, nämlich zu den Maisbauern gehören und daher einen analogen Weltbegriff haben, hat jeder Stamm doch die dualistische Struktur seiner Religion unterschiedlich gewertet. Die Mythen und der Kult der Irokesen drehen sich um den Antagonismus der Göttlichen Zwillinge, während für die Zuni die Zwillinge keine Rivalen sind und ihre kulturelle Rolle sehr bescheiden ist. Im Gegensatz zu den Irokesen haben die Zuni die Polaritäten in ihrem religiösen Kalender genauestens systematisiert, was zur Folge hatte, daß sich der Antagonismus zwischen den beiden Götterarten in der zyklischen Abwechslung kosmischer Mächte und des religiösen Verhaltens manifestiert, die zugleich entgegengesetzt und komplementär sind. Die von den Zuni gefundene Formel erschöpft noch immer nicht die Vorstellungskraft der Pueblo. Bei den Acoma trennen die zwei göttlichen Schwestern die Menschen und die Gesamtheit der Wirklichkeit in zwei Kategorien, die einander gleichzeitig kontrastieren und entsprechen.

Wenn man die Vergleiche von weiter herholt, dann kann man im System der Irokesen ein Gegenstück zum iranischen Dualismus in seiner strengsten Form sehen, während das System der Zuni an die chinesische Interpretation der kosmischen Polarität erinnert, die sich in der rhythmischen Abwechslung der beiden Prinzipien *yang* und *yin* ausdrückt.

Kalifornische kosmogonische Mythen: Gott und seine Feinde

Eine gänzlich andere Form des Dualismus kann man bei einigen archaischen Stämmen in Mittelkalifornien (Sammlern und Jägern) finden. Ihre Mythen zeigen einen Hochgott, Schöpfer der Welt und des Menschen, und ein geheimnisvolles und paradoxes übernatürliches Wesen, genannt Coyote, das manchmal absichtlich das Werk Gottes behindert, öfter aber noch die Schöpfung durch Ungeschicklichkeit oder Großmäuligkeit korrumpiert. Coyote wird manchmal als von Uranfang existierend beschrieben, als in der Nähe Gottes befindlich und seinem Werk systematisch entgegenarbeitend.

Der kosmogonische Mythos der nordwestlichen Maidu beginnt mit einem Vorspiel: Das höchste Wesen, Wonomi (»Ohne Tod«) oder Kodoyambe (»Der die Erde benennt«) ist zusammen mit Coyote in einem Boot, das auf dem Urmeer treibt. Gott erschafft die Welt durch seinen Gesang, aber Coyote läßt die Berge wachsen. Nach der Schöpfung des Menschen versucht der Feind ebenfalls seine Kraft zu beweisen und produziert blinde Wesen. Gott hat die Wiederkehr der Menschen zum Leben durch eine »Quelle der Jugend« sichergestellt, aber Coyote zerstört diese. Außerdem rühmt sich Coyote vor dem Schöpfer: »Wir sind beide Häuptlinge«, und Gott widerspricht ihm nicht. Coyote erklärt auch, er sei »der älteste in der Welt«, und rühmt sich, daß die Menschen von ihm sagen werden: »Er hat den Großen Häuptling besiegt.« In einer anderen Variante nennt Coyote den Schöpfer »Bruder«. Wenn Gott den Menschen die Regeln für Geburt, Heirat, Tod kundtut, verändert Coyote sie, beschuldigt aber nachher den Schöpfer, er habe nichts für das Glück der Menschen getan.Endlich gibt Gott zu: »Ohne es zu wollen, wird die Welt den Tod kennen.« Damit zieht er sich zurück, aber nicht ohne eine Strafe für den Feind vorbereitet zu haben: Coyotes Sohn wird von einer Klapperschlange getötet. Vergeblich fleht der Vater den Schöpfer an, den Tod wieder abzuschaffen, und verspricht, daß er sich nicht mehr als Feind verhalten werde[39]. Nach den Regeln der archaischen religiösen Logik kann nichts, was am Uranfang entstand, als die Genesis noch nicht abgeschlossen war, wieder aufgehoben werden. Solange die Schöpfung vor sich geht, bildet alles, was geschieht und was gesagt wird, Ontophanien, Grundlagen des Seins, kurz, es gehört zur kosmogonischen Aktivität.

Die Mythen der Maidu, besonders ihrer nordöstlichen Vertreter, werden durch die entschiedene Rolle, die sie Coyote zuweisen, charakterisiert. Coyote verfolgt in seiner Gegnerschaft ein ganz bestimmtes Ziel: Er arbeitet daran, die fast engelhafte Art der Menschen, wie sie von Gott vorgesehen war, zu verderben. Dank Coyote erlangt der Mensch seine heutige Seinsweise, die Anstrengung, Arbeit, Leiden und Tod umfaßt, die aber auch den Fortgang des Lebens auf der Erde möglich macht.

Bei den Wintun, einem anderen kalifornischen Stamm, entscheidet der Schöpfer Olelbis, daß die Menschen wie

Bruder und Schwester leben sollen, daß es weder Geburt noch Tod gibt und daß das Leben einfach und glücklich sein soll. Er beauftragt zwei Brüder, einen »Steinernen Weg« zum Himmel zu bauen. Die Menschen können, wenn sie alt werden, auf ihm zum Himmel gehen und dort in einer Wunderquelle baden, die sie wieder jung macht. Während die Brüder daran arbeiten, erscheint Sedit, der Feind von Olelbis, und überzeugt einen der Brüder, es wäre besser, wenn Heirat, Geburt, Tod und sogar Arbeit in die Welt kämen. Die Brüder zerstören den fast fertigen Weg, werden in Geier verwandelt und fliegen davon. Sedit bereut seine Tat jedoch bald, denn er spürt, daß er nun sterblich ist. Er versucht, mit Hilfe einer aus Blättern gemachten Maschine zum Himmel aufzufliegen, stürzt jedoch ab und stirbt. Olelbis sieht dies vom Himmel und ruft: »Dies ist der erste Tod. Von jetzt an werden alle Menschen sterben.« (Das Material wird von Wilhelm Schmidt in *Der Ursprung der Gottesidee* analysiert.) Ein ähnlicher Mythos ist bei den Arapaho bezeugt, einem Ost-Algonkinschen Stamm: Während der Schöpfer (»Der Mann«) seine Arbeit ausführte, erschien eine unbekannte Person Nih'asa (»Der bittere Mann«) mit einem Stock und bat um Schöpferkraft und ein Stück Land. Der Schöpfer erfüllte ihm den ersten Wunsch, und Nih'asa hob seinen Stock auf und schuf Berge und Flüsse. Nachher warf der Schöpfer ein Stück Haut auf das Wasser und erklärte: »Ebenso wie dieses Stück Haut zuerst untergeht, aber dann wieder an die Oberfläche kommt, so werden die Menschen sterben und wieder zum Leben zurückkommen.« Nih'asa fand jedoch, daß die Erde dann bald übervölkert sein würde. Er warf einen Kieselstein aufs Wasser und erklärte, so wie dieser zu Boden sinke und verschwinde, so würde auch das Schicksal den Menschen von nun an sein.

Ich werde noch einmal auf die Rolle Coyotes bei der Festlegung der menschlichen Verhältnisse zurückkommen, denn dieses mythologische Thema läßt unerwartete Ausformungen zu. Vorerst will ich aber noch andere kalifornische Mythen mit dualistischer Struktur zitieren, die noch deutlicher die Feindschaft zwischen Coyote und dem Schöpfer illustrieren. Im Mythos der Yuki formte sich der Schöpfer Taikomol (»er, der allein kommt«) auf dem Urmeer in Gestalt einer Flaumflocke. Während er noch vom Schaum umgeben war, sprach er, und Coyote – der dem Erzähler zufolge schon lange da war – hörte ihn. »Was soll ich tun?« fragte Taikomol und begann zu singen. Nach und nach nahm er menschliche Form an und nannte Coyote »Bruder meiner Mutter«. Er zog Nahrung aus seinem Körper und gab sie Coyote, und auf gleiche Weise schuf er die Erde, indem er das nötige Material aus seinem Körper hervorbrachte. Coyote half ihm, den Menschen zu machen, bestimmte aber, daß dieser sterblich sein solle. Als der Sohn Coyotes stirbt, erbietet sich Taikomol, ihn wieder zum Leben zu erwecken, aber Coyote lehnt ab.[40].

Es ist möglich, daß Taikomol – wie Wilhelm Schmidt annimmt[41] – nicht den wahren Typ des kalifornischen Schöpfergottes darstellt. Es ist jedoch bedeutungsvoll, daß gerade dieser Mythos mit der gewichtigen Rolle Coyotes den Yuki gegenwärtig geblieben ist. Die Auslöschung des höchsten und Schöpfergottes ist in der Geschichte der Religionen ein eher häufiger Prozeß. Die Mehrzahl der höchsten Wesen endet damit, *dii otiosi* zu werden, und das trifft nicht nur auf die primitiven Religionen zu. An dem angeführten Beispiel ist interessant, daß Gott einem so ambivalenten und paradoxen Wesen wie Coyote nachgibt, dem Betrüger par excellence. Bei den Pomo an der Küste nimmt Coyote den Platz des Schöpfers ein, Gott ist während der kosmogonischen Arbeit nicht anwesend. Coyote schafft jedoch die Welt durch Zufall. Da er durstig ist, reißt er Wasserpflanzen aus und ruft dadurch eine gewaltige Eruption der unterirdischen Gewässer hervor. Die Springflut spült ihn hoch in die Luft, und bald bedecken die Wasser die Erde als ein riesiges Meer. Coyote gelingt es, die Wasser einzudämmen, und er beginnt, die Menschen aus Daunenfedern zu erschaffen. Als ihm die Menschen nichts zu essen geben, wird er wütend, zündet ein riesiges Feuer an und muß gleich darauf eine Flut loslassen, um das Feuer auszulöschen. Er schafft eine zweite Menschheit, die ihn verspottet, so daß er eine neue

Katastrophe androht. Er behält jedoch seine demiurgischen Kräfte und verwandelt, weil ihn die Menschen nicht ernst nehmen, einige von ihnen in Tiere, Coyote macht endlich die Sonne und gibt sie einem Vogel, daß er sie durch den Himmel trage. Er legt den kosmischen Rhythmus fest und setzt die Zeremonien des Kuksu-Kultes ein[42].

Ich habe diesen Mythos zitiert, um den spezifischen Stil einer Kosmogonie, die unter dem Zeichen des Coyote erfolgt, zu illustrieren. Die Schöpfung der Welt und des Menschen scheint das Werk eines Demiurgen *malgré lui* zu sein, und es ist bedeutungsvoll, daß die Menschen, seine eigentliche Schöpfung, ihn auslachen und sich sogar weigern, ihm Nahrung zu geben. Was immer die historische Erklärung für diese Ersetzung Gottes durch Coyote sein mag, so ist offensichtlich, daß sich sein Charakter als betrügerischer Demiurg trotz seiner Bedeutung und seiner Schöpferkräfte nicht gewandelt hat. Sogar in der Lage eines einzigen Schöpfers benimmt er sich wie der unvergeßliche Schwindler, der in so vielen nordamerikanischen Volkssagen die Zuhörer entzückt.

Der »Trickster«

Es ist aufschlußreich, daß der bei den nordamerikanischen Indianerstämmen zu findende extreme Typ des Dualismus dem Coyote, dem »Trickster« (Schwindler), solche Bedeutung zuerkennt. Seine Funktion ist jedoch bei weitem komplexer, als es die erwähnten Mythen erraten lassen[43]. Seine Persönlichkeit ist ambivalent und seine Rolle zwiespältig, in der Mehrzahl der mythologischen Traditionen ist er für das Vorhandensein des Todes und den jetzigen Zustand der Welt verantwortlich. Er ist aber auch ein Verwandler und Kulturheros, denn man sagt von ihm, er habe das Feuer und andere nützliche Dinge gestohlen und die Ungeheuer, die die Erde verwüsteten, vernichtet.

Aber auch als Kulturheros bewahrt er die spezifischen Züge eines Betrügers. Wenn er das Feuer oder ein anderes dem Menschen unbedingt notwendiges Gut stiehlt, das ein göttliches Wesen eifersüchtig hütet (Sonne, Wasser, Wild, Fische), so gelingt ihm das nicht auf heroische Weise, sondern mittels Schlauheit oder Betrug. Der Erfolg seiner Bemühungen wird oft durch seine Ungeschicklichkeit in Frage gestellt (die Erde wird etwa durch Feuer oder Flut vernichtet). Nur mit List oder Täuschung gelingt es ihm, die Menschen von den kannibalischen Ungeheuern zu befreien.

Ein weiterer charakteristischer Zug des Tricksters ist seine ambivalente Haltung gegenüber dem Heiligen. Er karikiert und parodiert schamanistische Erfahrungen oder priesterliche Rituale. Die Schutzgeister des Schamanen werden von ihm auf groteske Weise mit seinen Exkrementen identifiziert[44], und er parodiert den ekstatischen Flug des Schamanen, obwohl er selbst am Ende immer herunterfällt. Es ist klar, daß dieses paradoxe Benehmen eine zweifache Bedeutung hat: Der Trickster macht sich über das Heilige, die Priester und die Schamanen lustig, die Lächerlichkeit richtet sich aber auch gegen ihn selbst. Wenn er nicht der hartnäckige und listenreiche Feind des Schöpfergottes ist (wie in den kalifornischen Mythen), dann erweist er sich als eine schwer zu definierende Persönlichkeit, intelligent und dumm zugleich, den Göttern nahe durch seine »Uranfänglichkeit« und seine Kräfte, aber den Menschen noch näher durch seinen gefräßigen Hunger, seine außergewöhnliche Sexualität und seine Amoralität.

Rickett sieht im Trickster das Bild des Menschen und seiner Bemühungen, das zu werden, was er werden muß – der Herr der Welt. Wir können diese Definition unter der Bedingung annehmen, daß das Bild des Menschen in einem imaginären, von Heiligkeit geprägten Universum ruht. Es ist kein Bild des Menschen in irgendeinem humanistischen, rationalen oder voluntaristischen Sinn. Der Trickster spiegelt wider, was man eine Mythologie der *conditio humana* nennen könnte. Er stellt sich Gottes Entschluß entgegen, den Menschen unsterblich zu machen und ihm eine nahezu paradiesische Existenz in einer reinen und reichen Welt frei von allen Widerständen zu sichern. Er macht sich über die »Religion« lustig, genauer gesagt, über die Techniken und Ansprüche der religiösen Elite, der Priester und Schamanen, obwohl die Mythen immer betonen, daß Spott nicht hinreichend ist, um die Kräfte solcher religiöser Eliten zunichte zu machen.

Gewisse charakteristische Züge der menschlichen Verhältnisse von heute sind die Folge der Einmischung des Tricksters in den Akt der Schöpfung. Er triumphiert zum Beispiel über Monstren, ohne sich als Heros zu gebärden: Viele Dinge gelingen, aber ebenso viele mißlingen ihm; er organisiert und vollendet die Welt, aber mit so vielen Irrtümern und Ungeschicklichkeiten, daß schließlich nichts vollkommen zustande kommt. In dieser Hinsicht kann man in der Figur des Tricksters eine Projektion des Menschen sehen, der eine neue Art der Religion sucht. Seine Entscheidungen und Abenteuer stellen eine Art von radikal säkularisierter Mythologie dar, die die Gesten der göttlichen Wesen parodiert, sich aber zugleich über die eigene Revolte gegen die Götter lustig macht.

In dem Ausmaß, als man einen wirklichen Dualismus in den kalifornischen Mythen, die Coyote dem Schöpfer radikal entgegenstellen, erkennen kann, könnte man sagen, daß dieser Dualismus, der sich nicht auf ein System der Polaritäten reduzieren läßt, gleichermaßen die Opposition des Menschen dem Schöpfer gegenüber widerspiegelt. Ich habe aber ausgeführt, daß sich die Revolte gegen Gott unter dem Zeichen der Ungewißheit und der Parodie entwickelt. Man kann darin eine gewisse embryonale Philosophie erkennen. Haben wir aber das Recht, sie nur hier zu erkennen?

Einige Bemerkungen

Es ist überflüssig, die angeführten Analysen des nordamerikanischen Materials zusammenzufassen. Es genügt, wenn man sich kurz der verschiedenen Arten von Antagonismus und Polarität erinnert, um sich ihres Charakters als »geistige Schöpfungen« bewußt zu werden. Sicherlich scheint ein gewisser Typ des Dualismus das systematische Produkt von ackerbauenden Gesellschaften zu sein, aber der radikalste Dualismus ist unter jenen kalifornischen Stämmen zu finden, die nichts mit Ackerbau zu tun haben. Die Soziogenesis kann, wie jede andere »Genesis«, die Funktion eines existentiellen Symbolismus nicht erklären. Die Zweiteilung des bewohnten Gebietes und des Dorfes zusammen mit dem Antagonismus zwischen zwei polar entgegengesetzten Prinzipien ist bei vielen Stämmen bestätigt, deren Mythologien und Religionen dennoch keine dualistische Struktur zeigen. Diese Stämme haben einfach die territoriale Zweiteilung als eine unmittelbare Erfahrungstatsache angewandt, ihre mythologische und religiöse Schöpferkraft drückt sich jedoch auf anderen Ebenen aus.

Hinsichtlich der Stämme, die das Rätsel der Polarität erfaßt und es zu lösen versucht haben, denke man an die überraschende Vielfalt der vorgeschlagenen Lösungen. Bei den Zentral-Algonkin gibt es den persönlichen Antagonismus zwischen dem Kulturheros und den unteren Mächten, mit dem sie den Ursprung des Todes und die Einrichtung der Einweihungshütte erklären. Dieser Antagonismus war aber nicht unvermeidlich, er war die Folge eines Irrtums (des Mordes am Bruder Mänäbushs). Die Einweihungshütte bestand jedoch auch schon bei anderen Algonkin-Stämmen, wie den Ojibwa. Sie behaupten, die Hütte von dem Großen Gott erhalten zu haben, und ihr Symbolismus drückt die kosmischen Polaritäten ebenso wie ihre Integration aus. Bei den Maisbauern erfährt der Dualismus vollkommen verschiedene Ausprägungen. Bei den Zuni ist der Dualismus schwach in der Mythologie, während er das Ritual und den liturgischen Kalender beherrscht; bei den Irokesen finden im Gegensatz dazu sowohl die Mythologie als auch der Kult in einem so radikalen Dualismus Ausdruck, daß man an den klassischen iranischen Typ erinnert wird. Bei den Kaliforniern schließlich öffnet der Antagonismus zwischen Gott und seinem »Feind« Coyote den Weg zu einer Mythologisierung der *conditio humana*, vergleichbar mit jener der Griechen, und doch von ihr unterschieden.

Indonesische Kosmologien: Antagonismus und Integration

In Indonesien entfalten sich die Ideen der Schöpfung, sowie Begriffe über das kosmische Leben und die menschliche Gesellschaft unter dem Zeichen der Polarität. In manchen Fällen setzt die Polarität ein vorangehendes Stadium der Ganzheit voraus. Die Schöpfung ist jedoch das Resultat eines – »feindlichen« oder »ehelichen« – Zusammentreffens zweier Gottheiten. Es gibt keine Kosmogonie aus dem Willen und der Macht eines Schöpfers oder einer Gruppe übernatürlicher Wesen. Am Anfang des Universums und des Lebens steht ein Paar. Die Welt ist entweder das Produkt eines *hieros gamos* zwischen einem Gott und einer Göttin oder das Resultat eines Konflikts zwischen zwei Gottheiten. In beiden Fällen gibt es ein Zusammentreffen zwischen dem Prinzip oder dem Vertreter der unteren Regionen, die man sich entweder als die Unterwelt oder als jenes Gebiet vorstellt, das nach der Schöpfung die Erde werden wird. In beiden Fällen gibt es am Anfang eine »Ganzheit«, von der man vermutet, daß sie die beiden Prinzipien entweder im *hieros gamos* vereint oder noch nicht getrennt enthält[45].

Ich habe die Kosmogonie und das religiöse Modell der Ngadju Dayak bereits in einiger Ausführlichkeit dargestellt. Hier möchte ich nur an einige der wesentlichen Elemente des Mythos erinnern: Aus der uranfänglichen kosmischen Ganzheit, die im Mund der geringelten Wasserschlange ungeteilt war, kamen die beiden Prinzipien hervor, die sich nach und nach in den Formen zweier Berge, eines Gottes und einer Göttin, und in zwei Nashornvögeln manifestierten. Die Welt, das Leben und das erste Menschenpaar entstanden als Resultat des Kampfes zwischen den beiden polaren göttlichen Prinzipien. Die Polarität stellt jedoch nur einen Aspekt der Gottheit dar, die Manifestation der Gottheit als Totalität ist nicht weniger wichtig. Wie erwähnt, bildet diese göttliche Ganzheit das fundamentale Prinzip der Religion der Dayak, es wird wiederholt durch die verschiedenen individuellen und kollektiven Rituals aufs neue vereinigt[46].

Auch bei den Toba-Batak ist die Schöpfung das Resultat eines Kampfes zwischen den höheren und den unteren Mächten. Der Kampf endet jedoch nicht – wie bei den beiden Nashornvögeln der Dayak-Mythologie – mit der gegenseitigen Vernichtung der beiden Gegner, sondern mit ihrer Vereinigung in einer neuen Schöpfung[47]. In Nias sind die beiden höchsten Gottheiten Lowalangi und Lature Danö, obwohl sie einander entgegenstehen, zugleich auch komplementär. Lowalangi wird mit der oberen Welt verbunden. Er ist die Inkarnation des Guten und des Lebens, seine Farben sind Gelb oder Gold, seine Symbole und kultischen Embleme sind Hahn, Adler, Sonne und Licht. Lature Danö gehört zur unteren Welt, er ist die Inkarnation des Bösen und des Todes, seine Farben sind Schwarz und Rot, seine Embleme die Schlangen, seine Symbole der Mond und die Dunkelheit. Der Antagonismus zwischen den beiden Gottheiten schließt jedoch gleichermaßen ihre gegenseitige Ergänzung ein. Die Mythen erzählen, daß Lature Danö ohne Kopf in die Welt gekommen sei und Lowalangi ohne Kehrseite, sie bilden also zusammen eine Einheit. Jeder von ihnen besitzt darüber hinaus einige Attribute, die eigentlich eher dem anderen zuzugehören scheinen[48].

In Indonesien findet der kosmische Dualismus und der komplementäre Antagonismus in der Ausrichtung der Dörfer und Häuser, in Kleidung, Ornamenten, Waffen, ebenso wie in den Übergangsriten (Geburt, Einweihung, Heirat, Tod) seinen Ausdruck. Um nur ein paar Beispiele zu erwähnen: Auf Ambryna, einer der Molukken-Inseln, ist das Dorf in zwei Hälften geteilt, die Zweiteilung ist nicht nur sozial, sondern auch kosmisch, denn sie enthält alle Dinge und Vorgänge der Welt. Den Begriffen links, Frau, Meeresküste, unten, geistig, außen, Westen, jung, neu sind die Begriffe, rechts, männlich, Land oder Berg, oben, Himmel, weltlich, hoch, innen, Osten, alt entgegengesetzt. Wenn die Ambrynas jedoch dieses System erwähnen, sprechen sie eher von drei als von zwei Unterteilungen. Das dritte Element ist die »höhere Synthese«, die die beiden antithetischen Elemente vereinigt und im Gleichgewicht hält[49]. Dasselbe System findet man Hunderte Kilometer entfernt von Ambryna auf Java und Bali[50].

Der Antagonismus zwischen Gegensätzen wird vor allem in kultischen Objekten und Ritualen[51] betont, die letzten Endes auf die Vereinigung der Gegensätze zielen. Bei den Minangkabau auf Sumatra wird die Feindschaft zwischen den beiden Clans durch einen Hahnenkampf bei der Hochzeit ausgedrückt[52]. P. E. Josselin de Jong sagt darüber: »Die ganze Gemeinschaft ist in zwei Teile geteilt, die gegenseitig antagonistisch, jedoch komplementär sind. Sie kann nur existieren, wenn beide vorhanden sind und beide aktiv in Kontakt miteinander kommen. Eine Heirat ist für sie die Gelegenheit, gerade das zu tun[53].« Nach Josselin de Jong ähneln alle indonesischen Feste einem geheimen oder sogar erklärten Krieg. Ihre kosmische Bedeutung ist unleugbar: Die feindlichen Gruppen stellen bestimmte Teile des Universums dar, und ihr Kampf illustriert daher die Opposition der uranfänglichen kosmischen Kräfte, das Ritual stellt ein kosmisches Drama dar[54]. Bei den Dayak wird dies ganz klar im kollektiven Totenfest betont, das von einem Scheinkampf zwischen zwei maskierten Gruppen rund um eine im Dorf errichtete Barrikade beschlossen wird; das Fest ist eine dramatische Wiederverwirklichung der Kosmogonie. Die Barrikade symbolisiert den Lebensbaum, die beiden feindlichen Gruppen die beiden Nashornvögel, die sich gegenseitig getötet und zugleich den Lebensbaum zerstört haben. Zerstörung und Tod bringen jedoch eine neue Schöpfung hervor, und das Unglück, das der Tod in das Dorf gebracht hat, wird dadurch gebannt[55].

Zusammenfassend könnte man sagen, daß das religiöse Denken in Indonesien unaufhörlich die im kosmogonischen Mythos erfaßte Intuition entwickelt und erhellt. Da die Welt und das Leben das Resultat einer Disjunktion sind, die die ursprüngliche Konjunktion zerbricht, muß der Mensch diesen beispielhaften Vorgang wiederholen. Der polare Antagonismus wird zum Rang eines kosmologischen Prinzips erhöht, er wird nicht nur angenommen, sondern wird zur Chiffre, durch die die Welt, das Leben und die menschliche Gesellschaft ihre Bedeutung entschleiern. Durch sein Sein strebt der polare Antagonismus darüber hinaus danach, sich in einer paradoxen Vereinigung der Gegensätze aufzuheben. Die Polaritäten bringen durch ihren Zusammenstoß ein »Tertium[56]« hervor, das entweder eine neue Synthese oder ein Rückschritt auf eine vorangegangene Situation sein kann. In der Geschichte des vorlogischen Denkens findet man selten eine Formel, die emphatischer an die Hegelsche Dialektik erinnert, als die indonesischen Kosmologien und Symbologien. Ein Unterschied ist jedoch vorhanden: Für die Indonesier ist die Synthese der Polaritäten das »Tertium«, obwohl es eine Neuschöpfung im Vergleich zu dem unmittelbar vorangegangenen Stadium darstellt, gleichzeitig aber eine Regression, eine Wiederkehr zu der uranfänglichen Situation, als die Gegensätze in einer undifferenzierten Ganzheit beisammen waren[57].

Man könnte sagen, daß der indonesische Geist, nachdem er das Geheimnis des Lebens und der Schöpfung in der mystischen Konjunktion und Disjunktion der Gegensätze gefunden hatte, nicht über dieses biologische Modell hinauszugehen versuchte, wie es die Inder taten. In anderen Worten, die Indonesier haben Weisheit und nicht Philosophie, künstlerische Schöpfung und nicht Wissenschaft gewählt. Sie stehen mit dieser Wahl natürlich nicht allein, und wer könnte ihre Entscheidung für richtig oder falsch erklären.

Kosmogonie, rituelle Wettbewerbe und oratorische Wettkämpfe: Indien und Tibet

Das alte Indien läßt den Übergangsprozeß von einem mythisch-rituellen Szenarium zu einer Paläotheologie, die später verschiedene metaphysische Spekulationen inspirieren wird, erfassen. Indien illustriert außerdem besser als jede andere Kultur die auf verschiedenen Ebenen erfolgende Wiederaufnahme und schöpferische Reinterpretation eines archaischen und weitverbreiteten Themas. Die indischen Unterlagen verhelfen zum Verständnis, daß ein fundamentales Symbol, das der Offenbarung einer profunden Dimension der menschlichen Existenz folgt, immer »offen« ist. In anderen Worten, Indien bildet ein bewundernswertes Beispiel, daß ein solches Symbol eine Ketten-Symbolisierung aller Erfahrungen, die die Lage des Menschen im Kosmos darlegen, einführen kann, damit eine Art von prälogischer Reflektion beeinflußt und deren erste Ergebnisse formuliert. Es ist freilich unmöglich, hier alle bedeutenden Schöpfungen des indischen Genius zu erwähnen. Ich möchte mit einem Beispiel der rituellen Aufwertung des Motivs des Antagonismus zwischen zwei polaren Prinzipien beginnen. Dann werde ich einige Beispiele für die Ausarbeitung und schöpferische Neuinterpretation dieses vertrauten Motivs in Mythologie und Metaphysik zitieren.

Die vedische Mythologie wird vom Thema des beispielhaften Kampfes zwischen Indra und dem Drachen Vrtra beherrscht. An anderer Stelle habe ich die kosmogonische Struktur dieses Mythos betont[58]. Durch das Freilassen der Wasser, die Vrtra in den Bergen gefangen hielt, rettet Indra die Welt, er schafft sie symbolisch neu. In anderen Varianten des Mythos drückt die Enthauptung und Zerstückelung des Drachen den Übergang von der Möglichkeit zur Wirklichkeit der Schöpfung aus, denn die Schlange ist ein Symbol des Unmanifestierten. Der beispielhafte Mythos par excellence, der Kampf zwischen Indra und Vrtra gibt das Modell für andere Schöpfungsformen und viele Handlungen ab. »Er erschlägt wahrhaft Vrtra, der ein Sieger im Kampf ist«, besagt eine vedische Hymne[59]. Kuiper hat auf zwei Reihen konvergierender Tatsachen verwiesen. Er hat zuerst gezeigt, daß die verbalen Wettkämpfe im vedischen Indien den uranfänglichen Kampf gegen die Mächte des Widerstands *(vrtani)* wiederholen. Der Dichter vergleicht sich mit Indra: »Ich bin der Töter meiner Feinde, unverletzt und unversehrt wie Indra« *(Rig Veda,* X, 166, 2). Der rednerische Wettkampf, der Wettbewerb unter den Dichtern, stellt einen schöpferischen Akt und daher eine Erneuerung des Lebens dar. Zweitens hat Kuiper gezeigt, daß es Gründe gibt zu glauben, daß das mythisch-rituelle Szenarium um den Kampf zwischen Indra und Vrtra tatsächlich das Neujahrsfest darstellt. Alle Arten des Wettbewerbs und Kampfes – Wagenrennen, Kampf zwischen zwei Gruppen – wurden als Stimuli für die schöpferischen Kräfte während des Winterrituals betrachtet. Benveniste hat das Avesta-Wort *vyaxana* mit »oratorischer Wettkampf« übersetzt, da es eine »militärische Qualität« habe, die den Sieg sichere.

Es scheint daher, daß es eine archaische indoiranische Vorstellung von den erneuernden und schöpferischen Tugenden des mündlichen Wettkampfes gibt. Diese Ansicht war überdies nicht ausschließlich indoiranisch. Heftige verbale Auseinandersetzungen sind auch für die Eskimos, die Kwakiutl und die alten Germanen bezeugt. Wie Sierksma gezeigt hat, wurden oratorische Wettkämpfe in Tibet hoch geschätzt[60]. Die öffentlichen Debatten der tibetanischen Mönche, deren Aggressivität und Grausamkeit nicht nur verbal waren, sind wohlbekannt. Obwohl die Dispute sich mit Problemen der buddhistischen Philosophie beschäftigen und wenigstens zum Teil den Regeln folgen, die die großen indischen buddhistischen Gelehrten, besonders Asanga, niedergelegt haben, so scheint doch die Leidenschaft, mit der diese öffentliche Auseinandersetzung durchgeführt wird, für die Tibetaner charakteristisch zu sein[61]. Rolf Stein hat gezeigt, daß der verbale Zweikampf in Tibet mit anderen Formen des Wettbewerbs, wie Pferderennen, athletische Spiele, Ringen, Bogenschießen, Kühemelken und Schönheitskonkurrenzen zusammenfällt[62]. Aus Anlaß des Neuen Jahres war der wichtigste Wettbewerb außer den Pferderennen jener zwischen den Mitgliedern oder Vertretern verschiedener Clans, die die kosmogonischen Mythen rezitierten und die Stammesahnen priesen. Das Hauptthema des mythologischen Szenariums des Neujahrs war der Kampf zwischen dem Himmelsgott und den Dämonen, die durch zwei Berge dargestellt wurden. Der Sieg des Gottes sicherte, wie in ähnlichen Szenarien, den Sieg des neuen Lebens im folgenden Jahr. Was die oratorischen Wettbewerbe betrifft, so waren sie laut Stein Teile einer Gesamtheit von Wettbewerben, die auf der sozialen Ebene das Prestige erhöhen und auf der religiösen Ebene für die soziale Gruppe das Gefühl für ihre

Heimstätte vertiefen. Die Götter sind bei dem Spektakel anwesend und lachen zusammen mit den Menschen. Der Rätselwettbewerb und die Rezitation von Geschichten, wie das Epos von Gesar, beeinflussen die Ernten und das Wohlergehen des Viehs. Wenn die Götter und die Menschen bei den großen Festen vereinigt sind, so werden die sozialen Gegensätze zugleich bestätigt und ausgeglichen. Die Gruppe, die wieder mit ihrer Vergangenheit (dem Ursprung der Welt und den Ahnen) und ihren Habitat (Ahnen – heilige Berge) verbunden ist, fühlt sich gestärkt.

Rolf Stein hat auch die iranischen Einflüsse auf das tibetische Neujahrsfest aufgezeigt. Das heißt jedoch nicht, daß das ganze Szenarium ausgeborgt wurde, die iranischen Einflüsse haben gewisse schon vorhandene Elemente nur verstärkt. Das Neujahrsszenarium war sicherlich archaisch, da es in Indien schon sehr früh verschwunden ist.

Devas und Asuras

In Indien sind jedoch solche Schemata immer wieder aufgenommen und auf verschiedenen Ebenen und in vielen Perspektiven entwickelt worden. Ich habe an anderer Stelle die Opposition zwischen Devas und Asuras, zwischen Göttern und »Dämonen«, zwischen den Mächten des Lichts und der Dunkelheit besprochen. Schon in den vedischen Zeiten war dieser Konflikt – der ein äußerst weitverbreitetes mythologisches Thema darstellt – auf recht originelle Weise interpretiert worden: Er wurde nämlich durch einen »Prolog« ergänzt, der die paradoxe Gleichheit oder Bruderschaft der Devas und Asuras offenbarte.

Man hat den Eindruck, daß die vedische Doktrin sich bemüht, eine zweifache Perspektive festzulegen: Obwohl die Devas und die Asuras als unmittelbare Wirklichkeit, und wie der Anschein der Welt uns zeigt, unversöhnbar sind, der Natur nach verschieden und dazu verdammt, einander zu bekämpfen, so waren sie dennoch am Anfang aller Zeiten, vor der Schöpfung oder ehe die Welt ihre gegenwärtige Gestalt bekam, wesensgleich[63]. Außerdem waren oder sind die

Götter imstande, Asuras, das heißt Nicht-Götter, zu werden.

Man hat hier einerseits eine kühne Formel der göttlichen Ambivalenz, die gleicherweise durch die widersprüchlichen Aspekte der großen vedischen Götter Agni und Varuna ausgedrückt wird. Man erkennt aber auch die Anstrengung des indischen Denkens, zu einem einzigen Urgrund der Welt, des Lebens und des Geistes vorzudringen. Das erste Stadium bei der Entdeckung dieser allumfassenden Perspektive war jedoch die Erkenntnis, daß, was in der Ewigkeit wahr ist, es nicht auch in der Zeit sein muß. Ich will dieses Problem hier nicht weiterverfolgen, da ich es anderswo behandelt habe.

Mitra-Varuna

Ebenso bedeutend ist die Entwicklung eines alten indoeuropäischen Themas, das die komplementären Aspekte zweier göttlicher Herrscher, die in Indien Varuna und Mitra heißen, betrifft. Georges Dumézil hat gezeigt, daß das Paar Mitra-Varuna zum indoeuropäischen dreifunktionalen System gehört, da es Homologien bei den alten Römern und den Germanen besitzt. Dumézil hat aber auch darauf verwiesen, daß dieser Begriff der göttlichen Herrschaft in Indien eine philosophische Ausarbeitung erfahren hat, die anderswo in der indoeuropäischen Welt unbekannt ist. Kurz, für die alten Inder ist Mitra »der Herrscher in seinem vernünftigen, ruhigen, wohlwollenden, priesterlichen Aspekt, während Varuna der Herrscher in seinem düsteren, inspirierten, heftigen, schrecklichen, kriegerischen Aspekt ist[64]«. Dasselbe Dyptichon mit denselben Oppositionen und Alternativen findet sich in Rom. Dort gibt es einerseits die Opposition zwischen den Luperci und den Flaminern: »Tumult, Leidenschaft, Imperialismus eines losgelassenen Juniors« gegen die »Heiterkeit, Genauigkeit, Mäßigung eines priesterlichen Seniors«. Auf derselben Ebene liegen die verschiedenen Strukturen und Verhaltensweisen der ersten römischen Könige Romulus und Numa. Ihr Gegensatz entspricht der Opposition zwischen den Luperci und den

Flaminern und ebenso der Polarität Mitra-Varuna, die nicht nur im Rahmen der Religion und Mythologie, sondern auch auf der kosmischen Ebene (Tag und Nacht) und in der epischen Geschichte zum Vorschein kommt. (Manu, der Gesetzgeber-König, der Numa entspricht, soll der Abkömmling der Sonne sein und beginnt die »solare Dynastie«; Pururavas, der Gandharva-König, die Analogie zu Romulus, ist der Enkel des Mondes und begründet die »lunare Dynastie«.)

Es genügt jedoch, die Entwicklung dieses indoeuropäischen mythisch-ritualen Themas bei den Römern und den Indern zu vergleichen, um sich über die Wesensunterschiede klar zu werden. Während Indien die Entsprechung und die Aufeinanderfolge, die durch diese beiden Aspekte der göttlichen Herrschaft symbolisiert werden, theologisch und philosophisch entwickelte[65], historisierte Rom seine Götter ebenso wie seine Mythen. Die Prinzipien der Komplementarität und die Rotation blieben in Rom auf der Ebene der Rituale oder dienten dazu, eine sagenhafte Historiographie aufzubauen. In Indien lieferten dagegen die zwei Prinzipien, die man sich irgendwie in Mitra und Varuna inkarniert dachte, das exemplarische Modell für die Erklärung sowohl der Welt als auch der dialektischen Struktur der menschlichen Seinsweise, denn das Menschsein enthält geheimnisvollerweise eine männliche und eine weibliche Modalität, Leben und Tod, Gefangenheit und Freiheit, und anderes mehr.

Mitra und Varuna sind einander entgegengesetzt wie Tag und Nacht, ja sogar wie Mann und Weib (*Satapatha Brahmana* erzählt, daß »Mitra seinen Samen in Varuna ergießt«), sie sind einander entgegengestellt als »der eine, der versteht« *(abhigantr)* und »der eine, der handelt« *(karta)* und als *Brahmane* und *Kshatra*, als »geistliche« und als »weltliche Macht«. Der von Samkhya darüber hinaus ausgearbeitete Dualismus mit einem passiven und ruhigen »Selbst« *(purusha)* als Zuseher und einer aktiven und produktiven »Natur« *(prakriti)* wurde von den Indern manchmal als Illustration der Opposition zwischen Mitra und Varuna verstanden. Und eine ähnliche Entsprechung wurde im

Vedanta in bezug auf Brahman und *maya* herausgearbeitet, denn, wie die alten liturgischen Texte behaupten, »Mitra ist Brahman«, und maya ist in den Veden die charakteristische Technik von Varuna, dem Magier. Schon im *Rig Veda* wird übrigens Varuna mit dem Manifestierten identifiziert.

Polarität und die *Coincidentia Oppositorum*

Das Paar Mitra-Varuna war natürlich nicht das ursprüngliche Modell aller anderen Polaritäten, sondern nur die wichtigste Ausformung dieses Prinzips in religiöser und mythologischer Hinsicht, in dem das indische Denken die grundlegende Existenz erkannt hat. Spätere Spekulationen haben tatsächlich zwei Aspekte des Brahman unterschieden: *apara* und *para*, »untergeordnet« und »übergeordnet«, sichtbar und unsichtbar, gegenständlich und ungegenständlich. Es handelt sich in anderen Worten immer um das Mysterium einer Polarität, die zugleich eine zweifache Einheit und eine rhythmische Aufeinanderfolge ist und die man in den verschiedenen mythologischen, religiösen und philosophischen »Illustrationen« entziffern kann: Mitra und Varuna, die sichtbaren und unsichtbaren Aspekte des Brahman, Brahman und *māyā*, *purusha* und *prakriti*, später Shiva und Shakti oder *samsāra* und *nirvāna*.

Einige dieser Polaritäten streben aber danach, sich in einer *coincidentia oppositorum* aufzuheben, in einer paradoxen Einheit-Ganzheit, dem Urgrund, von dem ich eben gesprochen habe. Daß dies nicht nur eine Frage metaphysischer Spekulationen, sondern auch von Formeln ist, mit Hilfe derer Indien versuchte, eine besondere Art der Existenz zu umschreiben, wird durch die Tatsache bewiesen, daß die *coincidentia oppositorum* im *jivan mukta* angedeutet wird, dem »im Leben Befreiten«, der weiter in der Welt existiert, obwohl er die endgültige Befreiung erreicht hat; oder im »Erweckten«, für den Nirvana und *samsāra* ein und dieselbe Sache zu sein scheinen; oder in der Situation eines tantrischen Yogi, der aus der Askese ohne Änderung der Einstellung zur Orgie übergehen kann[66]. Die indische Geistigkeit war immer vom »Absoluten« besessen. Wie immer man sich nun das Absolute vorstellen mag, es kann nicht anders als jenseits aller Gegensätze und Polaritäten gedacht werden. Darum schließt Indien die Orgie unter die Mittel ein, durch die man Befreiung erreichen kann, während die Befreiung jenen verweigert wird, die nur den von sozialen Umständen abhängigen moralischen Regeln folgen. Das »Absolute«, die letzte Befreiung, die Freiheit, *moksha, mukti,* ist jenen nicht zugänglich, die nicht über die in den Texten genannten »Gegensatzpaare« hinausgelangt sind, über die besprochenen Polaritäten.

Diese indische Deutung erinnert an manche Rituale archaischer Gesellschaften, die, obwohl sie Mythologien polarer Struktur verwandt sind, die periodische Abschaffung der Gegensätze durch kollektive Orgien zu erreichen suchen, wie etwa die Dayak alle Regeln und Verbote während des Neujahrsfestes aufheben. Es wäre nutzlos, die Unterschiede zwischen dem mythisch-rituellen Szenarium der Dayak und den indischen »Philosophien« und »mystischen« Techniken, die auf die Abschaffung der Gegensätze hinzielen, hervorzuheben, sie sind offensichtlich. In beiden Fällen ist jedoch das *summum bonum* jenseits der Polaritäten gelegen. Für die Dayak wird sicherlich das *summum bonum* durch die göttliche Ganzheit dargestellt, die allein eine neue Schöpfung sichern kann, eine neue Epiphanie der Lebensfülle, während das *summum bonum* für die Yogis und andere Kontemplative Kosmos und Leben transzendiert, da es eine neue existentielle Dimension darstellt, jene des Bedingungslosen, der absoluten Freiheit und Seligkeit, die weder der Kosmos noch die Götter kennen, da sie eine menschliche Schöpfung ist und ausschließlich Menschen zugänglich. Sogar die Götter müssen sich, wenn sie die absolute Freiheit zu erlangen suchen, inkarnieren und diese Befreiung mit von den Menschen entdeckten und ausgearbeiteten Mitteln erkämpfen.

Um aber zum Vergleich zwischen den Indern und den Dayak zurückzukommen, so müssen wir etwas hinzufügen: Die Schöpferkraft einer bestimmten ethnischen Gruppe oder einer Religion manifestiert sich nicht allein in der Deutung und Aufwertung eines archaischen Systems der Polaritäten, sondern auch in der Bedeutung, die man der Vereinigung der Gegensätze zuschreibt. Das orgiastische Ritual der Dayak und die tantrische Orgie erzielen beide eine Art *coincidentia oppositorum*, aber die Bedeutung der Transzendierung der Gegensätze ist in beiden Fällen nicht gleich. In anderen Worten, weder die Erfahrungen, die durch die Entdeckung der Polaritäten und die Hoffnung auf ihre Integration möglich gemacht wurden, noch die Symbolisierung, die diese Erfahrungen ausdrückt und manchmal vorwegnimmt, sind der Erschöpfung unterworfen, auch wenn in manchen Kulturen solche Erfahrungen und Symbolisierungen alle Möglichkeiten erschöpft zu haben scheinen. In einer totalen, die Gesamtheit der Kulturen umfassenden Perspektive muß man die Fruchtbarkeit eines Symbolismus beurteilen, der die Strukturen des kosmischen Lebens ausdrückt und gleichzeitig die menschliche Seinsweise in der Welt verständlich macht.

Yang und Yin

Ich habe mit Absicht das Beispiel China für den Schluß gelassen. Die in den Symbolen *yang* und *yin* ausgedrückte kosmische Polarität wurde – wie in den archaischen Gesellschaften Amerikas und Indonesiens – durch die Riten »gelebt« und lieferte sehr früh das Modell für eine universale Klassifizierung. Außerdem wurde, wie in Indien, das Gegensatzpaar *yang* und *yin* zu einer Kosmologie entwickelt, die einerseits unzählige körperliche und geistige Disziplinen in einen Zusammenhang brachte, und anderseits genaue und systematische philosophische Spekulationen inspirierte. Ich will hier nicht die Morphologie von *yang* und *yin* oder ihre Geschichte darstellen. Es genügt zu sagen, daß der polare Symbolismus in der Ikonographie der Shang-Bronzen (1400–1122 v. Chr. nach der traditionellen chinesischen Chronologie) überreich bezeugt ist. Carl Hentze, der dieser Frage eine Reihe von wichtigen Arbeiten gewidmet hat, zeigt, daß die polaren Symbole derart angeordnet sind, daß sie zugleich ihre Konjunktion betonen: Die Eule wird mit »Sonnenaugen«, während die Embleme des Lichts mit einem »nächtlichen« Zeichen versehen werden[67]. Hentze interpretiert die Konjunktion polarer Symbole als eine Illustration der religiösen Ideen von der Erneuerung der Zeit und der geistigen Wiedergeburt. Nach Hentze ist der Symbolismus von *yang* und *yin* in den allerältesten Ritualobjekten, lang vor den ersten geschriebenen Texten vorhanden[68].

Zu diesem Schluß kommt auch Marcel Granet, obwohl er ihn von anderen Ausgangspunkten her und mit einer anderen Methode erreicht hat. Granet erinnert daran, daß das Wort *yin* im *Tsche King* die Idee des kalten und wolkigen Wetters hervorruft, auch von allem, was immerwährend ist, während der Ausdruck *yang* die Idee des Sonnenscheins und der Wärme[69] suggeriert. In anderen Worten, *yang* und *yin* zeigen konkret die antithetischen Wetterlagen an. Im *Kwei tsang*, einem verlorengegangenen Divinationshandbuch, von dem nur einige Fragmente erhalten sind, geht es um » eine Zeit des Lichts« und »eine Zeit der Dunkelheit«, die den Ausspruch des Tschuang Tse vorwegnimmt: »eine (Zeit der) Fülle, eine (Zeit der) Hinfälligkeit . . . eine (Zeit der) Verdünnung, eine (Zeit der) Verdickung . . . eine (Zeit des) Lebens, eine (Zeit des) Todes.« Die Welt stellt daher »eine Ganzheit von zyklischer Ordnung dar *(tao, pien, t'ong)* die durch die Zusammenfügung zweier aufeinanderfolgender und komplementärer Manifestationen hervorgebracht wird«.

Granet glaubt, daß die Idee der abwechselnden Aufeinanderfolge die Idee der Opposition einzuschließen scheint. Dies wird durch die Struktur des Kalenders klar illustriert. »*Yang* und *yin* sind aufgerufen, den Kalender zu organisieren, weil ihre Embleme mit besonderer Kraft die rhythmische Zusammenfügung der beiden konkreten antithetischen Aspekte hervorgerufen haben.« Den Philosophen zufolge erleidet *yang*, während des Winters von *yin* überwunden, unter dem gefrorenen Boden eine Art jährlicher Prüfung, aus der es gestärkt hervorgeht. *Yang* entkommt zu Anfang des Frühlings aus seinem Gefängnis, dann schmilzt das Eis, und die Quellen erwachen. Das Universum zeigt sich also aus einer

Reihe von antithetischen Formen bestehend, die auf zyklische Weise miteinander abwechseln.

Fasziniert vom Soziologismus Durkheims war Granet geneigt, den Begriff und den systematischen Ausdruck der kosmischen Rotation aus den alten Modellen des chinesischen sozialen Lebens abzuleiten. Man braucht ihm auf diesem Weg nicht folgen, es ist jedoch wichtig, die Symmetrie zwischen der komplementären Abwechslung der Tätigkeit der beiden Geschlechter und dem kosmischen, vom Zusammenspiel von *yang* und *yin* beherrschten Rhythmus zu beachten. Weil in allem, was *yin* ist, eine weibliche Natur erkannt wurde und eine männliche Natur in allem, was *yang*, offenbart das Thema der Hierogamie – das, nach Granet, die gesamte chinesische Mythologie beherrscht – eine kosmische wie eine religiöse Dimension. Der rituelle Gegensatz der beiden Geschlechter, der im alten China als Kampf zweier miteinander rivalisierender Körperschaften ausgetragen wurde, drückt gleichzeitig den komplementären Antagonismus zweier Seinsweisen und die Aufeinanderfolge zweier kosmischer Prinzipien, *yang* und *yin*, aus. In den kollektiven Festen des Frühlings und des Herbstes forderten die beiden antagonistischen Chöre, Angesicht gegen Angesicht in langer Reihe aufgestellt, einander in Versen heraus. »Das *yang* ruft, das *yin* antwortet.« Diese beiden Formeln sind untereinander auswechselbar, zusammen bedeuten sie die kosmischen und sozialen Rhythmen. Die feindlichen Chöre stehen einander wie Schatten und Licht gegenüber, das Feld, auf dem sie zusammentreffen, stellt die Gesamtheit des Raumes dar, ebenso wie die Gruppe die Ganzheit der menschlichen Gesellschaft und der zum Naturreich gehörigen Wirklichkeit symbolisiert. Eine allgemeine Hierogamie beendete das Fest. Wie schon erwähnt, sind solche rituelle Orgien in vielen Teilen der Welt bekannt. Auch in diesem Fall wird die Polarität, die als Grundregel des Lebens während des Jahres anerkannt wird, abgeschafft oder transzendiert durch die Vereinigung der Gegensätze.

Die Ausarbeitung solcher Kategorien wurde im systematischen Werk der Philosophen durchgeführt. Ich möchte hinzufügen, daß der Vergleich des Begriffes *tao* mit den verschiedenen primitiven Formeln des »Tertium« als einer Auflösung der Polaritäten ein faszinierendes Thema für den Forscher der Ideengeschichte darstellen würde. Ich hoffe, daß ein solches Werk bald unternommen werden wird.

Schlußbemerkungen

Zum Abschluß möchte ich gerne zu einem Punkt zurückkehren, den ich für jede vergleichende Analyse als entscheidend betrachte, nämlich die Unmöglichkeit der Reduktion einer geistigen Schöpfung auf ein vorgegebenes Wertsystem. Im mythologischen und religiösen Universum schafft jede Schöpfung ihre eigenen Strukturen aufs neue, ebenso wie jeder große Dichter seine Sprache neu erfindet. Die unterschiedlichen Typen von Zweiteilung und Polarität, von Dualität und aufeinanderfolgender Abwechslung, von antithetischen Dyaden und *coincidentia oppositorum* können überall auf der Welt und in allen Kulturen gefunden werden. Der Religionswissenschaftler ist aber letztlich daran interessiert, herauszufinden, was eine bestimmte Kultur oder Kulturgruppe mit diesem unmittelbar Gegebenen gemacht hat. Eine Hermeneutik, die auf das Verstehen der Kulturschöpfungen abzielt, zögert vor der Versuchung, alle Arten von Dyaden und Polaritäten auf einen einzigen fundamentalen Typ zu reduzieren, der unbewußte logische Tätigkeiten spiegelt. Einerseits erlauben die Dichotomien, sie in vielfachen Kategorien zu klassifizieren, und anderseits können einige typische Systeme mit einer erstaunlichen Anzahl von Funktionen und Werten ausgestattet werden. Hier geht es nicht darum, eine vollständige und detaillierte Morphologie aller der Arten und Varietäten der religiösen Dichotomie, der Dyaden und Polaritäten vorzulegen, ein solch großes Unternehmen würde weit über das Thema hinausgehen. Die wenigen Zeugnisse, die hier analysiert und absichtlich als repräsentativste ausgewählt wurden, genügen, um die Argumentation zu illustrieren.

Man kann grob unterscheiden: 1. Gruppen mit kosmischen

Polaritäten und 2. jene, die direkt mit der *conditio humana* verbunden sind. Es gibt sicherlich eine strukturelle Einheit zwischen den kosmischen Dichotomien und Polaritäten und jenen, die mit der menschlichen Seinsweise verbunden sind. Die vorläufige Unterscheidung ist jedoch nützlich, da vor allem die Polaritäten der zweiten Art in bestimmten Kulturen und zu bestimmten historischen Momenten den Weg zu systematischen philosophischen Spekulationen geöffnet haben. Unter den kosmischen Polaritäten kann man unterscheiden: solche mit räumlicher Struktur (links-rechts, hoch-niedrig), mit zeitlicher Struktur (Tag-Nacht, die Jahreszeiten) und schließlich jene, die den Verlauf des kosmischen Lebens (Leben-Tod, den Vegetationsrhythmus) ausdrücken. Die Dichotomien und Polaritäten in bezug auf die menschliche Situation, die in einer Weise als Chiffre dieser Situation dienen, sind zahlreicher und, man könnte sagen, »offener«. Das fundamentale Paar ist »männlich-weiblich«, es gibt aber auch ethnische Dichotomien (»wir«-die Fremden), mythologische Dichotomien (die feindlichen Zwillinge), religiöse Dichotomien (heilig-profan, was tatsächlich eine totale Dichotomie bedeutet, die sich zugleich auf den Kosmos, das Leben, die menschliche Gesellschaft, die Götter und die Feinde der Götter bezieht) und ethische Dichotomien (gut-böse).

Was einem zuerst in dieser provisorischen und unvollständigen Klassifizierung auffällt, ist die Tatsache, daß eine große Zahl der Dichotomien und Polaritäten einander wechselseitig bedingen, wie die kosmischen Polaritäten und die sexuelle oder die religiöse Dichotomie. Sie drücken letzten Endes die in Rhythmus und Rotation zusammengefaßten Möglichkeiten des Lebens aus. Wie bereits bei den Kogi und den Indonesiern (und vor allem bei den Chinesen) erwähnt, wird der polare Antagonismus zur »Chiffre«, mittels der der Mensch sowohl die Struktur des Universums als auch die Bedeutung seiner eigenen Existenz enthüllt. In diesem Stadium kann man nicht von einem religiösen oder moralischen »Dualismus« sprechen, da der Antagonismus nicht das »Böse« oder das »Dämonische« voraussetzt. Rigoros dualistische Ideen entstehen aus jenen Gegensatzpaaren, in der die beiden Antagonisten einander nicht gegenseitig bedingen. Dies wird aus einigen kalifornischen Mythen offensichtlich, wo Coyote sich ständig und mit Erfolg in die Schöpfertätigkeit Gottes einmischt. Eine ähnliche Situation findet sich im Mänäbush-Mythos: Sein Konflikt mit den unteren Mächten war nicht vorbestimmt, sondern brach als Folge eines Zufallsaktes, der Ermordung des Wolfes, seines Bruders, aus.

Es wird interessant sein, genau zu bestimmen, in welchen Kulturen und in welchen Epochen die negativen Aspekte des Lebens, die bis dahin als konstitutive Momente der kosmischen Ganzheit ohne Anstoß hingenommen worden waren, ihre ursprüngliche Funktion verloren haben, und wann begonnen wurde, sie als Manifestationen des »Bösen« zu interpretieren. Es scheint, daß in den Religionen, die von einem System der Polaritäten beherrscht werden, die Idee des Bösen sich nur langsam und mit einiger Mühe ausgebildet hat. In manchen Fällen läßt der Begriff des Bösen sogar viele negative Aspekte des Lebens (wie Leiden, Krankheit, Grausamkeit, Unglück, Tod) außerhalb seiner Sphäre. So wird bei den Kogi das Prinzip des Bösen als unvermeidliches und notwendiges Element in der kosmischen Gesamtheit betrachtet.

Schließlich muß man noch darauf hinweisen, daß der Ausgleich zwischen den Gegensätzen ebenfalls eine Vielzahl von Lösungen anbietet. Es gibt Opposition, Zusammenstoß, Kampf, in manchen Fällen wird aber der Konflikt in eine Einheit aufgelöst, die ein »Tertium« produziert, während in anderen die Polaritäten paradox in einer *coincidentia oppositorum* koexistieren, oder sie werden transzendiert, das heißt radikal abgeschafft oder unwirklich gemacht, werden unverständlich, bedeutungslos. (Ich verweise vor allem auf manche indische Metaphysiken und »mystische« Techniken.) Diese Vielfalt von Problemlösungen infolge des Ausgleichs der Gegensätze – und hier müssen auch die radikal »dualistischen« Einstellungen hinzugefügt werden, die sich jedem Ausgleich verweigern – verdiente eine besondere Untersuchung. Denn wenn es stimmt, daß jede Lösung für die durch die Erkenntnis der Polaritäten ausgelöste Krise irgendwie den Anfang der Weisheit bedeutet, dann regt gerade die Vielfalt und die große Zahl dieser Lösungen zum kritischen Nachdenken an und bereitet den Weg für die Philosophie.

Anmerkungen

Ein neuer Humanismus

1 Rudolf Otto, *Das Heilige*, München 1917. Die Begegnung mit dem »ganz anderen« durch die Tiefenpsychologie oder die modernen künstlerischen Experimente kann – obwohl sie sich nicht auf der religiösen Ebene abspielt – dennoch als parareligiöse Erfahrung gewertet werden.

2 Man muß zum Beispiel auch die Schicksale, die ein Werk im Bewußtsein des Publikums – oder sogar im Unbewußten – erfährt, betrachten. Die Verbreitung, Assimilierung und Einschätzung eines literarischen Werkes bietet Probleme, die eine einzige Disziplin nicht allein lösen kann. Soziologen, aber auch Historiker, Moralisten und Psychologen helfen uns, den Erfolg von *Werther* und den Mißerfolg von *Der Weg allen Fleisches* zu verstehen und ebenso die Tatsache, daß ein so schwieriges Werk wie *Ulysses* schnell populär wurde, während *Senilità* oder *Coscienza di Zeno* von Italo Svevo noch immer unbekannt sind.

3 Man könnte sogar Überlegungen anstellen, ob die verschiedenen Reduktionsmethoden nicht einen Überlegenheitskomplex der westlichen Wissenschaftler verraten. Sie sind überzeugt, daß nur die Wissenschaft dem Prozeß der Entmystifizierung von Geistigkeit und Kultur widerstehen wird.

4 *Die Religionen und das Heilige*, Salzburg 1954.

5 Gewisse Vorbemerkungen finden sich in meinen vorangegangenen Veröffentlichungen. Siehe besonders *Die Religionen und das Heilige*, Salzburg 1954, *Ewige Bilder und Sinnbilder*, Olten-Freiburg 1958, *Träume und Mysterien*, Salzburg 1961, *Methodological Remarks on the Study of Religious Symbolism*, in: *The History of Religion: Essays in Methodology*, herausgegeben von Mircea Eliade und Joseph M. Kitagawa, Chicago 1959.

6 Diese Termini werden hier in ihrem weitesten Sinn verwendet und schließen unter »Phänomenologie« jene Wissenschaftler ein, die sich mit dem Studium der Strukturen und Bedeutungen befassen, und unter »Geschichte« jene, die religiöse Phänomene in ihren geschichtlichen Zusammenhängen zu verstehen suchen. In Wirklichkeit sind die Divergenzen zwischen diesen beiden Methoden stärker ausgeprägt. Außerdem gibt es einige Differenzen innerhalb der Gruppen, die hier vereinfacht »Phänomenologen« und »Historiker« genannt werden.

7 Der große Religionswissenschaftler Raffaele Pettazzoni kam in einer seiner letzten Arbeiten zu ähnlichen Schlüssen. »Phänomenologie und Geschichte ergänzen einander. Phänomenologie kann nicht ohne Ethnologie, Philologie und andere historische Disziplinen bestehen. Die Phänomenologie gibt aber anderseits den historischen Disziplinen jenes Gefühl für das Religiöse, das sie von sich aus nicht einfangen können. So betrachtet, ist die religiöse Phänomenologie das religiöse Verständnis der Geschichte, sie ist Geschichte in ihrer religiösen Dimension. Religionsphänomenologie und -geschichte sind nicht zwei Wissenschaften, sondern nur zwei komplementäre Aspekte der integralen Religionswissenschaft, und diese als solche hat einen genau umrissenen Charakter, der ihr durch das ihr eigene und zustehende Thema gegeben wird.« *(The Supreme Being: Phenomenological Structure and Historical Development*, in: *History of Religions*, Chicago 1959.

8 *Australian Religion: An Introduction*, in: *History of Religions*, 1966.

Die Geschichte der Religionen im Rückblick: 1912 und nachher

1 Mehr als hundert Werke und Artikel wurden während etwa 15 Jahren veröffentlicht. Über diese Schulen siehe Wilhelm Schmidt, *Der Ursprung der Gottesidee. Eine historisch-kritische und positive Studie*, Münster i. W. 1912–1955, Band 1–12.

2 A. Dietrich, *Mutter Erde*, Leipzig 1905. Leopold von Schroeder, *Mysterium und Mimus im Rigveda*, Leipzig 1908. Wilhelm Bousset, *Das Wesen der Religion, dargestellt an ihrer Geschichte*, Halle 1903. Wilhelm Wundt, *Mythus und Religion*, 3 Bände, Leipzig 1905–1909.

3 In: *Folklore*, 1900, neuveröffentlicht in: *The Threshold of Religion*, London 1909.

4 Paul Radin, *Religion of the North American Indians*, in: *Journal of American Folklore*, Nr. 27, 1914. Wilhelm Schmidt, *Ursprung der Gottesidee;* Mircea Eliade, *Die Religionen und das Heilige.*

5 Eine Kritik von Frazers Theorien findet sich in Robert H. Lowie, *Primitive Religion*, New York 1924; Lowie, *The History of Ethnological Theory*, New York 1937; Schmidt, *Ursprung der Gottesidee;* Eliade, *Die Religionen und das Heilige.* Theodor H.

Gaster hat kürzlich jene Punkte, in denen Frazers Ansichten korrigiert oder modifiziert wurden, zusammengefaßt, siehe sein Vorwort zu *The Golden Bough*, New York 1959. Siehe auch die Diskussion zwischen Edmund Leach und I. C. Jarvie, *Frazer and Malinowski*, in: *Current Anthropology*, Nr. 7, 1966.

6 Frazer veröffentlichte seinen ersten Beitrag in einem kleinen Buch *Totemism*, Edinburgh 1887, gefolgt von zwei bedeutenden Artikeln *The Origin of Totemism*, in: *Forthnightly Review*, April-May 1899, und *The Beginnings of Religion and Totemism among the Australian Aborigines*, in: *Forthnightly Review*, July-September 1905.

7 A. A. Goldenweiser, *Religion and Society: A Critique of Emile Durkheim's Theory of the Origin and Nature of Religion*, in: *Journal of Philosophy, Psychology and Scientific Method*, Nr. 14, 1917; *Early Civilization*, New York 1922; *History, Psychology and Culture*, New York 1933.

8 Schmidt, *Ursprung der Gottesidee.*

9 Lowie, *Primitive Religion; The History of Ethnological Theory.*

10 Marcel Granet, *La Religion des Chinois*, 1922; *Danses et Légendes de la Chine ancienne*, 2 Bände, Paris 1926; *La Civilisation Chinoise*, 1929, und *La Pensée chinoise*, 1934.

11 L. Gernet und A. Boulanger, *Le Génie grec dans la Religion*, Paris 1932.

12 Lucien Lévy-Bruhl präsentierte seine Hypothese einer »prälogischen Mentalität« in *Les Fonctions mentales dans les sociétés inférieures*, Paris 1910, und *Das Denken der Naturvölker*, Wien 1921. Für den Religionswissenschaftler sind einige seiner späteren Werke nicht weniger bedeutend, besonders *Die Seele der Primitiven*, Wien 1930; *Die geistige Welt der Primitiven*, Düsseldorf 1959, und *La mythologie primitive*, 1935.

13 Wilhelm Schmidt in *Anthropos*, Nr. 7, 1912; O. Leroy, *La Raison primitive*, Paris 1927; Raoul Allier, *Le non-civilisé et nous*, 1927; Richard Thurnwald in: *Deutsche Literaturzeitung*, 1928; Goldenweiser, *Early Civilization*, und Lowie, *History of Ethnological Theory*. Siehe auch E. E. Evans-Pritchard, *Theories of Primitive Religion*, Oxford 1965.

14 Die meisten dieser Studien wurden in einem postumen Werk wiederveröffentlicht: Marcel Mauss, *Sociologie et Anthropologie*, Paris 1950, mit einer bedeutsamen Einleitung von Claude Lévi-Strauss.

15 Maurice Leenhardt, *Do Kamo. La personne et le mythe dans le monde melanésien*, Paris 1947.

16 M. Griaulle, *Dieu d'eau. Entretiens avec Ogotemmeli*, Paris 1948; G. Dieterlen, *Essai sur la religion bambara*, 1951; E. Michael Mendelson, *Some Present Trends of Social Anthropology in France*, in: *The British Journal of Sociology*, Nr. 5, 1958.

17 Alfred Métraux, *Le Vaudou haïtien*, Paris 1958, und *Religions et magies indienne d'Amérique de Sud*, 1967; G. Balandier, *Sociologie actuelle de l'Afrique noire*, 1955; Claude Lévi-Strauss, *Das Ende des Totemismus*, Frankfurt 1956, *Das Wilde Denken*, Frankfurt 1968, und *Das Rohe und das Gekochte*, Frankfurt 1972.

18 Gabriel le Bras, *Etudes de Sociologie religieuse*, 2 Bände, Paris 1955–1956; *Archives de Sociologie des Religions*, Nr. 1, Jänner–Juni 1956, und Nr. 13, Jänner–Juni 1962. Siehe auch *Sociologie des Religions. Tendences actuelles de la Recherche et Bibliographies*, UNESCO, Paris 1956; *Current Sociology*, Band 5.

19 Talcott Parsons, *The Theoretical Development of the Sociology of Religion*, in: *Journal of the History of Ideas*, 1944; *Essays in Sociological Theory Pure and Applied*, Glencoe, Illinois, 1949.

20 J. Milton Yinger, *Present Status of the Sociology of Religion*, in: *Journal of Religion*, Nr. 31, 1951; *Religion, Society and the Individual: An Introduction to the Sociology of Religion*, New York 1957.

21 Joachim Wach, *Religionssoziologie*, Tübingen 1954. Über Wach siehe Joseph Kitagawa, *Joachim Wach et la Sociologie de la Religion;* in: *Archives de Sociologie des Religions*, Nr. 1, Jänner–Juni 1956; Henri Desroche, *Sociologie et théologie dans la typologie religieuse de Joachim Wach*, ebenda; Kitagawas Einführung *Life and Thought of Joachim Wach* zum postum erschienenen Werk von Wach, *The Comparative Study of Religions*, New York 1958. Siehe auch eine Bibliographie von Wach in *Archives de Sociologie des Religions*, Nr. 1, 1956.

22 A. L. Kroeber, *Totem and Taboo: An Ethnological Psychoanalysis*, in: *American Anthropologist*, Nr. 22, 1920.

23 Sigmund Freud, *Totem und Tabu.*

24 Wilhelm Schmidt, *Der Ursprung der Gottesidee.*

25 William Halse Rivers, *The Symbolism of Rebirth*, in: *Folk-Lore*, Nr. 33, 1922; Franz Boas, *The Methods of Ethnology*, in: *American Anthropologist*, Nr. 12, 1920; Bronislaw Malinowski, *Sex, Repression and Savage Society*, London 1927.

26 Wilhelm Schmidt, *Der Ursprung der Gottesidee.* Vollhard hat bewiesen, daß der Kannibalismus ein eher spätes Phänomen ist, siehe *Kannibalismus*, Stuttgart 1939.

27 Benjamin Nelson, *Social Science, Utopian Mythos, and the Oedipus Complex*, in: *Psychoanalysis and the Psychoanalytic Review*, Nr. 45, 1958; Meyer Fortes, *Malinowski and Freud*, ebenda.

28 Mircea Eliade, *Mythen, Träume und Mysterien*, Salzburg 1961.

29 Jungs wichtigste Schriften: *Zur Psychologie westlicher und östlicher Religionen*, *Psychologie und Alchemie*, Zürich 1954, *Die Archetypen und das Kollektive Unbewußte*, *Aion: Untersuchungen zur Symbolgeschichte*. Über Jungs Interpretation der Religion siehe Ira Progoff, *Jung's Psychology and its Social Meaning*, New York 1953; R. Hostie, *C. G. Jung und die Religion*, München 1957; Victor White, *Soul and Psyche*, London 1960.

30 Man könnte anführen: Heinrich Zimmer, Karl Kerényi, Joseph Campbell und Henry Corbin. Siehe auch Ernst Neumann, *The Origins and History of Consciousness*, New York 1957, und *The Great Mother*, New York 1955.

31 Der erstaunliche Erfolg des Werks *Das Heilige* überschattete seine beiden anderen bedeutenden Bücher: *Westöstliche Mystik*, 1932, und *Reich Gottes und Menschensohn*, 1934.

32 Lowie, *Primitive Religion*, Paul Radin, *Monotheism Among Primitive People*, New York 1924; A. W. Nieuwenhuis, *Der Mensch in de Werkelijkheid, zijne Kenleer in den heidenschen Godsdienst*, Leiden 1920.

33 Wilhelm Koppers, *Primitive Man and His World Picture*, New York 1952; Josef Haekel, *Prof. Wilhelm Schmidts Bedeutung für die Religionsgeschichte des vorkolumbischen Amerika*, in: *Saeculum*, Nr. 7, 1956; *Zum heutigen Forschungsstand der historischen Ethnologie*, in: *Die Wiener Schule der Völkerkunde, Festschrift*, Wien 1956; und *Zur gegenwärtigen Forschungssituation der Wiener Schule der Ethnologie*, in: *Beiträge Österreichs zur Erforschung der Vergangenheit und Kulturgeschichte der Menschheit*, Wien 1959. Siehe auch Rudolf Rahmanns kritische Bemerkungen zu Haekels Würdigung der *Wiener Schule* in: *Anthropos*, Nr. 54, 1959, und Haekels Antwort und Rahmanns Entgegnung, Nr. 56, 1961. Über Schmidts Urmonotheismus siehe die Kritik von Wilhelm Emil Mühlmann, *Das Problem des Urmonotheismus*, in: *Theologische Literaturzeitung*, Nr. 78, 1953, und Paul Schebestas Entgegnung in *Anthropos*, Nr. 49, 1954. Siehe auch Raffaele Pettazzoni, *Das Ende des Urmonotheismus*, in: *Numen*, Nr. 5, 1958.

34 Siehe besonders Paul Schebesta, *Die Negritos Asiens*, Band 2;

Religion und Mythologie, Mödling 1957; Martin Gusinde, *Die Feuerland-Indianer*, 2 Bände, Mödling 1931, 1937.

35 Siehe die wesentlichen Bibliographien in Haekel, *Zur gegenwärtigen Forschungssituation.*

36 Konrad Theodor Preuss, *Der Ursprung der Religion und Kunst*, in: *Globus*, 1904, 1905; *Die geistige Kultur der Naturvölker*, Leipzig 1914, und *Glauben und Mystik im Schatten des Höchsten Wesens*, Leipzig 1926.

37 Richard Thurnwald, *Des Menschengeistes Erwachen, Wachsen und Irren*, Berlin 1951.

38 Adolf Ellegard Jensen, *Das religiöse Weltbild einer frühen Kultur*, Stuttgart 1948; *Mythus und Kult bei Naturvölkern*, Wiesbaden 1951. Siehe auch die Diskussion in *Current Anthropology*, Nr. 6, 1965, und Kunz Dittmer, *Allgemeine Völkerkunde*, Braunschweig 1954; Josef Haekel in Leonard Adam und Hermann Trimborn, *Lehrbuch der Völkerkunde*, Stuttgart 1958.

39 Hermann Baumann, *Schöpfung und Urzeit des Menschen im Mythos afrikanischer Völker*, Berlin 1936, Wilhelm Emil Mühlmann, *Arioi und Mamaia*, Wiesbaden 1955, Werner Müller, *Die Religionen der Waldindianer Nordamerikas*, Berlin 1956, Adolf Friedrich, *Die Forschung über das frühzeitliche Jägertum*, in: *Paideuma*, Nr. 2, 1941.

40 Robert H. Lowie, *Primitive Religion*, New York 1924; Paul Radin, *Primitive Religion*, New York 1937.

41 Als Übersicht über die religionsgeschichtlichen Studien in den Vereinigten Staaten siehe Joseph M. Kitagawa, *The History of Religions in America*, in: *The History of Religions: Essays in Methodology*, herausgegeben von Mircea Eliade und Joseph M. Kitagawa, Chicago 1959. Siehe auch Clifford Geertz, *Religion as a Cultural System*, in: *Anthropological Approaches to the Study of Religion*, herausgegeben von Michael Banton, London 1966.

42 Eine Bibliographie der Schriften von Raffaele Pettazzoni wurde von Mario Gandini in *Studi e Materiali di Storia della Religioni*, Nr. 31, 1961, veröffentlicht.

43 Raffaele Pettazzoni, *La Religion dans la Grèce antique, des Origines à Alexandre*, Paris 1953.

44 Siehe unter den italienischen Wissenschaftlern: Uberto Pestalozza, *Religione mediterranea. Vecchi e nuovi studi*, Mailand 1951, *Nuovi saggi di religione mediterranea*, Florenz 1964, Momolina Marconi, *Riflessi mediterranei nella più antica religione laziale*, Messina und Mailand 1939, Angelo Brelich, *Gli*

Eroi greci. Un Problema storico-religioso, Rom 1958, Ernesto de Martino, *Morte e pianto rituale nel mondo antico*, Turin 1958, *La terra del rimorso*, Mailand 1961, Vittorio Lanternari, *La Grande Festa*, Mailand 1951, Alessandro Bausani, *La Persia religiosa*, Mailand 1959, Ugo Bianchi, *Il Dualismo religioso*, Rom 1958.

45 Geo Widengren, *Religionens värld*, 2. Ausgabe, Stockholm 1953, *Hochgottglaube im alten Iran*, Uppsala 1938, *Die Religionen Irans*, Stuttgart 1965.

46 Siehe H. Frankfort, *The Problem of Similarity in Ancient Near Eastern Religions*, Frazer Lecture 1951, und die Beiträge von S. H. Hooke, *Myth, Ritual, Past and Present*, in: *Myth, Ritual and Kingship*, herausgegeben von S. H. Hooke, Oxford 1958, und S. G. F. Brandon, *The Myth and Ritual Position Critically Considered*, ebenda. Siehe auch Theodor H. Gaster, *Thespis, Ritual, Myth and Drama in the Ancient Near East*, New York 1950.

47 Die beste Einführung in Dumézils Werk bietet *L'Idéologie tripartie des Indo-Européens*, Collection Latomus, Band XXX, Brüssel 1958. Eine neue Ausgabe der drei Bände *Jupiter, Mars, Quirinus* (Paris 1941–1945) ist in Vorbereitung. Eine Bibliographie Dumézils wurde veröffentlicht in *Hommages à Georges Dumézil*, Collection Latomus, Band XLV, Brüssel 1960. Über Dumézil siehe Mircea Eliade, *La souveraineté et la religion indo-européenne*, in: *Critique*, 1949, *Pour une histoire générale des religions indo-européennes*, in: *Annales*, Nr. 4, 1949, Huguette Fugier, *Quarante ans des recherches sur l'idéologie indo-européenne: la méthode de M. Georges Dumézil*, in: *Revue d'Histoire et de Philosophie Religieuses*, Nr. 45, 1965, C. Scott Littleton, *The New Comparative Mythology. An Anthropological Assessment of the Theories of Georges Dumézil*, Berkeley and Los Angeles 1966.

48 Es ist wahrscheinlich, daß die Zweifel mehr durch Dumézils systematische Rekonstruktionen als durch sein stupendes Wissen erregt wurden. Andere zeitgenössische Forscher mit ebenso erstaunlichem Wissen, wie Berthold Laufer und Paul Pelliot wurden vom akademischen Milieu respektvoll aufgenommen. Diese enzyklopädistischen Gelehrten versuchten jedoch nicht, über die Grenzen der Philologie und Historie hinauszugehen.

49 Georges Dumézil, *Rituels indo-européens à Rome*, Paris 1954, *Aspects de la fonction guerrière chez les Indo-Européens*, Paris 1955), *Déesses latines et mythes védiques*, Brüssel 1956, *La religion romaine archaïque*, Paris 1966.

50 Siehe F. Sierksma, *Phaenomenologie der Religie en Complexe Psychologie*, Assen, Niederlande, 1951. Nicht weniger wertvoll für die Phänomenologie der Religion sind die Werke von Friedrich Heiler, besonders seine klassische Monographie *Das Gebet*, München 1918, und *Erscheinungsformen und Wesen der Religion*, Stuttgart 1961. Andere phänomenologische Beiträge stammen von G. Mensching, W. Brede Kristensen und C. J. Bleeker. Siehe auch Eva Hirschmann, *Phänomenologie der Religion*, Würzburg und Anmühle 1940.

Die Suche nach den Ursprüngen der Religion

1 Frances A. Yates, *Giordano Bruno and the Hermetic Tradition*, Chicago 1964.

2 Ich möchte hinzufügen, daß die vorwiegende Beschäftigung mit dem Uranfang aller Dinge ein Charakteristikum des archaischen Geistes ist. Wie ich in vielen meiner früheren Schriften dargelegt habe, spielt die Kosmogonische Mythe vor allem aus einem Grund eine zentrale Rolle in den archaischen Religionen: Während erzählt wird, wie die Welt entstand, wird enthüllt, wie die Wirklichkeit selbst entstand, das »Sein« (siehe Eliade, *Myth and Reality*, New York 1963). Die ersten systematischen Kosmogonien und Kosmologien waren in einem Sinn Ontogenien. Von einem bestimmten Standpunkt aus gesehen, gibt es keine Auflösung der Kontinuität zwischen dem archaischen Geist und den wissenschaftlichen Ideologien des 19. Jahrhunderts. Freud benützt ebenfalls den Begriff des »Uranfangs« für sein Verständnis der spezifisch menschlichen Bedingtheit, aber für Freud hat das »Primordiale« seine kosmischen Dimensionen verloren und wird auf ein »personales Primordium«, das heißt auf die früheste Kindheit reduziert.

3 Ferdinand Canning Scott Schiller, *Spiritism*, in: *Encyclopedia of Religion and Ethics*, herausgegeben von James Hastings, New York 1921.

Krise und Erneuerung

1 Diese Termini sind betrüblich unbestimmt, da sie aber zur Umgangssprache gehören, müssen wir uns mit ihrer Verwendung abfinden. Im allgemeinen versteht man unter »Geschichte

der Religionen« oder »Vergleichender Religionswissenschaft« das integrale Studium der religiösen Realitäten, das heißt die historischen Manifestationen einer bestimmten Art von »Religion« (eines Stammes, eines Volkes oder übernational), ebenso wie die spezifischen Strukturen des religiösen Lebens (Götterformen, die Begriffe von Seele, Mythen, Ritualen und dergleichen, Institutionen, Typologie der religiösen Erfahrungen). Diese einleitenden Präzisierungen sind keineswegs darauf abgestellt, das Gebiet der Religionsgeschichte zu umschreiben oder ihre Methoden zu definieren.

2 Der Erfolg des Zen in unserer Zeit läßt sich hauptsächlich auf die unermüdliche und intelligente Tätigkeit von D. T. Suzuki zurückführen.

3 Ich habe diese Autoren zitiert, weil sie die Geschichte der Religionen als eine »Gesamtwissenschaft« ansehen. Das bedeutet jedoch nicht, daß ich ihre methodologischen Voraussetzungen oder ihre persönlichen Einschätzungen der Religionsgeschichte teile.

4 Es stimmt, daß es einem Rudolf Otto oder einem Gerardus van der Leeuw gelang, das Interesse des gebildeten Publikums an religiösen Problemen zu wecken. Ihr Fall ist jedoch insofern komplexer, als sie nicht als Religionshistoriker Einfluß ausgeübt haben, sondern eher durch ihr Prestige als Theologen und Religionsphilosophen.

5 Ich habe dieses Problem schon mehrmals besprochen, zuletzt im Vorwort meines Buches *Méphistophélès et l'Androgyne*, Paris 1962.

6 Es genügt zu betrachten, was einige wenige zeitgenössische Philosophen, die sich für die Probleme der Mythen und des religiösen Symbolismus interessieren, mit dem »Material« gemacht haben, das sie von Ethnologen und Religionshistorikern geborgt hatten, um diese (illusorische) Arbeitsteilung abzulehnen.

7 Es gilt vor allem, so viele Klischees, die die gegenwärtige Kultur belasten, schleunigst richtigzustellen, etwa die berühmte Interpretation der Religion als Verfremdung durch Feuerbach und Marx. Feuerbach und Marx haben erklärt, die Religion entfremde den Menschen der Erde, hindere ihn, vollkommen menschlich zu werden. Aber sogar, wenn dies richtig wäre, so könnte eine solche Kritik der Religion nur auf späte Formen der Religiosität, wie zum Beispiel des nachvedischen Indien oder des Judäo-Christentums angewendet werden, das heißt Religionen,

in denen der Begriff einer »anderen Welt« eine wichtige Rolle spielt. Alienation und Entfremdung des Menschen von der Erde ist in allen Religionen des kosmischen Typs, »primitiven« ebenso wie orientalischen, nicht nur unbekannt, sondern unvorstellbar. In ihnen, das heißt in der überwiegenden Zahl aller in der Geschichte bekannten Religionen, besteht das religiöse Leben gerade darin, die Einheit des Menschen mit dem Leben und der Natur zu preisen.

8 Die jüngste »antikulturelle« Krise sollte uns nicht zu sehr beeindrucken. Verachtung und Ablehnung der Kultur stellen dialektische Momente in der Geschichte des Geistes dar.

9 *Ewige Bilder und Sinnbilder*, Olten/Freiburg 1958; *Mythen, Träume und Mysterien*, Salzburg 1961; *Méphistophélès et l'Androgyne*, Paris 1962.

Kosmogonischer Mythos und »Heilsgeschichte«

1 *Der Mythos der ewigen Wiederkehr.*

2 Siehe vor allem *Myth and Reality.*

3 Besonders *Aranda Traditions*, Melbourne 1947, und sein kürzlich erschienener Artikel *Personal Monototemism in a Polytotemic Community*, in: *Festschrift für Ad. E. Jensen*, München 1964. Siehe auch *La gémillité de l'âme humaine*, in: *La Tour Saint-Jacques*, Paris 1957. Ebenso Mircea Eliade, *Australian Religion: an Introduction*, Teil II, *History of Religions*, Nr. 6, 1967.

Paradies und Utopie: Mythische Geographie und Eschatologie

1 Norman Cohn, *The Pursuit of the Millennium*, New York 1962, Vittorio Lanternari, *Movimenti religiosi di libertà e di salvezza dei popoli oppressi*, Mailand 1960, Guglielmo Guariglia, *Prophetismus und Heilserwartungsbewegungen als völkerkundliches und religionsgeschichtliches Problem*, Horn 1959, Wilhelm E. Mühlmann, *Chiliasmus und Nativismus*, Berlin 1961. Siehe auch herausgegeben von Sylvia Thrupp, *Millennial Dreams in Action*, Den Haag 1962; Alphonse Dupront, *Croisades et eschatologie*, in: *Umanesimo e Esoterismo*, herausgegeben von Enrico Castelli, Padua 1960. Zur eschatologischen Bedeutung der Kolonisierung Amerikas siehe die Werke von H. Richard Niebuhr, Charles L.

Sanford und George Williams, die später angeführt werden.

2 Charles E. Sanford, *The Quest for Paradise*, Urbana, Ill., 1961.

3 Siehe die bei Sanford zitierten Texte, ebenso George H. Williams, *Wilderness and Paradise in Christian Thought*, New York 1962.

4 Zitiert bei Sanford.

5 Siehe auch Williams, ebenso Richard Niebuhr, *The Kingdom of God in America*, New York 1937.

6 Increase Mather, *Discourse on Prayer*, zitiert bei Sanford.

7 Zitiert bei R. W. B. Lewis, *The American Adam*, Chicago 1955. Bereits 1789 erklärte Thomas Jefferson feierlich in einem aus Paris geschriebenen Brief, daß »die Nutznießung der Erde den Lebenden gehört und die Toten weder Gewalt noch Rechte über sie haben«.

8 Alfred Métraux, *Les Messies de l'Amérique du Sud*, in: *Archives de Sociologie des Religions*, Nr. 4, 1957.

9 Egon Schaden, *Der Paradiesesmythos im Leben der Guarani-Indianer*, in: *Staden-Jahrbuch*, Band 3, São Paulo 1955.

10 Curt Nimuendaju, *Die Sagen von der Erschaffung und Vernichtung der Welt als Grundlagen der Religion der Apapocuva-Guarani*, in: *Zeitschrift für Ethnologie*, Nr. 46, 1914. Alfred Métraux, *Migrations historiques des Tupi-Guaranis*, in: *Journal de la Société des Américanistes*, Nr. 19, 1927. Alfred Métraux, *The Guarani*, Bureau of American Ethnology, Bulletin 143: *Handbook of South American Indians*, Nr. 3, 1948; Alfred Métraux, *The Tupinamba*, ebenda; Alfred Métraux, *Religions et magies d'Amérique du Sud*, Paris 1967. Egon Schaden, *Aspectos fundamentais da cultura guarani*, Universidade de São Paulo, 1954. Maria Isaura Pereira de Queiroz, *L'influence du milieu social interne sur les mouvements messianiques brésiliens*, in: *Archives de Sociologie des Religions*, Nr. 5, 1958. Wolfgang H. Lindig, *Wanderungen der Tupi-Guarani und Eschatologie der Apapocuva-Guarani*, in: Mühlmann, *Chiliasmus und Nativismus*, Berlin 1961. René Ribeiro, *Brazilian Messianic Movements*, in: *Millennial Dreams*, hrsg. von Silvia L. Thrupp, Den Haag 1962.

11 Der Glaube an eine zukünftige Katastrophe wird auch für die Txiriguano (Métraux), die Mundurukú (R. P. Albert Kruse, *Anthropos*, 1951) und die Tukuna (Nimuendaju) bezeugt.

12 In seinen letzten Veröffentlichungen glaubt Egon Schaden, daß die apokalyptische Transformierung des Paradiesesmythos vermutlich auf jesuitische Einflüsse zurückzuführen ist.

Initiation und moderne Welt

1 Mircea Eliade, *Das Mysterium der Wiedergeburt*, Zürich 1961.
2 Mircea Eliade, *Schamanismus und archaische Ekstasetechnik*, Zürich–Stuttgart, 1957.
3 Richard Thurnwald, *Primitive Initiation und Wiedergeburtsriten*, in: *Eranos Jahrbuch*, Band 7, 1946; E. W. Loeb, *Tribal Initiation and Secret Societies*, University of California Publications in American Archaeology and Ethnology, Band XXV, Berkeley und Los Angeles 1929; L. J. M. Whiting, R. Kluckhohn und A. Anthony, *The Functions of Male Initiation Ceremonies at Puberty*, in: *Readings in Social Psychology*, herausgegeben von E. E. Maccoby, Theodore Newcomb und C. Hartley, New York 1958. Edward Norbeck, D. Walker und M. Cohn, *The Interpretation of Data: Puberty Rites*, in: *American Anthropologist*, Nr. 64, 1964.
4 Felix Speiser, *Über Initiationen in Australien und Neuguinea*, in: *Verhandlungen der Naturforschenden Gesellschaft in Basel*, 1929. *Kulturgeschichtliche Betrachtungen über die Initiationen in der Südsee*, in: *Bulletin der Schweizerischen Gesellschaft für Anthropologie und Ethnologie*, Nr. 22, 1945–1946.
5 Ralph Piddington, *Karadjeri Initiation*, in: *Oceania*, Nr. 3, 1932–1933.
6 Donald F. Thomson, *The Hero-Cult, Initiation and Totemism on Cape York*, in: *The Journal of the Royal Anthropological Institute*, Nr. 63, 1933. Siehe auch E. A. Worms, *Initiationsfeiern einiger Küsten- und Binnenlandstämme in Nordwest-Australien*, in: *Annali Lateranensi*, Nr. 2, 1938.
7 John W. Layard, *Stone Men of Malekula*, London 1942. *The Making of Man in Malekula*, in: *Eranos Jahrbuch*, Nr. 16, 1948.
8 Wilhelm E. Mühlmann, *Arioi und Mamaia*, Wiesbaden 1955.
9 Erhard Schlesier, *Die melanesischen Geheimkulte*, Göttingen 1956. Siehe auch Carl A. Schmitz, *Die Initiation bei den Pasum am Oberen Rumu, Nordost-Neuguinea*, in: *Zeitschrift für Ethnologie*, Nr. 81, 1956; *Zum Problem des Balumkultes*, in: *Paideuma*, Nr. 6, 1957. Dr. P. Hermann Bader, *Die Reifefeiern bei den Ngadha*, Mödling, ohne Jahreszahl. Carl Laufer, *Jugendinitiation und Sakraltänze der Baining*, in: *Anthropos*, Nr. 54, 1959. P. Alphons Schaefer, *Zur Initiation im Wagi-Tal*, in: *Anthropos*, Nr. 33, 1938. Hubert Kroll, *Der Iniet. Das Wesen

eines melanesischen Geheimbundes, in: *Zeitschrift für Ethnologie*, Nr. 70, 1937.

10 Martin Gusinde, *Die Yamana*, Mödling 1937.

11 C. H. de Goeje, *Philosophy, Initiation and Myths of the Indian Guiana and Adjacent Countries*, in: Internationales Archiv für Ethnographie, Nr. 44, 1943. Siehe auch Alfred Métraux, *Les rites d'initiation dans le vaudou haïtien*, in: *Tribus*, Nr. 4–5, 1953–1955, *Le vaudou haïtien*, Paris 1958.

12 Josef Haekel, *Jugendweihe und Männerfest auf Feuerland*, in: *Mitteilungen der Österr. Gesellschaft für Anthropologie, Ethnologie und Prähistorie*, Nr. 74–77, 1947, *Schutzgeistsuche und Jugendweihe im westlichen Nordamerika*, in: *Ethnos*, Nr. 12, 1947, *Initiationen und Geheimbünde an der Nordwestküste Nordamerikas*, in: *Mitteilungen der Anthropologischen Gesellschaft in Wien*, Nr. 83, 1954.

13 Werner Müller, *Die blaue Hütte*, Wiesbaden 1954, *Weltbild und Kult der Kwakiutl-Indianer*, 1955.

14 Dominique Zahan, *Sociétés d'initiation bambara*, Paris 1960. Siehe auch Leopold Walk, *Initiationszeremonien und Pubertätsriten der Südafrikanischen Stämme*, in: *Anthropos*, Nr. 23, 1928. M. Planquaert, *Les sociétés secrètes chez les Bayaka*, Louvain 1930. E. Hildebrand, *Die Geheimbünde Westafrikas als Problem der Religionswissenschaft*, Leipzig 1937. H. Rehwald, *Geheimbünde in Afrika*, München 1941.

15 A. D. Nock, *Hellenistic Mysteries and Christian Sacraments*, in: *Mnemosyne*, 1952.

16 Bleeker, *Initiation*, Carl Kerényi, *Die Mysterien von Eleusis*, Zürich 1962.

17 Lily Weiser, *Altgermanische Jünglingsweihen und Männerbünde*, Baden 1922; Otto Höfler, *Kultische Geheimbünde der Germanen*, Frankfurt/Main 1934; Geo Widengren, *Hochgottglaube im alten Iran*, Uppsala 1938, und *Stand und Aufgaben der iranischen Religionsgeschichte*, in: *Numen*, Nr. 1, 1955; Stig Wikander, *Der arische Männerbund*, Lund 1938; Georges Dumézil, *Die Götter der Germanen*, 1959, und *Horace et les Curiaces*, Paris 1942. Siehe auch Alwyn und Brinley Rees, *Celtic Heritage*, New York 1961. Marijan Molé neigte der Meinung zu, daß zumindest in alten Zeiten die Überquerung der Cinvat-Brücke als Einweihungsprüfung betrachtet wurde, siehe *Daena, le pont Cinvat et l'Initiation dans le Mazdéisme*, in: *Revue de l'Histoire des Religions*, Nr. 157, 1960.

18 J. Gagé, *Matronalia. Essai sur les devotions et les organisations*

culturelles des femmes dans l'ancienne Rome, Brüssel 1963. Siehe Brelich, *Studi e Materiali di Storia delle Religioni*, Nr. 34, 1963.

19 Angelo Brelich, *Les monosandales*, in: *La Nouvelle Clio*, Nr. 7–9, 1955–1957.

20 Über den Einweihungssymbolismus des Labyrinths siehe Clara Gallini, *Pontinjia Dapuritois*, in: *Acme*, Nr. 12, 1959.

21 Marie Delcourt, *Héphaistos ou la légende du magicien*, Liège und Paris 1957.

22 Robert Turcan, *Le roman ›initiatique‹: A propos d'un livre récent*, in: *Revue de l'Histoire des Religions*, 1933.

23 Siehe auch *Beiträge zur klassischen Philologie*, Herausgeber Reinhold Merkelbach, Meisenheim an der Glan. Ingrid Löffler, *Die Melampodie. Versuch einer Rekonstruktion des Inhalts* (1962). Udo Hetzner, *Andromeda und Tarpeia* (1962). Gerhard Binder, *Die Aussetzung des Königskindes* (1962).

24 Jessie L. Weston, *From Ritual to Romance*, Cambridge 1920.

25 *Initiation und Wandlung: zur Geschichte des altfranzösischen Romans im XII. Jahrhundert*, Bern 1951. Henry und Renée Kahane haben die hermetischen Quellen des Parzifal erhellt, siehe *The Krater and the Grail. Hermetic Sources of Parzifal*, Urbana 1965, in dem sie einige Einweihungsmotive darlegten.

26 J. Lindsay, *Byzantium into Europe*, London 1952.

27 R. A. Stein, *Recherches sur l'épopée et le barde au Tibet*, Paris 1959.

28 Mircea Eliade, *Das Mysterium der Wiedergeburt.*

29 Henry Corbin, *Avicenne et le récit visionnaire*, Teheran und Paris 1954. Siehe auch *Le Récit d'Initiation et l'Hermétisme en Iran*, in: *Eranos Jahrbuch*, Band 17, 1949.

30 P. Saintyves, *Les contes de Perrault et les récits parallèles*, Paris 1923. Wladimir I. Propp, *Istoritscheskie korni wolshebnoi skazki*, Leningrad 1946.

31 Mircea Eliade, *Les savants et les contes de fées*, in: *La Nouvelle Revue Française*, Mai 1966; *Myth and Reality*, New York 1963.

32 Jan de Vries, *Betrachtungen zum Märchen, insbesondere sein Verhältnis zu Heldensage und Mythos*, Helsinki 1954; *Heldenlied en heldensage*, Utrecht 1959; *Untersuchungen über das Hüpfspiel, Kinderspiel-Kulttanz*, Helsinki 1957.

33 Hedwig von Beit, *Symbolik des Märchens*, Bern 1952; *Gegensatz und Erneuerung im Märchen*, Bern 1956.

34 Léon Cellier, *Le Roman initiatique en France au temps du romantisme*, in: *Cahiers Internationaux de Symbolisme*, Nr. 4, 1964.

35 Newton Arvin, *Herman Melville*, New York 1950.
36 Stanley Hyman, *Henry Thoreau in our Time*, in: *Atlantic Monthly*, November 1964. R. W. B. Lewis, *The American Adam*, Chicago 1955.
37 R. W. B. Lewis, *The Picaresque Saint*, New York 1961.
38 Mircea Eliade, *Das Mysterium der Wiedergeburt*.

Prolegomenon zum religiösen Dualismus: Dyaden und Polaritäten

1 *Année sociologique*, Nr. 6, 1903.
2 In seiner Einleitung zur englischen Übersetzung dieses Essays hat R. Needham die wichtigsten Einwände zusammengefaßt.
3 Robert Hertz, *De la prééminence de la main droite*, in: *Revue Philosophique*, Nr. 48, 1909. Das Problem der Rechts- und Linkshändigkeit hat eine Serie interessanter Studien veranlaßt, so zum Beispiel T. O. Beidelman, *Right and Left Hand Among the Kaguru: A Note on Symbolic Classification*, in: *Africa*, Nr. 31, 1961; Rodney Needham, *The Left Hand of the Mugwe: An Analytical Note on the Structure of Meru Symbolism*, in: *Africa*, Nr. 30, 1960, und *Right and Left in Nyoro Symbolic Classification*, in: *Africa*, Nr. 36, 1967; John Middleton, *Some Categories of Dual Classification among the Lugbara of Uganda*, in: *History of Religions*, Nr. 7, 1968. Ein Buch von Rodney Needham trägt den Titel *Right and Left. Essays on Dual Symbolic Classification*.
4 Marcel Granet, *La Pensée chinoise*, Paris 1934.
5 W. H. R. Rivers, *The History of Melanesian Society*, 2 Bände, Cambridge 1914, und *Social Origins*, London 1924.
6 Zusammengefaßt von Georges Dumézil, *La Religion romaine archaïque*, Paris 1966.
7 Georges Dumézil, *Naissance de Rome* Paris 1944.
8 Claude Lévi-Strauss, *Strukturale Anthropologie*, Frankfurt 1967.
9 Gewisse wesentliche Aspekte dieses Problems will ich hier nicht diskutieren, zum Beispiel Mythen und Rituale der Bisexualität, die religiöse Morphologie der *coincidentia oppositorum*, die um den Konflikt zwischen Göttern und Dämonen, Gott und Satan kreisenden Mythologien und Gnosen, und andere, die bereits in meinem Buch *Méphistophélès et l'Androgyne*, Paris 1962, behandelt worden sind.

10 R. M. und C. H. Berndt, *The World of the First Australians*, Chicago 1964.

11 Mircea Eliade, *Australian Religions, Part III: Initiation Rites and Secret Cults*, in: *History of Religions*, Band 7, 1967. Herbert Baumann, *Das doppelte Geschlecht*, Berlin 1955.

12 A. B. Deacon, *Malekula*, London 1934.

13 Mircea Eliade, *Méphistophélès et l'Androgyne*.

14 Eine Kaikiri-Mythe erzählt, daß der Himmelsgott Kamuscini, nachdem er menschliche Wesen geschaffen hatte, eine Frau dem mythischen Jaguar, Oka, vermählt. Die Frau wird auf wunderbare Weise schwanger, doch kommt sie später durch die Intrigen ihrer Schwiegermutter um. Die Zwillinge Keri und Kame werden aus ihrem toten Körper herausgezogen und rächen ihre Mutter, indem sie ihre Verderberin verbrennen. Diese alten Quellen wurden von Raffaele Pettazzoni in *Dio* (1922) gesammelt. Siehe auch Paul Radin, *The Basic Myth of the North American Indians*, in: *Eranos-Jahrbuch*, Band 17, 1949. Alfred Métraux, *Twin Heroes in South American Mythology*, in: *Journal of American Folklore*, Nr. 59, 1946. Karin Hissing und A. Hahn, *Die Tacana, Erzählungsgut*, Frankfurt 1961.

15 Otto Zerries, *Les religions amérindiennes*, Paris 1962.

16 Egon Schaden, *A mitologia héroica de tribos indigenas do Brasil*, Rio de Janeiro 1959, verwendet Telemaco Borba, *Atualidade indigena*, Curitiba, Brasilien 1908, und H. Baldus, *Ensaios de Etnologia brasileira*, São Paulo 1937.

17 Koch-Grünberg, zitiert von Zerries in *Religions amérindiennes*.

18 Curt Nimuendaju, *The Apinayé*, The Catholic University of America, Anthropological Series Nr. 9, Washington D. C. 1939.

19 Amana, die schöne Frau, deren Körper in einem Schlangenschwanz endet, symbolisiert sowohl Zeit als auch Ewigkeit, denn obwohl sie in den himmlischen Gewässern wohnt, erneuert sie sich doch periodisch durch Häutung wie eine Schlange. Dieser Prozeß wird von den Seelen der Toten und von der Erde selbst wiederholt. Amana hat die gesamte Schöpfung hervorgebracht und kann jede Form annehmen.

20 Josef Haekel, *Purá und Hochgott*, in: *Archiv für Völkerkunde*, Band 13, 1958.

21 Es wäre zwecklos, noch mehr Beispiele anzuführen. Wir können die Timbira erwähnen, für die die kosmische Ganzheit in zwei Hälften geteilt ist: auf der einen Seite Osten, Sonne, Tag, trockene Jahreszeit, Feuer, die rote Farbe, auf der anderen Seite Westen, Mond, Nacht, Regenzeit, Wasser, die schwarze Farbe.

Curt Nimuendaju, *The Eastern Timbira*, University of California Publications in Archeology and Ethnology, Band XLI, Berkeley und Los Angeles 1946.

22 Curt Nimuendaju, *Religion der Apapocuva-Guarani*, in: *Zeitschrift für Ethnologie*, Nr. 46, 1914.

23 Josef Haekel, *Purá und Hochgott.*

24 Ich folge hier sehr genau dem Artikel von G. Reichel-Dolmatoff, *Notas sobre el simbolismo religioso de los Indios de la Sierra Nevada de Santa Marta*, in: *Razón y Fabula, Revista de la Universidad de los Andes*, Nr. 1, 1967.

25 Werner Müller, *Die Blaue Hütte*, Wiesbaden 1954.

26 Als die Erde unter dem Wasser verschwand, sandte Mänäbush tatsächlich ein Tier aus, um etwas Schleim aus der Tiefe des Abgrunds zu bringen. Siehe auch zu diesem Motiv Mircea Eliade, *Mythologies asiatiques et folklore sud-est européen: le plongeon cosmogonique*, in: *Revue de l'Histoire des Religions*, Nr. 160, 1961. Mänäbush schuf die Erde aufs neue, ebenso die Tiere, die Pflanzen und den Menschen. Siehe die einschlägige Bibliographie in Mac Linscott Ricketts, *The Structure and Religious Significance of the Trickster-Transformer-Culture Hero in den Mythology of the North American Indians*, Dissertation, University of Chicago 1964.

27 Ich möchte hinzufügen, daß Mänäbush gewisse charakteristische Züge des Schwindlers trägt, er hat eine exzessive und groteske Sexualität und scheint manchmal außerordentlich beschränkt.

28 Die Mythen sind zusammen mit ihrer Bibliographie in Ricketts, *Structure and Religious Significance*, und in Müller, *Die Blaue Hütte* und *Die Religionen der Waldlandindianer Nordamerikas*, Berlin 1956, zu finden.

29 W. J. Hoffmann, *The Midewiwin or »Grand Medicine Society« of the Ojibwa*, in: *Seventh Annual Report of the Bureau of American Ethnology*, 1855–1886, Washington D. C. 1891. Müller, *Die Blaue Hütte.*

30 Derselbe Symbolismus ist in der Struktur der Schweißjagd der Amoaha, in den Einweihungshütten der Lenape, der Prärie-Algonkins und anderswo zu finden.

31 Frank G. Speck, *A Study of the Delaware Big House Ceremonies*, Harrisburg 1931. Werner Müller, *Religionen der Waldlandindianer.* Siehe auch Josef Haekel, *Der Hochgottglaube der Delawaren im Lichte ihrer Geschichte*, in: *Ethnologica*, Band 2, 1960.

32 J. N. B. Hewitt, *Iroquoian Cosmology*, I. Teil, Twentyfirst Annual Report of the Bureau of American Ethnology, 1899–1900, Washington D. C. 1903. Siehe auch Werner Müller, *Religionen der Waldlandindianer* (der auch andere Quellen benützt), und das Resumée, das der gleiche Autor in *Les Religions amérindiennes* gibt. Eine Anzahl Varianten wird von Ricketts in *Structure and Religious Significance* zusammengefaßt. Eine der Versionen, die Hewitt bei den Onondaga gesammelt hat, erzählt, daß der Gute Bruder zusammen mit »Feuerstein« zum Himmel aufgestiegen sei.

33 Zum liturgischen Kalender siehe Werner Müller, *Religionen der Waldlandindianer*.

34 Über die Masken siehe die Bibliographie bei Werner Müller, *Les Religions amérindiennes*.

35 Siehe die in Mircea Eliade, *Mythen, Träume, Mysterien*, Salzburg 1961, benützten Quellen.

36 Über die Katchina siehe Jean Cazeneuve, *Les Dieux dansent à Cibola*, Paris 1957.

37 M. V. Stirling, *Origin Myth of Acoma and Other Records*, Smithonian Institution Bureau of American Ethnology, Bulletin CXXXV, Washington, D. C. 1942. Leslie White, *The Acoma Indians*, Annual Report of the American Bureau of Ethnology, Washington D. C. 1932.

38 Matilda Cox Stevenson, *The Sia*, Eleventh Annual Report of the American Bureau of Ethnology, 1889–1890, Washington D. C. 1894.

39 Ronald B. Dixon, *Maidu Myths*, in: *Bulletin of the American Museum of Natural History*, Nr. XVII, Washington D. C. 1902, und *Maidu Texts*, in: *Publications of the American Ethnological Society*, Nr. IV, Leiden 1912. Siehe auch Ugo Bianchi, *Il Dualismo religioso*, Rom 1958.

40 Alfred Louis Kroeber, *Yuki Myths*, in: *Anthropos*, Nr. 27, 1932, und *Handbook of the Indians of California*, Smithonian Institution, Bureau of American Ethnology, Bulletin 78, Washington D. C. 1925.

41 *Ursprung der Gottesidee.*

42 E. M. Loeb, *The Creator Concept among the Indians of North Central California*, in: *American Anthropologist*, Nr. 28, 1926.

43 Der Trickster erscheint als Coyote in den Great Plains, im Great Basin, dem Plateau, im Südwesten und in Kalifornien. An der Nordwestküste ist er jedoch der Rabe oder der Nerz, und im Südosten und wahrscheinlich bei den alten Algonkin war er der

Hase. Bei den modernen Algonkin, den Sioux und einigen anderen Stämmen hat er menschliche Erscheinungsform und ist unter besonderen Eigennamen wie Gluskabe, Iktomi, Wisaka, Alter Mann, Witwer und anderen bekannt.

44 Siehe M. L. Ricketts, *The North American Trickster,* in: *History of Religions,* Band 5, 1966.

45 Siehe W. Münsterberger, *Ethnologische Studien an indonesischen Schöpfungsmythen,* Den Haag 1939. Fast überall im östlichen Indonesien, auf den Molukken und auf Celebes enthält der kosmogonische Mythos die Hochzeit zwischen dem Himmel (oder der Sonne) und der Erde (oder dem Mond). Das Leben – das heißt Pflanzen, Tiere und Menschen – entspringen dieser Hochzeit. Siehe Waldemar Stöhr, *Die Religionen Indonesiens,* Stuttgart 1965. Da der kosmogonische *hieros gamos* das Modell für jede andere »Schöpfung« darstellt, wird auf einigen Inseln, wie Leti und Lakor, die Hochzeit zwischen Himmel und Erde am Beginn des Monsuns gefeiert: Während der Zeremonie steigt Upulero, der Himmelsgott, herab und befruchtet Upunusa, die Erde. H. Th. Fischer, *Inleidung tot de culturele Anthropologie van Indonesie,* Haarlem 1952. Siehe auch Stöhr, *Religionen Indonesiens.* Anderseits reaktualisiert jede menschliche Hochzeit die Hierogamie zwischen Himmel und Erde. Die aus einer Hierogamie resultierende Kosmogonie scheint die am weitesten verbreitete zu sein und auch die älteste. Ähnlich ist die Erklärung der Schöpfung mit der Trennung der vorher in Hierogamie vereinten Himmel und Erde. Siehe Hermann Baumann, *Das doppelte Geschlecht,* Berlin 1955. In vielen Fällen wird der Name des indonesischen höchsten Wesens durch eine Agglutination der Namen »Sonne-Mond« oder »Vater-Mutter« erzielt, das heißt die uranfängliche göttliche Ganzheit wird als die Nichtunterscheidung von Himmel und Erde, während sie in der Hierogamie vereint sind, begriffen.

46 Hans Schärer, *Die Gottesidee der Ngadju Dayak in Süd-Borneo,* Leiden 1946.

47 Nach Ph. L. Tobing repräsentiert das höchste Wesen die kosmische Ganzheit, da es unter drei Aspekten erfaßt werden kann, von denen jeder eine der drei Welten (obere, untere und mittlere) darstellt. Der kosmische Baum, der aus der Unterwelt zum Himmel aufsteigt, symbolisiert daher die Totalität des Universums und die kosmische Ordnung. Tobing, *The Structure of the Toba-Batak Belief in the Highgod,* Amsterdam 1956.

48 P. Suzuki, *The Religious System and Culture of Nias, Indonesia*, Den Haag 1959.

49 J. P. Duyvendak, *Inleidung tot de Ethnologie van den Indischen Archipel*, 3. Ausgabe, Groningen-Batavia 1946. Claude Lévi-Strauss, *Strukturale Anthropologie*, Frankfurt 1967.

50 Die Badung in Java teilen ihre Gesellschaft in zwei Kategorien: Die Badung aus dem Landesinneren stellen die heilige Hälfte dar, die an der Küste wohnenden die profane. Die erste beherrscht die zweite Hälfte. J. van der Kroef, *Dualism and Symbolic Antithesis in Indonesian Society*, in: *American Anthropologist*, Nr. 56, 1954. Auf Bali werden die Antithesen zwischen Leben und Tod, Tag und Nacht, Glück und Unglück, Segnung und Verwünschung in bezug auf die geographische Struktur der Insel gemacht, nämlich die Berge und die Gewässer, welche die obere und die untere Welt symbolisieren. Die Berge stellen die wohltätige Richtung dar, da von dort die Regen kommen. Im Gegensatz dazu stellt das Meer die untere Welt dar und wird daher mit Unglück, Krankheit und Tod in Verbindung gebracht. Zwischen den Bergen und dem Meer – das heißt zwischen der oberen und der unteren Welt – liegt das bewohnbare Land, die Insel Bali. Sie wird *madiapa*, die »Zwischenzone«, genannt und gehört beiden Welten an. Sie unterstützt daher deren antagonistische Einflüsse. Swellengrebel sagt, *madiapa* (Bali) »ist die Einheit polarer Antithesen«. Das kosmologische System ist freilich noch komplexer, denn die Richtungen Norden und Osten, im Gegensatz zu Süden und Westen, werden mit verschiedenen Farben und Gottheiten assoziiert.

51 Das Messer, der Kris und das Schwert sind männliche Symbole. Tuch ist ein weibliches Symbol. Bei den Dayak bedeutet ein an einem Speer angebrachtes Tuch die Vereinigung der beiden Geschlechter. Die Fahne – das heißt der Schaft (der Speer) und das Tuch – stellt den Lebensbaum dar, den Ausdruck der göttlichen Schöpferkraft und der Unsterblichkeit.

52 J. van der Kroef, *Dualism and Symbolic Antithesis*. Bei der Heirat ebenso wie beim Handel wird das Totem des Clans des Bräutigams mit dem Totem des Clans der Braut vereint, was die kosmische Einheit menschlicher Gruppen durch ihre Antithese bedeutet.

53 In einem anderen Werk bemerkt der Autor, daß die Antithese zwischen Himmel und Erde, männlich und weiblich, dem Mittelpunkt und den beiden Seiten durch eine monotone, aber suggestive Beharrung auf den sozialen Schichten und den unterscheidenden Titeln ausgedrückt wird.

54 J. P. B. Josselin de Jong, *De Oorsprong van den goddelijken Bedrieger.*

55 Waldemar Stöhr, *Das Totenritual der Dayak,* Köln 1959, und *Religionen Indonesiens.* Siehe auch Hans Schärer, *Der Totenkult der Ngadju Dayak in Süd-Borneo,* 2 Bände, Den Haag 1966.

56 Dieser Aspekt des Problems der dualistischen Organisation hat vor allem Lévi-Strauss interessiert; siehe *Strukturale Anthropologie.*

57 In einer bemerkenswerten Monographie, *Das doppelte Geschlecht,* hat Herbert Baumann versucht, den Übergang vom sexuellen Antagonismus (der ein archaischeres Stadium darstellt) zur Idee der göttlichen und menschlichen Zweigeschlechtlichkeit, die nach Ansicht des Autors jünger ist, aufzuspüren.

58 Mircea Eliade, *Der Mythos der ewigen Wiederkehr,* Düsseldorf 1963.

59 Maitrayani-Samhita, zitiert in F. B. J. Kuiper, *Ancient Aryan Verbal Contest.*

60 F. Sierksma, *Rtsod-pa: The Monacal Disputations in Tibet,* in: *Indo-Iranian Journal,* Nr. 8, 1964.

61 A. Wayman, *The Rules of Debate, according to Asanga,* in: *Journal of the American Oriental Society,* Nr. 78, 1958.

62 Rolf A. Stein, *Recherches sur l'épopée et le barde au Tibet,* Paris 1959.

63 Mircea Eliade, *Méphistophélès et l'Androgyne,* Paris 1962.

64 Georges Dumézil, *Mitra-Varuna,* Paris 1948.

65 Amanda K. Coomaraswamy, *Spiritual Authority and Temporal Power in the Indian Theory of Government,* New Haven 1942. Mircea Eliade, *La Souveraineté et la Religion Indo-Européenne,* in: *Critique,* Nr. 35, 1949.

66 Ich habe diese Probleme in *Technique du Yoga,* Paris 1948, und in *Yoga, Unsterblichkeit und Freiheit,* Zürich–Stuttgart 1960, besprochen.

67 Carl Hentze, *Bronzegerät, Kultbauten, Religion im ältesten China der Shangzeit,* Antwerpen 1951.

68 Carl Hentze, *Das Haus als Weltort der Seele,* Stuttgart 1961. Eine allgemeine Darlegung des Problems der Polarität siehe bei Hermann Köster, *Symbolik des chinesischen Universums,* Stuttgart 1958.

69 Marcel Granet, *La Pensée chinoise,* Paris 1934.